蔡元培文选

蔡元培　著

泰山出版社·济南·

图书在版编目（CIP）数据

蔡元培文选 / 蔡元培著. -- 济南 ：泰山出版社,
2025. 6. -- （中国近现代思想文库）. -- ISBN 978-7
-5519-0916-7

Ⅰ. C52

中国国家版本馆CIP数据核字第2025ML7284号

CAIYUANPEI WENXUAN

蔡元培文选

责任编辑　程　强
装帧设计　路渊源

出版发行　泰山出版社
　　社　　　址　济南市泺源大街2号　邮编　250014
　　电　话　综 合 部（0531）82023579　82022566
　　　　　　　出版业务部（0531）82025510　82020455
　　网　　　址　www.tscbs.com
　　电子信箱　tscbs@sohu.com
印　　刷　山东通达印刷有限公司
成品尺寸　165 mm×240 mm　16开
印　　张　16.25
字　　数　230千字
版　　次　2025年6月第1版
印　　次　2025年6月第1次印刷
标准书号　ISBN 978-7-5519-0916-7
定　　价　49.00元

凡　例

一、本书收录了作者的经典文章或片段节选，主要展现了作者的学术造诣、思想追求和情感操守，以及当时的时代风貌等。

二、将所选文章改为简体横排，以符合现代阅读习惯。原文存在标点不明、段落不分、标题缺失等不便于阅读之处，编者酌情予以调整。

三、所选文章尽量依照原作，保持原作风格及其时代韵味，同时根据需要，对原文进行了适当的删减和订正。

四、对有些当时惯用的文字，如"的""地""得""作""做""哪""那""化钱""记帐"等，仍多遵照旧用。

目 录

哲学总论

（1901年10—12月）

哲学者，普通义解谓之原理之学，所以究明事物之原理原则者也。欲详其意，当用二解。其一以所研究之事物解之，其二以其研究之作用解之。用此二解，而后知理学与哲学之关系。理学为有形学，哲学为无形学，此以第一解断定者也；理学为部分之学，哲学为统合之学，此以第二解论结者也。

第一解　凡宇宙现存之事物，其数虽不知几亿万，而大别之则为物与心二种，即所谓物质心性是也。物质者，我所知之体，被知也，所观也，故谓之客观。心性者，我所以知之体，能知也，能观也，故谓之主观。或以客观之一境，存于我身外，而谓之外界；以主观之一域，现于我心内，而谓之内界。或有用物界、心界之名者。若求其义解，则物质者，我人开眼而观于前之有形诸象是也；心性者，我人闭眼而连于其内之无形诸象是也。故有分物心世界以配于有形无形之两界者。今观宇宙全界，此物界与心界之外，直无一事一物，则虽谓宇宙由物、心两种成立也。然进而考二者之本原实体，及究其关系，则不得不于物、心之外，作有神之想。何则？物与心者，全异其性质，一有形，一无形，不可谓物由心生，亦不可谓心由物造。此二者如何而生起耶？且此二者如何而相和相合以呈作用耶？于是别求一造出之且接合之者于物、心之外，而名之曰神，若天神。故宇宙者，由物、心、神三者成立；而其研究之学问，则理学、哲学、神学是也。理学者，实验有形之物质。哲学者，论究无形之心性，其想定物质、心性之本原实体之天神，而应用其规则于事物之上，神学也。要之理学及哲学者，以发明存于事物中之道理规

则为目的；神学者，以解说天神所定之命令法律，而实地应用为目的，有究理发明之学与实地应用之学之异同。故神学者，与其称学，不如称教也；而实践此神学之规则者，则世俗之宗教是矣。

由此定义，哲学者不过为心性之学，然非特论究其心性而已。苟心性之所关、思想之所及，皆属于哲学之研究。而论究心性之一方之学者，为心理学，哲学中之一部分也。其他有纯正哲学、论理学、社会学等种种之学科。故总此诸学而称哲学者，不可不大别事物为有形、无形之二种，而下理哲之义解，以一为有形之学，一为无形之学也。而此无形中又有有象、无象之二种，则以事物有现象与实体之别也。例如心性与天神皆无形，而天神之本体为无形中之无形，心性则无形中之有形也。心性者，其体虽无形实，而或动于内，或发于外，有智力、有志意、有情感，以现其象，故属之有象，而以其学为有象之学。天神其本体远在现象之外，我所认为天神之现象，非天神之本体，而物、心之诸象也，故神体属无象，而以论究神体之纯正哲学为无象哲学。其论理学、伦理学、审美学、社会学、教育学、政治学等，皆心性之所包而属于有象者也。

虽然，心性之有象者，非心性之实体。其动于内、发于外，如智、情、意之三者，皆心性之现象，故谓之心象；有于心象之外而为其本源实体者，则谓之心体。心体虽非吾人之所已知，而有现象者必有本体，恰如有声音者必有发之之本体，故论定有心体。又物质之研究于理学者，其现象也谓之物象。物象者，谓现于我感觉上之色声香味触。此诸象相合而组成物体，未可云物之实体。然有现象者必不可不有实体，恰如有影像于镜面者，必有其实物，故论定于物象之外有其体，而谓之物体。又神体之无现象，虽如前述，然而通常世人所认为神体者，非真之神体，而被物、心之诸象于神体之上者也。以其神即情感之神，有志意、有思想、甚至有形实也，故当知天神亦有现象与实体之二者。其一云神象，其二云神体。而恐神体之名称，与通俗之神混同，哲学上用理若理体之名。故情感之神为神象，而智力之神为理体。于是，纯正哲学研究之目的为物体、心体、理体之三者。

心理学为心象之学，既如前述；而此心象之应用，则论理、伦理之诸学分也。欲知其理，当先知有理论学与应用学之二种。理论学者，论究事物之性质作用，而考定普遍一般之规则者也；应用学者，应用其规则于实际，而命令指挥人者也。例如，理论学者研究甲事物之性质，而考定其规则如此，研究乙事物之作用，而考定其道理如此，毫不命令指挥人，而告以当从此规则，当守彼之道理；应用学则以命令人从此道理、守彼规则为主。故有理论学以发现真理为目的，应用学以利益世间为目的之别，是两学之所以异也。今考之理学之上，物理学、纯正化学、天文学等，止于实究外界之诸象变化，而考定其普通之规则，所谓理论学也。应用物理之规则，有器械学；应用纯正化学之规则，有制造学；应用天文学之规则，有航海学。此诸学以理论学所考定之规则，应用于实地，皆属应用学。次考之哲学之上，心理学者论究心象之作用，而考定其涉于一般之规则道理而已，不更论其适用之实际，而有可否得失，故属之理论学。反之，而论理、伦理等诸学，应用学也。何则？论理学者，设思想之法规则、推论之方式，论诸说诸论之可否得失，而使人从其一定之规则；伦理学者，定道德之行为、举动之规则道理，论其利害得失，而使人从其命令。是皆命令指挥人者，可谓应用学。

心理学虽心象之学，而心象有情感、智力、意志之三种。心理学者，考定此各种之性质、作用而已，故为理论学。其说此各种之应用者，为论理、伦理、审美之三学。伦理学说心象中意志之应用；论理学示智力之应用；审美学论情感之应用。故此三学者，为适合心理学之理论于实地，而称应用学也。其他有教育学之一科，则亦心理之应用，即教育学中，智育者教智力之应用，德育者教意志之应用，美育者教情感之应用是也。以上诸学者关于一人之学，而未关于一国一社会之学。若就社会上所生之现象而论究之，则有

社会学。社会学者，论究社会之现象而考定其规则，亦为理论学。其以一国之政治为目的者，有政治学，则社会学之应用者也。社会及国家之现象似有形，而与事物之可以理学实验者，大有所异，不可不待哲学之论究也，故属于哲学。

以上所论，皆有象哲学；而无象哲学，惟纯正哲学一科而已，其于理论上考究物、心、理三体之性质、规则，当为理论学无疑。将以何者为应用学耶？或曰：无象哲学之应用者，即有象哲学。然有象哲学中论理学、伦理学、审美学之类，其所归极之问题，用纯正哲学之所定，虽有可为纯正哲学之应用者，而未可为直接之应用。何则？非能举其所论定之结果而应用之于无象之实地，不过移而应用于有象之上而已，故谓之间接之应用学。直接应用，则宗教学是矣。余尝研究佛教，而见其中所论究者，正纯正哲学；其宗教，正发见纯正哲学直接之应用也。于是论定纯正哲学为理论学，而智力的宗教学为应用学。若夫情感的宗教学，则有象哲学中之应用学而已。何者？情感之神，有意志、有思想、有情感，神象而非神体，论究此神象之学，必属于有象哲学明矣。

或曰：若是，则耶苏教得无智力的宗教欤？曰：否。彼教以有一定之形质而生于此世如耶苏者为神子，又以有意志、目的、爱憎之情而创造世界为神父，是神象之宗教，即不免于情感的也。然耶苏教中，固有非个体之神象而普通之神体如哲学者，学理上所论究之神，是余所谓理体而非情感的之神象也，故余谓耶苏教他日必一变而为智力的宗教。今日之耶苏教，则纯然情感的宗教而已，且其近来哲学者所论神体，惟止于论究，而未能组织宗教以示其应用。故谓智力的宗教，世界中惟佛教而已。

余尝以佛教为世界不二、万国无比之宗教，非惟其教之立智力的神体而已，非惟其起于三千年前之宗教能符合于今日之哲理而已，以其组织全是纯正哲学之应用。西洋学者方求于哲学上组织宗教，而未能；而释迦于三千年之太古既组织之，实可异也。纯正哲学有物体哲学、心体哲学、理体哲学之三种；其应用之宗教，亦不可无此三种，如物宗、心宗、理宗是也。而佛教者，即以此三种组织为有宗、空宗、中宗。有宗与物宗虽有不同一之感，而空宗、中宗正心宗、理宗是也。余以是论佛教为哲学上之宗教。（从日本井上圆了君《佛教活论》中节译）

第二解　以哲学为统合之学者，对于诸理学而立名也。凡称理学者，施研究于种种之事物，举存于其间之条理而组织之，以构成有系统之学者也，例如物理学、化学、生物学、天文学、地质学、生理学等皆是也。于物理之范围内而有秩序之学问起，则谓之物理学；于生物之区域内，而有成系之学问起，则谓之生物学；天文、地质等，各于其部内组织学理而成一学者也。然此诸学者，皆不过实究宇内事物之一部分，而考定一部分之规则。例如：生物学者，虽考定生物之规则，而非考定天文之规则；天文学者，虽实究天文之理法，而非实究地质之理法；物理学者，有其学专门之部分，而不能知化学；化学者，有化学目的之部分，而不能知物理学。如此诸学，皆取分类专门之方向，使无统辖命令之者，则惟知事物一部分之真理而已，而宇宙全体之真理终不可知。于是有哲学学者，以宇宙全体为目的，举其间万有万物之真理原则而考究之以为学。凡诸理学所考定之规则，皆哲学之规则；诸理学所与之材料，皆哲学之材料也。哲学者，以此诸规则，材料为柱础，而完结万有诸理，以组立宇宙全体之学，故谓之统合学。

今欲知统合学之必要，及理学、哲学之关系，可以学界之组织，比考于政府之组织而知之。以学问世界比于一国之政府，则学问中有统合与部分之别，犹之政府中有中央政府与地方政府之别也。不可以一理学之规则为宇宙全体之规则，犹之不可以一地方之事情为一国全体之事情也。若欲知一国全体之事情，而立一国全体之规则，不可无统合地方政府之中央政府。准之，而有理学者即不可无哲学，可知也。抑此两学之关系颇密切，不能离一而全其他。

哲学者，取诸理学所考定之规则，以为研究之材料，犹中央政府以地方政府所报奏为材料也。诸理学者，取哲学所论定之规则，以为其原则，犹地方政府取中央政府之所布达以为法令也。今举其一例：哲学家所论究万有万象之实体皆不生不灭者，由物理学上势力恒存之理法、化学上物质不灭之规则而统合之；其说实体之进化者，以生物学上动植进化之天则为论据者也。反之，而物理学、化学等实验之法则及推理之方式，皆于哲学考定之。其论理学中演绎、归纳之二种（侯官严氏所谓外籀即演绎、内籀即归纳），皆诸理学必须之规则；而至其演绎、归纳之原理原则，则纯正哲学之所论定也。且举诸理学所目的之物质，而论究其实体如何，亦固纯正哲学之问题也。故哲学者待理学，理学者待哲学，二者相助，始得各全其目的，犹地方政府与中央政府之互相待也。

以上谓哲学为统合学者，皆指哲学中之纯正哲学。其他若心理学、论理学、社会学等，对于统合学，不得不入于理学之中。何者？心理学者，心性一部分之学；论理学者，论理一方之学也。而先之以心理、论理等区别于物理学、化学等者，则于理学中分有形与无形两种。通常称理学者，专属于有形理学；而入无形理学于哲学中也。无形理学者，其研究之体无形，其研究之方亦与有形理学有所异，而与纯正哲学有所同。即如无形理学，以不能直接其体而施实验，故统合有形理学所考定之规则，以组成其规则，而于无形理学所定之规则，又为有形理学之原则也。如心理学、论理学者，非皆考定有形理学所实验之规则、法式欤？故无形理学者，与纯正哲学同状，而有统合诸理学之作用，不可不加于哲学中而为统合学之一部也。

以政府准之，则有形理学准地方政府，而纯正哲学及无形理学准中央政府；于中央政府中，又以无形理学准诸省（如日本大藏省、文部省之属），而以纯正哲学准内阁。盖尽形理学统合有形理学，而纯正哲学统合有形、无形两理学，犹之中央政府中之诸省统合地方政府，而内阁又统合诸省及地方政府也。合两解以为表如下：

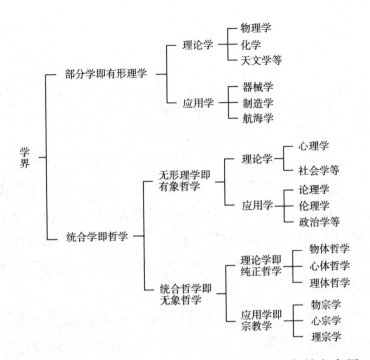

世间唱宗教与哲学之异同者有三说：其一，宗教主实用，哲学主应用；其二，宗教以信为本，哲学以疑为本；其三，宗教定真理于往古，哲学期真理于将来。吾谓宗教特有之性质，哲学中固有之。其一，哲学有理论，有应用；应用哲学之理论于实地者，宗教也。其二，信用情感的，有智力的，一者惟信而已，一者究道理、尽论理而后信。古来哲学者，虽各疑先辈之说而排之，及自立一种之新见，则自信之矣，故哲学中有信之元素。其三，哲学者虽不如宗教家以教祖之言为万世不易之金言，不抵不敢信先辈之说而各自发现一真理，然苟其所究之理与先辈之说符合，则亦何必排之耶？且诸哲学者，虽各唱一说，而其中自有一定不变之道理，如论理之原则、思想之法规是也。如有原因者必有结果，有结果者必有原因，古人所唱，与今人所说，岂有异耶？要之，哲学中固有宗教之元素，此余所以以宗教学为哲学之应用学。

（原载1901年10月、12月《普通学报》第1、2期）

译 学

（1901年11月11日）

译学二别：一政界之事，一学界之事。周之时，有夷蛮戎狄之号，即有象寄、译鞮之学，以任象胥掌客舌人之官，此政界之事也。孔子问官郯子而言天子失官学在四夷。《尔疋》一书，或云托始周公，有"释言"一篇，而《论语》亦称雅言。雅者，夏也，此学界之事也。

政界之事，自汉以来，如南北朝，如宋辽金元，其尤著者，我朝开国即有俄罗斯之约，道咸以后，海口通商，交涉频繁，立总理事务衙门董其事，迭简出使大臣以驻于各国，而设同文馆于京师以储译材。盖前代外交极不平等，有岛夷索虏之诋，有输币称侄之嫌，一以为夷狄，一以为藩属，外信内虞，不能持久。至于今日，公法大明，苟其保自主之权，申善邻之义，国无大小，号曰对等。交涉上文野之程度，即为其国安危之所系。而我国职外交者，或通语言而昧政策，或究政策而绌语言，蛮觚相依，事多隔阂，此译学所以亟也。

学界之事，自汉晋以后，佛教西来，高僧大法，比肩接踵，缀文之士，靡然向风，译著经论，精微富有，而音义名义集诸书，亦复斟酌尽善，用能沾丐亦世，流布东邻。而孔孟遗书，智学一科，亦因是而发达。宋明诸儒，虽力讳自来，生木食木，而继迹俱在，不可掩也。自是以外，概乎未闻。有明之季，欧洲宗教流入中国，而挟测算之学以俱来。洎乎我朝，遂被简录，著之令申。近数十年，制造局、同文馆及广学会译印图书，而彼国理科法科及历史之书稍稍传布。近五六年，侯官严氏译述西儒赫胥黎、斯宾塞尔诸家之言，而哲学亦见端倪矣。于时日本以同种同文之说强聒于我国，而和文汉读之法，适为我国学者之所知，于是理哲各学之书，博购广译，而国人思想遂非复向者骨董制造两派之旧矣。然而全国士流，能读和文书者，尚百不得一，能读西文书者，且千不得一，我国译学犹稚焉。且欧美各国传教于我者，皆学我国语言，日本近布佛教于各国，亦各以其国之语言译之。我以孔教立国，近有议设尊孔教会以布教于域外者，以宗教为学界之附庸，不尤重译学乎？

我国学者，类习英文，近则日文渐盛。其余国语，精者鲜矣。要而论之，政界之事，既与各国交通，非分习各国语不可。学界之事，近虽以和文为捷径，然日本人所译西文书未为完备，近又在印权同盟之列，译本渐少，故彼国治专门学者，必须通外国语，以为研究参考之地。英文之书，视日本为备，然如科学、法律之类，亦有不及德、法者。惟是普通学校师资既寡，储费尤艰，且英、日两国之书，于我国普通学已有余裕。其专门外国语学，如国立同文馆、广方言馆，兼罗殊语，已见端倪。府县诸学，姑以英、日为界，亦因地而制宜者也。

（据蔡元培手稿）

群学说

（1902年5月）

群学者，所以明人与人合力之道，而以其力与外之压力相抵者也。外力有二：一，自然之力；一，人为之力。生民以来，未有不与此两力相抵而能生存者也。存之久暂，以抵力与压力相消之数之多寡为衡。自然之压力，非抵力不能消；而人为之压力，则可以爱力化合之。化合也者，减彼一以增此一，是倍减而倍增也。如是递减递增，以至于无可减，则人为之压力消尽，而自然之压力独存。夫生民以来，以极微之力，极繁之两压力相抵，而犹足以暂存，则夫尽化合人为之力，而以与孤行之自然压力相抵，岂尚忧力之不足而不克久存也乎！化合也者，群也，递减递增也者，由小群而大群也，至于无可减，则合天下为群矣。合其力以抵自然之压力，而无不胜，于是灾疠不作，民无夭折，则《孟子》所谓性善，而《春秋》所谓大一统、所谓太平，而《礼运》所谓大同者也。

爱力者，何谓也？曰：仁也。仁者，人也，相人偶也，于文二人为仁。二人者，夫妇也，仁之所托始也。夫妇生子，于是有亲子；亲不一子也，于是有兄弟姊妹，是为家。及其子之婚嫁也而有子，则递演为宗族、为姻娅，是民族之权舆。宗族、姻娅，不必比户，于是有以比户群者，为邻里，是国民之权舆。宗族、姻娅、邻里不必其同业也，于是有以同业群者，为朋友，是会党之权舆。朋友之中有先知先觉者，为后知后觉所受教，于是有师弟。业不皆同也，而奉生者不能不互相为资，于是有市易；市易之事不能无纷争也，而夫妇、亲子、兄弟、姊妹、宗族、姻娅、邻里、朋友、师弟之间，各以其意交接，则参参差差者，责备之原；责备则纷争之原。于是求有能董其纷争而平之、斟其参差而一之者，而委之以公权，于是有若民，而君不能独任也。简其同业者而分之权，于是有君臣，是为国。国者有界，界以外皆国也；国与国不能无交涉，于是有外交。

化学之理，化学家所详也。其例甲与乙合而遇丙，丙与乙之爱力而胜于甲与乙焉者，则乙必与甲化分而合于丙。其或有丁胜于丙而戊胜于丙者，其例同。是故群之分合，视爱力之厚薄。

爱力者，化合之资也。及其既合而不散也，则谓之结力。结力之固也，由质点之同性也。凡物体，虽析之至于极微，而质点无不同者。是故群之分合，视所以为群者之纯驳。

质点同性矣，而又以其结合之式之不同为坚脆之差。汽质其最脆者也，流质次之，而定质为最坚。外力铄之，可以改定而流，改流而汽，盖涨大其点而易其原式矣。炭与笔铅与金刚石，其质固而坚脆不同者，式异故也。是故群之强弱，视其结合之式之美恶。

群者，有机物之象也。有机物者，不特有结合之力，而又有造构之机能，其作用之灵蠢，视造构之简单与复杂。以全体而言，皆细胞所成也。而神经作用，远胜于骨肉者，造构复杂故也。故群之作用，视其造构之单复。

群之分合，视爱之厚薄，何谓也？《孟子》所谓"得道者多助，失道者寡助。多助之至，天下顺之；寡助之至，亲戚叛之"及"三代之得天下也，以仁；失天下也，以不仁"之类是也。

群之分合，视所以为群者之纯驳，何谓也？《天演论》所谓"欲致治之隆，必以民力、民智、民德三者之中求其本，故圣人为之学校焉。学校之制善，而智、仁、勇之民共；智、仁、勇之民共，夫而后其国乃一富而不可贫，一强而不可弱也"是也。

群之结合之方式之美者，何谓也？曰：人各有畔，一也；人各有职，二也。

群之造构之复杂，何谓也？曰：通功易事，一也；有畔有职而

又有以调适于其间，二也；不得已则尽其职而弃其畔，三也。

人各有畔，何谓也？孔子所谓"己欲立而立人，己欲达而达人"，斯宾塞所谓"人各自由，而以他人之自由为界"是也。人各有职，何谓也？孟子所谓食功，斯宾塞所谓丁成以后，工食为正比例，是也。

通功易事，何谓也？孟子所谓有大人之事，有小人之事，或劳力，或劳心，劳力者治于人而食人，劳心者治人而食于人，是也。

调适于畔与职之间者，何谓也？斯宾塞所谓民未成丁，工食为反比例；而墨子所谓养老之政，穷民无告之政；近世所谓慈善事业，是也。

尽职弃畔，何谓也？孔子所谓"杀身成仁"，孟子所谓"舍生取义"，而斯宾塞所谓"群己并重，舍己为群"者也。

（原载《普通学报》第5期）

释"仇满"

（1903年4月11日）

吾国人一皆汉族而已，乌有所谓"满洲人"者哉！凡种族之别：一曰血液，二曰风习。彼所谓满洲人者，虽往昔有不与汉族通婚之制，然吾所闻见，彼族以汉人为妻妾而生子者甚多，彼族妇人密通汉人，及业妓而事汉人者尤多。江浙驻防，歼于洪杨之手，其招补者多习与彼族游处之汉人，此皆血液混杂之证据也。彼其语言文字，起居行习，早失其从前朴鸷之气，而为北方稗士莠民之所同化，此其风习消灭之证据也。由是而言，则又乌有所谓"满洲人"者哉！然而"满洲人"之名词，则吓然揭著于吾国，则亦政略上占有特权之一纪号焉耳。其特权有三：世袭君主，而又以少数人专行政官之半额，一也；驻防各省，二也；不治实业，而坐食多数人之所生产，三也。其二、其三亦在今日既为贫弱困苦、男盗女娼媒介，而亦适足为诟痴之符，招怨之的。然自一方面观之，要不得不谓之政略上之特权。世界因果之应，不爽毫发，谚所谓"种瓜得瓜，种豆得豆"是也。其因之动力在政略上者，其果之反动亦必在政略上，故近日纷纷"仇满"之论，皆政略之争，而非种族之争也。

夫吾非谓最多数之汉族果无种族之见存也。所谓"生降死不降；老降少不降；男降女不降"者，吾自幼均习闻之。而道、咸之间刻文集者，尚时存仇满洲之微文。粤西三点会以"汾"字为记号，示满清无主之义，持之已二百数十年，一泄于洪杨之事，而至今未已。此皆种族之见之未泯者也。然洪杨之事，应和之者率出于子女玉帛之嗜好；其所残害，无所谓满汉之界；而出死力以抵抗破坏之者，乃实在大多数之汉族。是无足以证其种族之见之薄弱也。

且往者暗于生物进化之理，谓中国人种，概由天神感生，而所谓蛮貉夷狄者，乃犬羊狼鹿之遗种，不可同群，故种族之见炽焉。自欧化输入，群知人为动物进化之一境，而初无贵种贱种之别，不过进化程度有差池耳。昔日争种之见宜若为之消释。而"仇满"之论反炽于前者，则以近日政治思想之发达，而为政略上反动之助力也。盖世界进化，已及多数压制少数之时期；风潮所趋，决不使少数特权独留于亚东之社会；此其于政略上，所以有"仇满"之论也。虽然，人之神经甚为复杂，被染于欧化者，非能尽涤其遗传性也，是以其动机虽在政略上，而联想所及不免自混于昔日种族之见。且适闻西方民族主义之说，而触其格致古微孔教大同之故习，则以"仇满"之说附丽之。故虽明揭其并非昔日种族之见而亦不承认也。然吾细剖解之，而见其重心乃全在政略上。何则，果其注重于种族上者，则其术不外两端：一曰暴动，二曰阴谋。暴动者，如义和团之恶洋人也，不问其为教士、为商人，见洋人则杀之。使以此术而仇满也，则今日之所谓"满"人者，自京师及东三省外，已殄歼无遗矣。阴谋者，如周之于殷，越之于吴。闻敌之治焉而忧，闻其乱焉而喜；遣谍者以间之，赂玩好以惑之。循是而论，则彼李莲英之惑溺，王文韶、张之洞辈之贻误；而各省官吏勒索赔款，公行贿赂，以为彼政府敛怨于平民者，皆足以动摇满洲人之基本，而为多数汉族之功臣！如张百熙之流，实心举行新政者，宜斥为助桀之民贼而诛之！至于满洲人中，如所谓光绪、肃王、醇王号圣明者，当行间而杀之！而如刚毅、荣禄则惟恐天去其疾，而图所以保护之！而汉族之稍有权力者，宜遣辨士说以帝王之业，此皆阴谋者之所有事也。要之无满不仇，无汉不亲；事之有利于满人者，虽善亦恶；而事之有害于满人者，虽凶亦吉。此则纯乎种族之见者也。而今之唱仇满者，其所指挥，所褒贬，一以吾前者云云相反。是非真仇满者也。

虽然，今之真仇满者，则有之矣。分为二党：甲党出于少数号为满人之中，袭"汉人强，满人亡"之论，而密图所以压制汉人者也。乙党出于多数汉族之中，欲请行立宪政体，奉今之朝廷为万世一系之天皇，而即满洲人以为贵族议院者也。乙党资章甫以适越，其售否固未可必。甲党之举动多类儿戏，其甚者为禁汉族学陆军于日本，如"杀一人，是一人"。是皆唤起多数汉人使之重入种族之梦者也。而两党相合之一点，在保守少数人固有之特权，此其仇满之策之中心点也。世运所趋，非以多数幸福为目的者，无成立之理；凡少数特权，未有不摧败者。且今日少数满人中，固有一二开化者，然以与多数汉族中之开化者相比例，孰强孰弱，较然易睹。果率两党之策，是树此少数者以为众射之鹄，不使蹈法国贵族之覆辙不止也。

夫民权之趋势，若决江河，沛然莫御。而吾国之官行政界者，猥欲以螳臂当之，以招他日惨杀之祸，此固至可悯叹者也。而甲、乙两党又欲专其祸，以贻少数之满洲人，是岂非仇满之尤者乎？吾所谓仇满，固不在彼，而在此。

（原载1903年4月11日、12日《苏报》）

对于新教育之意见

（1912年2月8日）

　　近日在教育部与诸同人新草学校法令，以为征集高等教育会议之预备，颇承同志饷以说论。顾关于教育方针者殊寡，辄先述鄙见以为喤引，幸海内教育家是正之。

　　教育有二大别：曰隶属于政治者，曰超轶乎政治者。专制时代（兼立宪而含专制性质者言之），教育家循政府之方针以标准教育，常为纯粹之隶属政治者。共和时代，教育家得立于人民之地位以定标准，乃得有超轶政治之教育。清之季世，隶属政治之教育，腾于教育家之口者，曰军国民教育。夫军国民教育者，与社会主义僢驰，在他国已有道消之兆。然在我国，则强邻交逼，亟图自卫，而历年丧失之国权，非凭借武力，势难恢复。且军人革命以后，难保无军人执政之一时期，非行举国皆兵之制，将使军人社会，永为全国中特别之阶级，而无以平均其势力。则如所谓军国民教育者，诚今日所不能不采者也。

　　虽然，今之世界，所恃以竞争者，不仅在武力，而尤在财力。且武力之半，亦由财力而孳乳。于是有第二之隶属政治者，曰实利主义之教育，以人民生计为普通教育之中坚。其主张最力者，至以普通学术，悉寓于树艺、烹饪、裁缝及金、木、土工之中。此其说创于美洲，而近亦盛行于欧陆。我国地宝不发，实业界之组织尚幼稚，人民失业者至多，而国甚贫。实利主义之教育，固亦当务之急者也。

　　是二者，所谓强兵富国之主义也。顾兵可强也，然或溢而为私斗，为侵略，则奈何？国可富也，然或不免知欺愚，强欺弱，而演贫富悬绝，资本家与劳动家血战之惨剧，则奈何？曰教之以公民道德。何谓公民道德？曰法兰西之革命也，所标揭者，曰自由、平等、亲爱。道德之要旨，尽于是矣。孔子曰：匹夫不可夺志。孟子曰：大丈夫者，富贵不能淫，贫贱不能移，威武不能屈。自由之谓也。古者盖谓之义。孔子曰：己所不欲，勿施于人。子贡曰：我不欲人之加诸我也，吾亦欲毋加诸人。《礼记·大学》曰：所恶于前，毋以先后；所恶于后，毋以从前；所恶于右，毋以交于左；所恶于左，毋以交于右。平等之谓也。古者盖谓之恕。自由者，就主观而言之也。然我欲自由，则亦当尊人之自由，故通于客观。平等者，就客观而言之也。然我不以不平等遇人，则亦不容人之以不平等遇我，故通于主观。二者相对而实相成，要皆由消极一方面言之。苟不进之以积极之道德，则夫吾同胞中，固有因生禀之不齐，境遇之所迫，企自由而不遂，求与人平等而不能者。将一切恝置之，而所谓自由若平等之量，仍不能无缺陷。孟子曰：鳏寡孤独，天下之穷民而无告者也。张子曰：凡天下疲癃残疾茕独鳏寡，皆吾兄弟之颠连而无告者也。禹思天下有溺者，由己溺之。稷思天下有饥者，由己饥之。伊尹思天下之人，匹夫匹妇有不与被尧舜之泽者，若己推而纳之沟中。孔子曰：己欲立而立人，己欲达而达人。亲爱之谓也。古者盖谓之仁。三者诚一切道德之根源，而公民道德教育之所有事者也。

教育而至于公民道德，宜若可为最终之鹄的矣。曰未也。公民道德之教育，犹未能超轶乎政治者也。世所谓最良政治者，不外乎以最大多数之最大幸福为鹄的。最大多数者，积最少数之一人而成者也。一人之幸福，丰衣足食也，无灾无害也，不外乎现世之幸福。积一人幸福而为最大多数，其鹄的犹是。立法部之所评议，行政部之所执行，司法部之所保护，如是而已矣。即进而达《礼运》之所谓大道为公，社会主义家所谓未来之黄金时代，人各尽所能，而各得其所需要，要亦不外乎现世之幸福。盖政治之鹄的，如是而

已矣。一切隶属政治之教育，充其量亦如是而已矣。

虽然，人不能有生而无死。现世之幸福，临死而消灭。人而仅仅以临死消灭之幸福为鹄的，则所谓人生者有何等价值乎？国不能有存而无亡，世界不能有成而无毁，全国之民，全世界之人类，世世相传，以此不能不消灭之幸福为鹄的，则所谓国民若人类者，有何等价值乎？且如是，则就一人而言之，杀身成仁也，舍生取义也，舍己而为群也，有何等意义乎？就一社会而言之，与我以自由乎，否则与我以死，争一民族之自由，不至沥全民族最后之一滴血不已，不合全国为一大冢不已，有何等意义乎？且人既无一死生破利害之观念，则必无冒险之精神，无远大之计划，见小利，急近功，则又能保其不为失节堕行身败名裂之人乎？谚曰："当局者迷，旁观者清。"非有出世间之思想者，不能善处世间事，吾人即仅仅以现世幸福为鹄的，犹不可无超轶现世之观念，况鹄的不止于此者乎？

以现世幸福为鹄的者，政治家也；教育家则否。盖世界有二方面，如一纸之有表里：一为现象，一为实体。现象世界之事为政治，故以造成现世幸福为鹄的；实体世界之事为宗教，故以摆脱现世幸福为作用。而教育者，则立于现象世界，而有事于实体世界者也。故以实体世界之观念为其究竟之大目的，而以现象世界之幸福为其达于实体观念之作用。

然则现象世界与实体世界之区别何在耶？曰：前者相对，而后者绝对；前者范围于因果律，而后者超轶乎因果律；前者与空间时间有不可离之关系，而后者无空间时间之可言；前者可以经验，而后者全恃直观。故实体世界者，不可名言者也。然而既以是为观念之一种矣，则不得不强为之名，是以或谓之道，或谓之太极，或谓之神，或谓之黑暗之意识，或谓之无识之意志。其名可以万殊，而观念则一。虽哲学之流派不同，宗教家之仪式不同，而其所到达之最高观念皆如是。（最浅薄之唯物论哲学，及最幼稚之宗教祈长生求福利者，不在此例。）

然则，教育家何以不结合于宗教，而必以现象世界之幸福为作用？曰：世固有厌世派之宗教若哲学，以提撕实体世界观念之故，而排斥现象世界。因以现象世界之文明为罪恶之源，而一切排斥之者。吾以为不然。现象实体，仅一世界之两方面，非截然为互相冲突之两世界。吾人之感觉，既托于现象世界，则所谓实体者，即在现象之中，而非必灭乙而后生甲。其现象世界间所以为实体世界之障碍者，不外二种意识：一、人我之差别，二、幸福之营求是也。人以自卫力不平等而生强弱，人以自存力不平等而生贫富。有强弱贫富，而彼我差别之意识起。弱者贫者，苦于幸福之不足，而营求之意识起。有人我，则于现象中有种种之界画，而与实体违。有营求则当其未遂，为无已之苦痛。及其既遂，为过量之要索。循环于现象之中，而与实体隔。能剂其平，则肉体之享受，纯任自然，而意识界之营求泯，人我之见亦化。合现象世界各别之意识为浑同，而得与实体吻合焉。故现世幸福，为不幸福之人类到达于实体世界之一种作用，盖无可疑者。军国民、实利两主义，所以补自卫自存之力之不足。道德教育，则所以使之互相卫互相存，皆所以泯营求而忘人我者也。由是而进以提撕实体观念之教育。

提撕实体观念之方法如何？曰：消极方面，使对于现象世界，无厌弃而亦无执著；积极方面，使对于实体世界，非常渴慕而渐进于领悟。循思想自由言论自由之公例，不以一流派之哲学一宗门之教义梏其心，而惟时时悬一无方体无始终之世界观以为鹄。如是之教育，吾无以名之，名之曰世界观教育。

虽然，世界观教育，非可以旦旦而聒之也。且其与现象世界之关系，又非可以枯槁单简之言说袭而取之也。然则何道之由？曰美感之教育。美感者，合美丽与尊严而言之，介乎现象世界与实体世界之间，而为津梁。此为康德所创造，而嗣后哲学家未有反对之者也。在现象世界，凡人皆有爱恶惊惧喜怒悲乐之情，随离合生死祸

福利害之现象而流转。至美术则即以此等现象为资料，而能使对之者，自美感以外，一无杂念。例如采莲煮豆，饮食之事也，而一入诗歌，则别成兴趣。火山赤舌，大风破舟，可骇可怖之景也，而一入图画，则转堪展玩。是则对于现象世界，无厌弃而亦无执著也。人既脱离一切现象世界相对之感情，而为浑然之美感，则即所谓与造物为友，而已接触于实体世界之观念矣。故教育家欲由现象世界而引以到达于实体世界之观念，不可不用美感之教育。

五者，皆今日之教育所不可偏废者也。军国民主义，实利主义，德育主义三者，为隶属于政治之教育。（吾国古代之道德教育，则间有兼涉世界观者，当分别论之。）世界观、美育主义二者，为超轶政治之教育。

以中国古代之教育证之，虞之时，夔典乐而教胄子以九德，德育与美育之教育也。周官以卿三物教万民，六德六行，德育也。六艺之射御，军国民主义也。书数，实利主义也。礼为德育，而乐为美育。以西洋之教育证之，希腊人之教育为体操与美术，即军国民主义与美育也。欧洲近世教育家，如海尔巴脱氏纯持美育主义。今日美洲之杜威派，则纯持实利主义者也。

以心理学各方面衡之，军国民主义毗于意志；实利主义毗于知识；德育兼意志情感二方面；美育毗于情感；而世界观则统三者而一之。

以教育界之分言三育者衡之，军国民主义为体育；实利主义为智育；公民道德及美育皆毗于德育；而世界观则统三者而一之。

以教育家之方法衡之，军国民主义，世界观，美育，皆为形式主义；实利主义为实质主义；德育则二者兼之。

譬之人身：军国民主义者，筋骨也，用以自卫；实利主义者，胃肠也，用以营养；公民道德者，呼吸机循环机也，周贯全体；美育者，神经系也，所以传导；世界观者，心理作用也，附丽于神经系，而无迹象之可求。此即五者不可偏废之理也。

本此五主义而分配于各教科，则视各教科性质之不同，而各主义所占之分数，亦随之而异。国语国文之形式，其依准文法者属于实利，而依准美词学者，属于美感。其内容则军国民主义当占百分之十，实利主义当占其四十，德育当占其二十，美育当占其二十五，而世界观则占其五。

修身，德育也，而以美育及世界观参之。

历史、地理，实利主义也。其所叙述，得并存各主义。历史之英雄，地理之险要及战绩，军国民主义也；记美术家及美术沿革，写各地风景及所出美术品，美育也；记圣贤，述风俗，德育也；因历史之有时期，而推之于无终始，因地理之有涯涘，而推之于无方体，及夫烈士、哲人、宗教家之故事及遗迹，皆可以为世界观之导线也。

算学，实利主义也，而数为纯然抽象者。希腊哲人毕达哥拉士以数为万物之原，是亦世界观之一方面；而几何学各种线体，可以资美育。

物理化学，实利主义也。原子电子，小莫能破，爱耐而几（Energy），范围万有，而莫知其所由来，莫穷其所究竟，皆世界观之导线也；视官听官之所触，可以资美感者尤多。

博物学，在应用一方面，为实利主义；而在观感一方面，多为美感。研究进化之阶段，可以养道德，体验造物之万能，可以导世界观。

图画，美育也，而其内容得包含各种主义：如实物画之于实利主义，历史画之于德育是也。其至美丽至尊严之对象，则可以得世界观。

唱歌，美育也，而其内容，亦可以包含种种主义。

手工，实利主义也，亦可以兴美感。

游戏，美育也；兵式体操，军国民主义也；普通体操，则兼美育与军国民主义二者。

上之所著，仅具荦较，神而明之，在心知其意者。

满清时代，有所谓钦定教育宗旨者，曰忠君，曰尊孔，曰尚公，曰尚武，曰尚实。忠君与共和政体不合，尊孔与信教自由相违（孔子之学术，与后世所谓儒教、孔教当分别论之。嗣后教育界何以处孔子，及何以处孔教，当特别讨论之，兹不赘），可以不论。尚武，即军国民主义也。尚实，即实利主义也。尚公，与吾所谓公民道德，其范围或不免有广狭之异，而要为同意。惟世界观及美育，则为彼所不道，而鄙人尤所注重，故特疏通而证明之，以质子当代教育家，幸教育家平心而讨论焉。

（原载1912年2月11日《临时政府公报》第13号）

告全国文

（1912年3月11日）

培等为欢迎袁大总统而来，而备承津、京诸同胞之欢迎，感谢无已。南行在即，不及一一与诸君话别，谨撮记培等近日经过之历史以告诸君，托于临别赠言之义。

（一）欢迎新选大总统袁公之理由　自清帝退位，大总统孙公辞职于参议院，且推荐袁公为候选大总统。参议院行正式选举，袁公当选，于是孙公代表参议院及临时政府，命培等十人欢迎袁公莅南京就职。袁公当莅南京就临时大总统职，为法理上不可破之条件；盖以立法、行政之机关，与被选大总统之个人较，机关为主体，而个人为客体，故以个人就机关则可，而以机关就个人则大不可。且当专制、共和之过渡时代，当事者苟轻违法理，有以个人凌躏机关之行动，则涉专制时代朕即国家之嫌疑，而足以激起热心共和者之反对。故袁公之就职于南京，准之理论，按之时局，实为神圣不可侵犯之条件，而培等欢迎之目的，专属于是，与其他建都问题及临时政府地点问题，均了无关系者也。

（二）袁公之决心　培等二十五日到北京即见袁公，二十六日又为谈话会，袁公始终无不能南行之语。且于此两日间，与各统制及民政首领商留守之人，会诸君尚皆谦让未遑，故行期不能骤定也。

（三）京津之舆论　培等自天津而北京，各全〔团〕体之代表，各军队之长官，及多数政治界之人物，或面谈，或投以函电，大抵于袁公南行就职之举，甚为轻视。或谓之仪文，或谓之少数人之意见。其间有极离奇者，至以小人之腹度君子之心，只可一笑置之。而所谓袁公不可离京之理由，则大率牵合临时政府地点，或且

并迁都问题而混入之，如所谓藩属、外交、财政等种种关系是也。其与本问题有直接关系者，惟北方人心未定一义；然以袁公之威望与其旧部将士之忠义，方清摄政王解职及清帝退位至危逼之时期，尚能镇摄全京，不丧匕鬯，至于今日，复何疑虑？且袁公万能，为北方商民所公认，苟袁公内断于心，定期南下，则其所为布置者，必有足以安京、津之人心，而无庸过虑。故培等一方面以京、津舆论电达南京备参考之资料，而一方面仍静俟袁公之布置。

（四）二月二十九日兵变以后之情形　无何而有二月二十九日夜中之兵变，三月一日之夜又继之，且蔓延于保定、天津一带。夫此数日间，袁公未尝离京也，袁公最亲信之将士，在北京自若也；而忽有此意外之变乱，足以证明袁公离京与否，与保持北方秩序，非有密切不可离之关系。然自有此变，而军队之调度，外交之应付，种种困难，急待整理，袁公一日万几，势难暂置，于是不得不与南京政府协商一变通之办法。

（五）变通之办法　总统就职于政府，神圣不可侵犯之条件也；临时统一政府之组织，不可以旦夕缓也；而袁公际此时会，又不能即日南行，则又事实之不可破者也。于是袁公提议，请副总统黎公代赴南京受职。然黎公之不能离武昌，犹袁公之不能离北京也。于是孙公提议于参议院，经参议院议决者，为袁公以电宣誓，而即在北京就职，其办法六条如麻电。由是袁公不必南行，而受职之式不违法理，临时统一政府，又可以速立，对于今日之时局，诚可谓一举而备三善者矣。

（六）培等现实之目的及未来之希望　培等此行，为欢迎袁公赴南京就职也。袁公未就职，不能组织统一政府；袁公不按法理就职，而苟焉组织政府，是谓形式之统一，而非精神之统一。是故欢迎袁公，我等直接之目的也；谋全国精神上之统一，我等间接之目的也。今袁公虽不能于就职以前躬赴南京，而以最后之变通办法观之，则袁公之尊重法理，孙公之大公无我，参议院诸公之持大局而破成见，足代表大多数国民，既皆昭揭于天下；其至少数抱猜忌之见，腾离间之口者，皆将为太和所同化，而无复纤翳之留。于是培等直接目的之不达，虽不敢轻告无罪，而间接目的所谓全国精神上之统一者，既以全国同道〔胞〕心理之孚感而毕达，而培等亦得躬途〔逢〕其盛，与有幸焉。惟是民国初建，百废具举，尤望全国同胞永永以统一之精神对待之，则培等敢掬我全国同胞之齐心同愿者以为祝曰：中华民国万岁！

（原载1912年3月11日《民立报》）

向参议院宣布政见之演说

（1912年5月13日）

元培于教育行政，见识甚浅，实不称总长之任；但既勉强担任，即断不敢存五日京兆之心。今将所规画之办法，为诸君陈之：

一曰教育方针。应分为二：一普通，一专门。在普通教育，务顺应时势，养成共和国民健全之人格。在专门教育，务养成学问神圣之风习。

二曰教育设施。应分为二：

（甲）普通教育之设施：一曰普通学校，如中、小学校及中等以下之职业学校等。二曰社会教育之含有普通性质者。三曰特殊教育，如盲哑废疾者之教育。

（乙）专门教育之设施：一曰专门学校，如大学及高等专门学校是。二曰派遣游学。三曰社会教育之含有专门性质者。

三曰画定中央教育行政之权限。

（甲）专门教育，由教育部直辖分区规定，次第施行。

（乙）普通教育，由教育部规定进行方法，责成各地方之教育行政机关执行，而由部视学监督之。

（丙）私立学校，务提倡而维持之。

四曰教育经费之规定。

（甲）专门教育经费，取给于国家税，或以国有财产为基本金。

（乙）普通教育经费，取给于地方税，或以地方公有财产为基本金。

五曰对于京师教育界之现状。

（甲）以京师学务局为普通教育行政机关，其经费及所辖各学校经费，应暂由教育部直接筹拨。

（乙）各种高等专门学校，取其内容近似者合并之，以期经费易给，而学生均免荒学。查旧学部预算直辖高等专门各学校经费，岁出约一百二十五万八千有奇，临时岁出约五十五万三千有奇，统计一百八十一万一千有奇。而农、工、商部之实业学堂、法律馆之法律学堂、度支部之财政学堂、顺天府之高等学堂等，现均归教育部管理，其费尚不在内。

（丙）对于大学校图书馆等未完成者，皆渐图结束前局，而于一定期间内，为革新之起点。

六曰对于海外留学生之计划。全国高等教育，既归教育部直辖，以后派遣留学，拟归中央政府直接办理，并以直接能进外国高等专门学校及在本国高等专门学校毕业成绩最优、而更求深造者为限。

七曰对于蒙、藏、回之教育。现既合五大民族为一国，自应使五族人民均受同等之教育。除满人已习用汉文、汉语，毋庸特为计划外，至蒙古、西藏及回部习俗、语文尚多隔阂，是宜特定教育方法，以期渐归统一。（下略）

（原载1912年6月《教育杂志》第4卷第3号）

全国临时教育会议开会词

（1912年7月10日）

今日之临时教育会议，即中华民国成立以后第一次之中央教育会议。此次会议，关系甚为重大，因有此次会议，而将来之正式中央教育会议，即以此次会议为托始。且中国政体既然更新，即社会上一般思想，亦随之改革；此次教育会议，即是全国教育改革的起点。此次议决事件，如果能件件实行，固为重要关系；即使间有不能实行者，然为本会已经议决之案，将来亦必有影响。诸君有远来者，即或在近处者，亦是拨冗而来，均以此次会议关系重大之故。

民国教育与君主时代之教育，其不同之点何在？君主时代之教育方针，不从受教育者本体上着想，用一个人主义或用一部分人主义，利用一种方法，驱使受教育者迁就他之主义。民国教育方针，应从受教育者本体上着想，有如何能力，方能尽如何责任；受如何教育，始能具如何能力。从前瑞士教育家（沛斯泰洛齐）有言：昔之教育，使儿童受教于成人；今之教育，乃使成人受教于儿童。何谓成人受教于儿童？谓成人不敢自存成见，立于儿童之地位而体验之，以定教育之方法。民国之教育亦然。君主时代之教育，不外利己主义。君主或少数人结合之政府，以其利己主义为目的物，乃揣摩国民之利己心，以一种方法投合之，引以迁就于君主或政府之主义。如前清时代承科举余习，奖励出身，为驱诱学生之计；而其目的，在使受教育者皆富于服从心、保守心，易受政府驾驭。现在此种主义，已不合用，须立于国民之地位，而体验其在世界、在社会有何等责任，应受何种教育。

社会逃不出世界，个人逃不出社会。世界尚未大同，社会与世界之利害未能完全一致。国家为社会之最大者，对于国家之责任与对于世界之责任，未必无互相冲突之时，犹之对于家庭之责任与对于国家之责任，不能无冲突也。国家、家庭两种责任，不得兼顾，常牺牲家庭以就国家；则对于国家之责任，自以与对世界之责任无冲突者为范围，可以例而知之。至于人之恒言，辄曰权利、义务。而鄙人所言责任，似偏于义务一方面，则以鄙人对于权利、义务之观念，并非相对的。盖人类上有究竟之义务，所以克尽义务者，是谓权利；或受外界之阻力，而使不克尽其义务，是谓权利之丧失。是权利由义务而生，并非对待关系。而人类所最需要者，即在克尽其种种责任之能力，盖无可疑。由是教育家之任务，即在为受教育者养成此种能力，使能尽完全责任，亦无可疑也。

当民国成立之始，而教育家欲尽此任务，不外乎五种主义，即军国民教育、实利主义、公民道德、世界观、美育是也。五者以公民道德为中坚，盖世界观及美育皆所以完成道德，而军国民教育及实利主义，则必以道德为根本。我国人本以善营业闻于世界。侨寓海外，忍非常之困苦，以致富者常有之，是其一例。所以不免为贫国者，因人民无道德心，不能结合为大事业，以与外国相抗；又不求自立而务侥幸。故欲提倡实利主义，必先养其道德。至于军国民主义之不可以离道德，则更易见。我国从前有勇于公战、怯于私斗之语。现在军队时生事端，何尝非尚武之人由无道德心以裁制之故耳。教育者，非为已往，非为现在，而专为将来。从前言人才教育者，尚有十年树木、百年树人之说，可见教育家必有百世不迁之主义，如公民道德是。其他因时势之需要，而亦不能不采用，如实利主义及军国民主义是也。吾人会议之时，不可不注意。

又有一层，我中国人向有一弊，即是自大；及其反动，则为自弃。自大者，保守心太重，以为我中国有四千年之文化，为外国所不及，外国之法制皆不足取；及屡经战败，则转而为崇拜外人，事事以外国为标准，有欲行之事，则曰是某某国所有也。遇不敢行

之事，则曰某某等国尚未行者，我国又何能行？此等几为议事者之口头禅，是由自大而变为自弃也。普通教育废止读经，大学校废经科，而以经科分入文科之哲学、史学、文学三门，是破除自大旧习之一端。

至现在我等教育规程，取法日本者甚多。此并非我等苟且，我等知日本学制本取法欧洲各国。惟欧洲各国学制，多从历史上渐演而成，不甚求其整齐划一，而又含有西洋人特别之习惯；日本则变法时所创设，取西洋各国之制而折衷之，取法于彼，尤为相宜。然日本国体与我不同，不可不兼采欧美相宜之法。即使日本及欧美各国尚未实行，而教育家正在鼓吹者，我等亦可采而行之。我等须从原理上观察，可行则行，不必有先我而为之者。例如十三个月之年历，十二音符之新乐谱，在欧美各国为习惯所限，明知其善而尚未施行，我国亦不妨先取而行之。学制之中，间亦有类此者。

此刻教育部预备之议案，大约有四十余种之多。第一类，是学校系统；第二类，是各学校令及规程；第三类，教育行政之关系；第四类，学校中详细规则；第五类，大概含有社会教育性质。

其中有一大问题，是国语统一办法。现在有人提议：初等小学宜教国语，不宜教国文。既要教国语，非先统一国语不可；然而，中国语言各处不同，若限定以一地方之语言为标准，则必招各地方之反对，故必有至公平之办法。国语既一，乃可定音标。从前中央教育会虽提出此案，因关系重要，尚未解决。

此外，又有种种问题，不能单从教育界解决者。如前清学部主张中学以上由中央政府直辖；中学以下，归地方政府管辖。日昨有几位谈及，谓废府以后，中学校应归省立或县立。此等须俟地方官制颁布后，始能规定。现在只能假定一划分之方法，即如中等以上教育，取给于国家税，或以国家产业作基本金；中等以下，取给于地方税，或用地方产业作基本金。亦只能为假定之方法。

诸君此次来京，想亦有许多议案提出。其间与本部及他议员提出之问题略同者，可以合并讨论。此次临时教育会议，时期甚短，而议案至多。若讨论过于繁琐，恐耽误时间，不能尽议。盖诸君多半担任教育事务者，即使延会，恐亦不能过于延长。所以，希望诸君于议案之排列，将重要者提前开议。又每案之中，先摘出重要诸点，详细讨论；其他无关宏旨者，不妨姑略之。鄙人今日所欲言者止此。

（原载1912年9月《教育杂志》第4卷第6号）

世界观与人生观

（1912年冬）

世界无涯涘也，而吾人乃于其中占有数尺之地位；世界无终始也，而吾人乃于其中占有数十年之寿命；世界之迁流，如是其繁变也，而吾人乃于其中占有少许之历史。以吾人之一生较之世界，其大小久暂之相去，既不可以数量计；而吾人一生，又决不能有几微遁出于世界以外。则吾人非先有一世界观，决无所容喙于人生观。

虽然，吾人既为世界之一分子，决不能超出世界以外，而考察一客观之世界，则所谓完全之世界观，何自而得之乎？曰：凡分子必具有全体之本性；而既为分子，则因其所值之时地而发生种种特性；排去各分子之特性，而得一通性，则即全体之本性矣。吾人为世界一分子，凡吾人意识所能接触者，无一非世界之分子。研究吾人之意识，而求其最后之原素，为物质及形式。物质及形式，犹相对待也。超物质形式之畛域而自在者，惟有意志。于是吾人得以意志为世界各分子之通性，而即以是为世界之本性。

本体世界之意志，无所谓鹄的也。何则？一有鹄的，则悬之有其所，达之有其时，而不得不循因果律以为达之之方法，是仍落于形式之中，含有各分子之特性，而不足以为本体。故说者以本体世界为黑暗之意志，或谓之盲瞽之意志，皆所以形容其异于现象世界各各之意志也。现象世界各各之意志，则以回向本体为最后之大鹄的。其间接以达于此大鹄的者，又有无量数之小鹄的。各以其间接于最后大鹄的之远近，为其大小之差。

最后之大鹄的何在？曰：合世界之各分子，息息相关，无复有彼此之差别，达于现象世界与本体世界相交之一点是也。自宗教家言之，吾人固未尝不可于一瞬间，超轶现象世界种种差别之关系，而完全成立为本体世界之大我。然吾人于此时期，既尚有语言文字之交通，则已受范于渐法之中，而不以顿法，于是不得不有所谓种种间接之作用，缀辑此等间接作用，使厘然有系统可寻者，进化史也。

统大地之进化史而观之，无机物之各质点，自自然引力外，殆无特别相互之关系。进而为有机之植物，则能以质点集合之机关，共同操作，以行其延年传种之作用。进而为动物，则又于同种类间为亲子朋友之关系，而其分职通功之例，视植物为繁。及进而为人类，则由家庭而宗族、而社会、而国家、而国际。其互相关系之形式，既日趋于博大，而成绩所留，随举一端，皆有自阂而通、自别而同之趋势。例如昔之工艺，自造之而自用之耳。今则一人之所享受，不知经若干人之手而后成。一人之所操作，不知供若干人之利用。昔之知识，取材于乡土志耳。今则自然界之记录，无远弗届。远之星体之运行，小之原子之变化，皆为科学所管领。由考古学、人类学之互证，而知开明人之祖先，与未开化人无异。由进化学之研究，而知人类之祖先与动物无异。是以语言、风俗、宗教、美术之属，无不合大地之人类以相比较。而动物心理、动物言语之属，亦渐为学者所注意。昔之同情，及最近者而止耳。是以同一人类，或状貌稍异，即痛痒不复相关，而甚至于相食。其次则死之，奴之。今则四海兄弟之观念，为人类所公认。而肉食之戒，虐待动物之禁，以渐流布。所谓仁民而爱物者，已成为常识焉。夫已往之世界，经其各分子之经营而进步者，其成绩固已如此。过此以往，不亦可比例而知之欤。

道家之言曰："知足不辱，知止不殆。"又曰："小国寡民，使有什伯之器而不用，使民重死而不远徙，虽有舟舆，无所乘之。虽有甲兵，无所陈之。使民复结绳而用之。甘其食，美其服，安其居，乐其俗。邻国相望，鸡狗之声相闻，民至老死而不相往来。"

此皆以目前之幸福言之也。自进化史考之，则人类精神之趋势，乃适与相反。人满之患，虽自昔借为口实，而自昔探险新地者，率生于好奇心，而非为饥寒所迫。南北极苦寒之所，未必于吾侪生活有直接利用之资料，而冒险探极者踵相接。由椎轮而大辂，由桴槎而方舟，足以济不通矣；乃必进而为汽车、汽船及自动车之属。近则飞艇、飞机，更为竞争之的。其构造之初，必有若干之试验者供其牺牲，而初不以及身之不及利用而生悔。文学家、美术家最高尚之著作，被崇拜者或在死后，而初不以及身之不得信用而辍业。用以知：为将来牺牲现在者，又人类之通性也。

人生之初，耕田而食，凿井而饮，谋生之事，至为繁重，无暇为高尚之思想。自机械发明，交通迅速，资生之具，日超〔趋〕于便利。循是以往，必有菽粟如水火之一日，使人类不复为口腹所累，而得专致力于精神之修养。今虽尚非其时，而纯理之科学，高尚之美术，笃嗜者固已有甚于饥渴，是即他日普及之朕兆也。科学者，所以祛现象世界之障碍，而引致于光明。美术者，所以写本体世界之现象，而提醒其觉性。人类精神之趋向，既毗于是，则其所到达之点，盖可知矣。

然则进化史所以诏吾人者：人类之义务，为群伦不为小己，为将来不为现在，为精神之愉快而非为体魄之享受，固已彰明而较著矣。而世之误读进化史者，乃以人类之大鹄的，为不外乎其一身与种姓之生存，而遂以强者权利为无上之道德。夫使人类果以一身之生存为最大之鹄的，则将如神仙家所主张，而又何有于种姓？如曰人类固以绵延其种姓为最后之鹄的，则必以保持其单纯之种姓为第一义，而同姓相婚，其生不蕃。古今开明民族，往往有几许之混合者。是两者何足以为究竟之鹄的乎？孔子曰："生无所息。"庄子曰："造物劳我以生。"诸葛孔明曰："鞠躬尽瘁，死而后已。"是吾身之所以欲生存也。北山愚公之言曰："虽我之死，有子存焉。子又生孙，孙又生子，子又有子，子又有孙，子子孙孙，无穷匮也；而山不加增，何苦而不平。"是种姓之所以欲生存也。人类以在此世界有当尽之义务，不得不生存其身体；又以此义务者非数十年之寿命所能竣，而不得不谋其种姓之生存；以图其身体若种姓之生存，而不能不有所资以营养，于是有吸收之权利。又或吾人所以尽义务之身体若种姓，及夫所资以生存之具，无端受外界之侵害，将坐是而失其所以尽义务之自由，于是有抵抗之权利。此正负两式之权利，皆由义务而演出者也。今曰：吾人无所谓义务，而权利则可以无限。是犹同舟共济，非合力不足以达彼岸，乃强有力者以进行为多事，而劫他人所持之棹楫以为己有，岂非颠倒之尤者乎。

昔之哲人，有见于大鹄的之所在，而于其他无量数之小鹄的，又准其距离于大鹄的之远近，以为大小之差。于其常也，大小鹄的并行而不悖。孔子曰："己欲立而立人，己欲达而达人。"孟子曰："好乐，好色，好货，与人同之。"是其义也。于其变也，绌小以申大。尧知子丹朱之不肖，不足授天下。授舜则天下得其利而丹朱病，授丹朱则天下病而丹朱得其利。尧曰，终不以天下之病而利一人，而卒授舜以天下。禹治洪水，十年不窥其家。孔子曰："志士仁人，无求生以害仁，有杀身以成仁。"墨子摩顶放踵，利天下为之。孟子曰："生与义不可得兼，舍生而取义。"范文正曰："一家哭，何如一路哭。"是其义也。循是以往，则所谓人生者，始合于世界进化之公例，而有真正之价值。否则庄生所谓天地之委形委蜕已耳，何足选也。

（原载巴黎《民德杂志》创刊号"社论二"，
世界社1916年秋在法国都尔斯出版）

敬告全国同胞

（1913年7月22日）

兵凶战危，吾侪安分良民，对于不正当之战争，决无有赞成之者。其正当之战争，为保护吾侪安全幸福之间接作用，则吾侪不特不肯反对，且相率而助成之。其或吾侪虽不必加入战争，而确于战争以外，尚有可以致力之处，使吾侪之安全幸福，由此而保存，而且使间接作用之战争，由此而截止，则尤吾侪所当引以为己任者矣。

一年以来，政府之失德，虽吾侪挚爱之者，决不能为之讳。至于恣行暗杀，擅借外款，不复留吾侪以承认政府之余地。吾侪中之一部份所谓民党也者，攻击政府为激烈之主张，何尝不公认为必不得已之举。徒以兵乱初经，疮痍未复，苟于和平解决一方面，尚有几希之望，则终告诫民党，而强抑制之。虽然政府之播恶也，乃变本而加厉，且以是为锄除民党之机会，而日日与之挑战。于斯时也，吾侪而稍稍移其注视民党之目光，而静观政府，得民党所以不能不激昂之故，纠政府而去其疾，未尝不可以达保持和平之希望。不幸吾侪大多数见未及此，徒日日监视民党，责以不许妄动，而转使政府益施其纵恶挑战之手段，既民党忍无可忍，而为武力解决之宣告，反之于吾侪往日希望和平之美意，诚不能不谓之失望。然吾侪于归咎政府之余，又不能不自省纵容政府之过，而深自引咎也。

今者战端开矣，犹未至全国糜烂之境也，往者不谏，来者可追，吾侪而坐视其孰胜孰负，若秦越人之视肥瘠，则亦已耳；若惕于战祸之延长，而为迅速恢复平和之计划，则不可不洞见窍要而指导之。时局之窍要何在？曰：民军之起也，号曰讨袁，袁去而民军之目的达，战祸熄矣。吾侪而以袁氏为至可敬爱之总统，惟恐其去则已耳！苟认为不可不去者，则去之惟恐其不速，吾侪而诚无观望无游移，争先恐后，赞同讨袁，则袁氏又曷能孤立于全国国民以外而不去耶？

其或震慑于讨袁之名之已激，而求为和平之解决，则莫若以国民之公意，要求国会南迁，别选正式总统，俾袁氏正式解职，无复为众矢之的。是则爱袁氏者所宜出也。

又或爱袁氏也甚挚，务使挟令名以去，如前清之隆裕太后，则宜集合同宗旨之人，哀求袁氏，速速宣布退位，以示其不忍牺牲全国国民，以保存一己之权位，是又爱袁氏者所代为心许者也。

呜呼！使吾侪对此种种之策划，而曾不一措意，日惟待两方面胜负之决定，则无论孰胜孰败，而危凶之象，势所难免。在民党夙抱为国牺牲之志，而政府亦已抵日暮途穷之境，死而无悔，亦固其所；独吾大多数之同胞，以渴望和平之故，而转熟视无睹，陷时局于不可收拾之地位，噬脐之悔，宁有既极，曲突徙薪，虽欲缓须臾而不可得矣。

（原载1913年7月22日《民立报》）

《学风》杂志发刊词

（1914年夏）

今之时代，其全世界大交通之时代乎？昔者吾人以我国为天下，而西方人亦以欧洲为世界。今也畛域渐化，吾人既已认有所谓西方之文明，而彼西方人者，虽以吾国势之弱，习俗之殊特，相与鄙夷之，而不能不承认为世界之一分子。有一世界博览会焉，吾国之制作品必与列焉；有大学焉，苟其力足以包罗世界之学术，则吾国之语文历史，恒列为一科焉；有大藏书楼焉，苟其不以本国之文学为限，则吾国之图籍，恒有存焉；有博物院焉，苟其宗旨在于集殊方之珍异，揭人类之真相，则吾国之美术品或非美术品，必在所搜罗焉。此全世界大交通之证也。

虽然，全世界之交通，非徒以国为单位，为国际间之交涉而已。在一方面，吾人不失其为家庭或民族或国家之一分子；而他方面，则又将不为此等种种关系所囿域，与一切人类各立于世界一分子之地位，通力合作，增进世界之文化。此今日稍稍有知识者所公认也。夫全世界之各各分子，所谓通力合作以增进世界之文化者，为何事乎？其事固不胜枚举，而其最完全不受他种社会之囿域，而合于世界主义者，其惟科学与美术乎（科学兼哲学言之）！法与德，世仇也，哲学、文学之书，互相传译；音乐、图画之属，互相推重焉。犹太人，基督教国民所贱视也，远之若斯宾诺赛之哲学，哈纳之诗篇，近之若爱里希之医学，布格逊之玄学，群焉推之，其他犹太人之积学而主讲座于各国大学者指不胜屈焉。波兰人，亡国之民也，远之若哥白尼之天文学，米开维之文学，近之若居梅礼之化学，推服者无异词焉。而近今之以文学著者尚多，未闻有外视之者。东方各国，欧洲人素所歧视也，然而法国罗科科时代之美术，参中国风，评鉴者公认之。意大利十六世纪之名画，多衬远景于人物之后，有参用中国宋、元人笔意者，孟德堡言之。二十年来，欧洲之图画，受影响于日本，而抒情诗则受影响于中国，尤以李太白之诗为甚，野该述之。欧洲十八世纪之惟物哲学，受中国自然教之影响也，十九世纪之厌世哲学，受印度宗教之影响也，柏鲁孙言之。欧洲也，印度也，中国也，其哲学思想之与真理也，以算学喻之，犹三座标之同系于一中心点也，加察林演说之。其平心言之如此，故曰：科学、美术，完全世界主义也。

方今全世界之人口，号千五百兆而弱，而中国人口，号四百兆而强，占四分之一有奇。其所居之地，则于全球陆地五千五百万方里中，占有四百余万方里，占十四分之一。其地产之丰腴，气候之调适，风景之优秀而雄奇，其历史之悠久，社会之复杂，古代学艺之足以为根柢，其可以贡献于世界之科学、美术者何限？吾人试扪心而自问，其果有所贡献否？彼欧洲人所谓某学某术受中国之影响者，皆中国古代之学术，非吾人所可引以解嘲者也，且正惟吾侪之祖先，在交通较隘之时期，其所作述，尚能影响于今之世界，历千百年之遗传以底于吾人，乃仅仅求如千百年以前所尽之责任而尚不可得，吾人之无以对世界，伊于胡底耶？且使吾人姑退一步，不遽责以如彼欧人能扩其学术势力于生活地盘之外，仅即吾人生活之地盘而核其学术之程度，则吾人益将无地以自容。例如，中国之地质，吾人未之测绘也，而德人李希和为之；中国之宗教，吾人未之博考也，而荷兰人格罗为之；中国之古物，吾人未能有系统之研究也，而法人沙望、英人劳斐为之；中国之美术史，吾人未之试为也，而英人布绥尔爱铿、法人白罗克、德人孟德堡为之；中国古代之饰文，吾人未之疏证也，而德人贺斯曼及瑞士人谟脱为之；中国之地理，吾人未能准科学之律贯以记录之也，而法人若可侣为之；西藏之地理风俗及古物，吾人未之详考也，而瑞典人海丁竭二十余

年之力考察而记录之；辛亥之革命，吾人尚未有原原本本之纪述也，法人法什乃为之。其他述世界地理，通世界史，世界文明史，世界文学史，世界哲学史，莫不有中国一部分焉，庖人不治庖，尸祝越俎而代之，使吾人而尚自命为世界之分子者，宁得不自愧乎？

吾人徒自愧，无补也。无已，则亟谋所以自尽其责任之道而已。人亦有言，先秦时代，吾人之学术，较之欧洲诸国今日之所流行，业已具体而微，老庄之道学，非哲学乎？儒家之言道德，非伦理学乎？荀卿之正名，墨子之《大取》《小取》，以及名家者流，非今之论理学乎？墨子之《经说》，非今之物理学乎？《尔雅》《本草》，非今之博物学、药物学乎？《乐记》之言音律，《考工记》之言笋簴，不犹今之所谓美学乎？宋人刻象为楮叶，三年而后成，乱之楮叶之中而不可辨也，不犹今之雕刻乎？周客画策，筑十版之墙，凿八尺之牖，以日始出时加之其上而观之，尽成龙蛇禽兽车马，万物之状备具，不犹今之所谓油画乎？归而求之有余师，闭门造车，出门合辙，吾侪其以复古相号召可矣，奚以轻家鸡、宝野鹜〔鹜〕、行万里路而游学为？

虽然，西人之学术，所以达今日之程度者，自希腊以来，固已积二千余年之进步而后得之。吾先秦之文化，无以远过于希腊，当亦吾同胞之所认许也。吾与彼分道而驰，既二千余年矣，而始有羡于彼等所达之一境，则循自然公例，取最短之途径以达之可也。乃曰吾必舍此捷径，以二千余年前之所诣为发足点，而奔轶绝尘以追之，则无论彼我速率之比较如何，苟使由是而彼我果有同等之一日，我等无益于世界之耗费，已非巧历所能计矣。不观日本之步趋欧化乎？彼固取最短之径者也。行之且五十年，未敢曰与欧人达同等之地位也。然则吾即取最短之径以往，犹惧不及，其又堪迂道焉！且不观欧洲诸国之互相师法乎？彼其学术，固不失为对等矣，而学术之交通，有加无已。一国之学者有新发明焉，他国之学术杂志，竞起而介绍之；有一学术之讨论会焉，各国之学者，相聚而讨论之。本国之高等教育既有完备之建设矣，而游学于各国者，实繁有徒。检法国本学期大学生统计，外国留学者：德国二百四十人，英国二百十四人，意大利百五十四人，奥匈百三十五人，瑞士八十六人，俄国三千一百七十六人，北美合众国五十四人。又观德国本学期大学生统计，外国留学者：法国四十人，英国百五十人，意大利三十六人，奥匈八百八十七人，瑞士三百五十四人，俄国二千二百五十二人，北美合众国三百四十八人。其在他种高等专门学校及仅在大学旁听者，尚不计焉。其他教员学生乘校假而为研究学术之旅行者，尚多有之。法国且设希腊文史学校于雅典，拉丁文史学校于罗马，以为法国青年博士研究古文之所。设美术学校于罗马，俾巴黎美术学校高才生得于其间为高深之研究。学术同等之国，其转益多师也如此，其他则何如乎？故吾人而不认欧洲之学术为有价值也则已耳，苟其认之，则所以急取而直追之者固有其道矣。

或曰：吾人之吸收外界文明也，不自今始，昔者印度之哲学，吾人固以至简易之道得之矣。其高僧之渡来者吾欢迎之，其经典之流入者吾翻译之。其间关跋涉亲至天竺者，蔡愔、苏物、法显、玄奘之属，寥寥数人耳。然而汉唐之间，儒家、道家之言，均为佛说所浸入，而建筑、雕塑、图画之术，皆大行印度之风；书家之所挥写，诗人之所讽咏，多与佛学为缘。至于宋代，则名为辟佛，而其学说受佛氏之影响者益以深远，盖佛学之输入我国也至深博，而得之之道则至简易。今日之于欧化，亦若是则已矣。

虽然，欧洲之学术，非可以佛学例之。佛氏之学，非不闳深，然其范围以哲学之理论为限。而欧洲学术，则科目繁多，一科之中，所谓专门研究者，又别为种种之条目。其各条目之所资以研究而参考者，非特不胜其繁，而且非浅尝者之所能卒尔而移译也。且佛氏之学，其托于语言文字者已有太涉迹象之嫌，而欧洲学术，则所资以传习者，乃全恃乎实物。最近趋势，即精神科学，亦莫不日倾于实验。仪器之应用，不特理化学也，心理、教育诸科亦用之。

实物之示教，不特博物学也，历史、人类诸科亦尚之。实物不足，济以标本；标本不具，济以图画；图画不周，济以表目。内革罗人之歌，以蓄音器传之；罗马之壁画，以幻灯摄之；莎士比亚所演之舞台，以模型表示之。其以具体者补抽象之语言如此。其他陈列所、博物院、图书馆种种参考之所，又复不胜枚举。是皆非我国所有也。吾人即及此时而设备之，亦不知经几何年而始几于同等之完备，又非吾人所敢悬揣也。然则吾人即欲凭多数之译本，以窥欧洲学术，较之游学欧洲者，事倍而功半，固已了然。而况纯粹学术之译本，且求之而不可得耶？然则吾人而无志于欧洲之学术则已，苟其有志，舍游学以外，无他道也。

且吾人固非不勇于游学者也。十年以前，留学日本者达三万余人。近虽骤减，其数闻尚逾三千人。若留欧之同学，则合各国而计之，尚不及此数三分之一也。岂吾人勇于东渡而怯于西游哉？毋亦学界之通阂，旅费之丰啬，有以致之。日本与我同种同文，两国学者常相与结文字之因缘，而彼国书报之输入，所谓游学指南、旅行案内之属，不知不识之间，早留印象于脑海，一得机会，则乘兴而赴之矣。于欧洲则否。欧人之来吾国而与吾人相习熟者，外交家耳，教士耳，商人耳，学者甚少。即有绩学之士旅行于吾国者，亦非吾人之所注意。故吾人对于欧人之观察，恒以粗鄙近利为口实，以为彼之所长者枪炮耳；继则曰工艺耳，其最高者则曰政治耳。至于道德文章，则殆吾东方之专利品，非西人之所知也。其或不囿于此类之成见，而愿一穷其底蕴，则又以费绌为言。以为欧人生活程度之高，与日本大异，一年旅费，非三倍于东游者不可，则又废然而返矣。

方吾等之未来欧洲也，所闻亦犹是耳。至于今日，则对于学海之闳深，不能不为望洋向若之叹。而生活程度，准俭学会之所计画，亦无以大过于日本，未闻不叹息于百闻不如一见之良言也。夫吾人今日之所见，既大殊于曩昔之所闻，则吾国同胞之所闻，其有殊于吾人之所见，可推而知。鹿得萍草，以为美食，则呦呦然相呼而共食之。田父负日之暄而暖，以为人莫知者，则愿举而献之于其君。吾侪既有所见，不能不有以报告于吾国之同胞，吾侪之良心所命令也。以吾侪涉学之浅，更事之不多，欧洲学界之真相，为吾侪所窥见者，殆不逮万之一。以日力财力之有限，举吾侪之所窥见，所能报告于同胞者，又殆不逮百之一。然则吾侪之所报告者，不能有几何之价值，吾侪固稔知之。然而吾侪之情，决不容以自己。是则吾侪之所以不自惭其弇陋，而有此《学风》杂志之发刊者也。

（原载世界社编《旅欧教育运动》，1916年旅欧杂志社出版）

《勤工俭学传》序

（1915年10月30日）

孟子有言："一人之身，而百工之所为备，如必自为而后用之，是率天下而路也。"盖吾人一身之需要，未有不借他人所作之工以供给之者。顾吾人何以能受此供给而无愧？曰：吾人所作之工，亦所以供给他人之需要。通功易事，惟人人各作其工，斯人人能各得其所需。神农之教曰："一夫不耕，或受之饥；一女不织，或受之寒。"苟有一人焉，舍其工而弗事，则人类之中，必有受其弊者。是以作工为吾人之天职。

洒扫，至简单之工也，而《管子·弟子职》篇著其法；农圃，至普通之工也，而孔子自谓不如老农、老圃。工无大小，无繁简，鲜有不学而能者。故自古有师徒传受之制。而今之实业学校，及职业补习学校，几举吾人可作之工，而一一为教授之设备，是学而后工也。且古谚有之曰："巧者不过习者之门。"习于工者，往往能自出新意，符同学理。吴士德因煮水而悟蒸气之理，福格林因售药而窥化学之奥，比耳因织布而悟印花之术，工中自有学在也。然则吾人当作工时代，固已有预备之学力，而且即工即学，随在皆是，似无待他求焉。虽然，学之范围至广大，决非一工之能赅；而吾人嗜学之性，亦决不能以学之直接隶属于工者为限。吾之作工，必以物质为原料，则矿学、生物学及化学之所关也；吾之作工必以力，则重学、机器学之所关也；吾之工必有数量，则数理之所关也；吾之工必有形彩，则美学之所关也；吾之工所以应他人之需要，则生理、心理、人类、社会等学之所关也。盖学之不属于工、而与工有密切关系者，所在皆是；吾苟择其性之所近者，而随时研究之，其能裨益于吾工者，决非浅鲜；而且令吾人作工之时，亦增无穷之兴趣，此决非吾人所可忽视也。且吾生有涯，而知也无涯。饥食渴饮，足以度日矣；而真理之饥渴，或甚于饮食。好好色，恶恶臭，足以表情矣；而美感之冲动，有逾于色臭。例如发拉第业钉书，而特注意于书中之电学；都耐业理发，而好以其暇练习绘事。电学之于钉书，绘学之于理发，若不相涉也，而好学也若是。吾国古人有以桶匠而谈《易》者，有以饼师而吟《诗》者。《易》之于桶，《诗》之于饼，若不相涉也，而好学也若是。然则吾人之于即工即学以外，又不能无特别之学问，不可诬也。

虽然，通功易事，最完全之制，如吾人理想所谓"各尽所能，各取所需"者，尚未能见诸实行也，现今社会之通功易事，乃以工人之工作，取得普通之价值，而后以之购吾之所需。两者之间，往往不能得平均之度；于是以吾工之所得，易一切之需要，常惴惴然恐其不足焉。吾人于是济之以勤。勤焉者，冀吾工之所得，倍蓰于普通，而始有余力以求学也。顾勤之度终有际限，而学之需要，或相引而日增，则其道又穷。吾人于是又济之以俭。俭焉者，得由两方面而实行之：一则于吾人之日用，务撙节其不甚要者，使有以应用于学而无匮。弗拉克蒙欲赴罗马而习造象，与其妻日节衣食之费，五年而旅费乃足。律宾斯敦执业棉厂，而研究拉丁文及植物学、医学，所得工资，从不妄费，而悉以购书。是其例也。一则于学问之途，用其费省而事举者。书籍、学者所需也，吾力能购则购之，否则如伯律敦之借用于书肆，吴尔之借抄于友人，可也。仪器，学者所需也，吾力能购则购之，否则，如伯拉克之以一水锅、两寒暑表治热学，弗具孙之以毯一方、珠一串治星学，可也。勤于工作、而俭以求学如是，而犹不足以达吾好学之鹄的，宁有是理耶？

昔者李石曾、齐竺山诸君之创设豆腐公司于巴黎也，设为以工兼学之制，试之有效，乃提倡俭学会。俭学会者，专持以俭求学之主义者也。而其中有并匮于俭学之资者，乃兼工以济学。其与豆腐

公司诸君，虽有偏重于学、及偏重于工之殊，而其为工学兼营则一也。继豆腐公司诸君而起者，有地浃泊（人造丝）厂诸君。人数渐增，范围渐广。于是李广安、张秀波、齐云卿诸君，按实定名，而有勤工俭学会之组织。由此勤于工作、而俭以求学之主义，益确实而昭彰矣。

李石曾君又有见于勤工俭学之举，由来已久，而其间著名之学者，各具有复杂之历史，不朽之精神，类皆足以资吾人之则效，而鼓吾人之兴会，爰采取而演述之，以为《勤工俭学传》，月刊一册，华法对照，俾读者于修养德性之余，兼得研寻文字之益。其所演述，又不仅据事直书，而且于心迹醇疵之间，观察异同之点，悉以至新至正之宗旨，疏通而证明之，使勤工俭学之本义，昭然揭日月而行，而不致有歧途之误，意至善也。余既读其所述樊克林、敷莱尔、卢梭诸传，甚赞同之，因以所见，述勤工俭学会之缘起及其主义，以为之序。时民国四年十月三十日也。蔡元培。

（原载世界社编《旅欧教育运动》，1916年旅欧杂志社出版）

文明之消化

（1916年8月15日）

凡生物之异于无生物者，其例证颇多，而最著之端，则为消化作用。消化者，吸收外界适当之食料而制炼之，使类化为本身之分子，以助其发达。此自微生物以至人类所同具之作用也。

人类之消化作用，不惟在物质界，亦在精神界。一人然，民族亦然。希腊民族吸收埃及、腓尼基诸古国之文明而消化之，是以有希腊之文明；高尔、日耳曼诸族吸收希腊、罗马及阿拉伯之文明而消化之，是以有今日欧洲诸国之文明。吾国古代文明，有源出巴比仑之说，迄今尚未证实；汉以后，天方、大秦之文物，稍稍输入矣，而影响不著；其最著者，为印度之文明。汉季，接触之时代也；自晋至唐，吸收之时代也；宋，消化之时代也。吾族之哲学、文学及美术，得此而放一异彩。自元以来，与欧洲文明相接触，逾六百年矣，而未尝大有所吸收，如球茎之植物，冬蛰之动物，恃素所贮蓄者以自赡。日趋羸瘠，亦固其所。至于今日，始有吸收欧洲文明之机会，而当其冲者，实为我寓欧之同人。

吸收者，消化之预备。必择其可以消化者而始吸收之。食肉者弃其骨，食果者弃其核，未有浑沦而吞之者也。印度文明之输入也，其滋养果实为哲理，而埋蕴于宗教臭味之中。吸收者浑沦而吞之，致酿成消化不良之疾。钩稽哲理，如有宋诸儒，既不免拘牵门户之成见；而普通社会，为宗教臭味所熏习，迷信滋彰，至今为梗。欧洲文明，以学术为中坚，本视印度为复杂；而附属品之不可消化者，亦随而多歧。政潮之排荡，金力之劫持，宗教之拘忌，率皆为思想自由之障碍。使皆浑沦而吞之，则他日消化不良之弊，将

视印度文明为尤甚。审慎于吸收之始，毋为消化时代之障碍。此吾侪所当注意者也。

且既有吸收，即有消化，初不必别有所期待。例如晋唐之间，虽为吸收印度文明时代，而其时"庄""易"之演讲，建筑图画之革新，固已显其消化之能力，否则其吸收作用，必不能如是之博大也。今之于欧洲文明，何独不然。向使吾侪见彼此习俗之殊别，而不能推见其共通之公理，震新旧思想之冲突，而不能预为根本之调和，则臭味差池，即使强饮强食，其亦将出而哇之耳！当吸收之始，即参以消化之作用，俾得减吸收时代之阻力，此亦吾人不可不注意者也。

（原载1917年2月15日《东方杂志》第14卷第2号）

我之欧战观

——在北京政学会欢迎会上的演说词

（1917年1月1日）

今日贵会开恳亲会，鄙人得随诸君子之后，躬逢其盛，欢欣莫名。鄙人对于政治方面，毫无经验，对于创造共和，亦未稍尽汗血之劳，欢迎两字，实不敢当。今日承贵会相招，命鄙人述欧战之情形。鄙人近从欧洲归国，自应略有见闻。但鄙人并无军事上之知识，对于此次战争，自不能发挥其真谛。又此次战争，一方系同盟国，一方系协约国。鄙人来自法国，对于同盟国一方面，自必大有隔阂。兹以管窥所及，略为诸君子陈之。

欧战持久之原因 此次欧洲战争，牵连之国甚多，除欧洲一二小国外，其余各国，尽牵连在内。至战争最激烈者，则属德、法、俄三国，而尤以德、法之战为最久。故鄙人所欲言者，为德、法二国所以能持久之原因。

科学之发达 据鄙人观察以为，第一因科学之发达，第二因美术之发达。骤聆此论，似近迂腐，然其中却有真理。何以谓由于科学发达也？战争要品，厥惟军械。世界日近文明，军械亦日新月异。比利时之列日（Liege）炮台，为世界最著名者，当造此时，以为无论何种炮弹，皆能抵御。而德国秘制之巨炮，竟攻破之。是其战胜实由军械进步；而军械进步，实由科学进步。又粮饷尤为军事上要品。然为地力所限，不能为无已之加增。德国虑粮糈缺乏，恃科学之力，制造种种代用品以济之。又战争之初，德军得势，亦半由于交通之便利。德国之交通计划，于无事时预备已极周到，一值开战，则即为运输军队之用。其工程之完坚，组织之精密，无不

源于科学。法为民主国,其军备不能如德国之强。故开战之初,不免失败。然以科学发达之故,军械之制造,饷糈之调度,交通之设备,尚足与德抗衡,故能持久不敝,与德互有胜负。至俄国则版图虽较德、法二国为大,而科学比较的不发达,军械不足,交通不便,遂一蹶而不振矣。

国民之道德 然进而求之,战争以军人为主体。军备虽完善,交通虽便利,苟军人无舍身为国之公德,亦自无效。德国取侵略主义,法国取防御主义。主义虽不同,而为军人者,俱能奋勇前进,此由于国民之道德。俄国官吏有贪赃纳贿者,军官有私扣兵饷者,政治之腐败,已达极点,而国民教育,亦未普及。虽以德、法二国之精兵与之,亦万不能操必胜之券。

道德与宗教 至道德之养成,有谓倚赖宗教者,其实不然。以此三国比较之,俄国最重宗教,莫斯科一市,即有教堂千余所。国家以希腊教为正教,对于异教之人,不禁虐待。犹太人因保守犹太旧教,屡受俄人虐待。可见信仰宗教,实以俄人程度为最高。德国北方多奉耶教,南方多奉天主教。而德人对于宗教,并不极端信仰。即如星期日,各教堂虽均有教士演讲,而普通人不皆往听。至于大学生,则对于教士多非笑之。一元论哲学家如海开尔(Hecker)等,尤攻击宗教。法国人对于宗教,较之德人尤为浅薄,即如圣诞日,德国尚停市数日,饰树缀灯;法国则开市如常,并无何等点缀。至于教堂中常常涉足者,不过守旧党而已。自一八九二年至一九一二年,法国厉行政教分离之制,凡教士均不得在国立学校为教员,自小学以至大学皆然。此外反对宗教之学说,自服尔得尔(Voltaire)以来,不知有若干人。可见法国人对于宗教之态度矣。俄人宗教上之信仰,较德、法人为高,而战争中之国民道德,乃远不如德、法,可见宗教与道德无大关系矣。

美术之作用 然则法、德两国不甚信仰宗教,而一般人民何以有道德心?此即美术之作用。大凡生物之行动,无不由于意志。

意志不能离知识与情感而单独进行。凡道德之关系功利者，伴乎知识，恃有科学之作用；而道德之超越功利者，伴乎情感，恃有美术之作用。美术之作用有两方面：美与高是。

美与高　美者，都丽之状态；高者，刚大之状态。假如光风霁月，柳暗花明，在自然界本为好景。传之诗歌，写诸图画，亦使读者观者有潇洒绝尘之趣，是美之效用也。又如大海风涛，火山爆发，苟非身受其祸，罕不叹为壮观。美术中伟大雄强一类，其初虽使人惊怖，而神游其中，转足以引出伟大雄强之人生观，此高之效用也。

德法之民性　现今世界各国，拉丁民族之性质偏于美，而日尔曼民族之性质偏于高。德国鞠台（Goethe）之戏曲，都雷（Dürer）与呵尔拜因（Holbein）之图画，克林格（Klinger）之造像，皆于雄强之中带神秘性质，此偏于高者也。法国语调之温雅，罗科科（Rococo）时代建筑与器具之华丽，大卫（David）与英格尔（Ingres）等图画之清秀，皆偏于美者也。凡民族性质偏于高者，认定目的，即尽力以达之，无所谓劳苦，无所谓危险。观德军猛攻凡尔登之役，积尸如山，猛进不已，其毅力为何如！凡民族性质偏于美者，遇事均能从容应付，虽当颠沛流离之际，决不改变其常度。观法人自开战以来，明知兵队之数、预备之周，均不及德，而临机应变，毫不张皇，当退则退，可进则进，若握有最后胜利之预算，而决不以目前之小利害动其心者，其雍容为何如！此可以见美术与国民性之关系。而战争持久之能力，源于美术之作用者，亦必非浅鲜矣。

帝国主义与人道主义　又有一层，此次战争，与帝国主义之消长，有密切关系。使战争结果，同盟方面果占胜利，则必以德国为欧洲盟主，亦即为世界盟主，且将以军国主义支配全世界。又使协约方面而胜利，则必主张人道主义而消灭军国主义，使世界永久和平。何以言之？在昔生物学者有物竞争存、优胜劣败之说，德国大

文学家尼采（Nietsche）遂应用其说于人群，以为汰弱存强为人类进化之公理，而以强者之怜悯弱者为奴隶道德。德国主战派遂应用其说于国际间，此军国主义之所以盛行也。然生物学者又有一派发见生物进化公例，不在竞争而在互助。俄国无政府主义者克鲁巴特金（Kropotkin）亲王集其大成，而作《互助论》。其出版时本用英文，亦有他国文译本，然未为多数人所欢迎也。自此次战争开始，协约国一方面深信非互助无以敌德。既于协约各国间实验之，而《互助论》之销数乃大增。此即应用互助主义于国际，而为人道主义昌明之见端也。吾人既反对帝国主义，而渴望人道主义，则希望协约国之胜利也，又复何疑！

（八年十二月三日改定）

（原载北京大学新潮社编辑《蔡孑民先生言行录》，

北京大学出版部1920年出版）

就任北京大学校长演说词

（1917年1月9日）

　　五年前，严几道先生为本校校长时，余方服务教育部，开学日曾有所贡献于本校。诸君多自预科毕业而来，想必闻知。士别三日，刮目相见，况时阅数载，诸君较昔当必为长足之进步矣。予今长斯校，请更以三事为诸君告。

　　一曰抱定宗旨　诸君来此求学，必有一定宗旨，欲知宗旨之正大与否，必先知大学之性质。今人肄业专门学校，学成任事，此固势所必然。而在大学则不然，大学者，研究高深学问者也。外人每指摘本校之腐败，以求学于此者，皆有做官发财思想，故毕业预科者，多入法科，入文科者甚少，入理科者尤少，盖以法科为干禄之终南捷径也。因做官心热，对于教员，则不问其学问之浅深，惟问其官阶之大小。官阶大者，特别欢迎，盖为将来毕业有人提携也。现在我国精于政法者，多入政界，专任教授者甚少，故聘请教员，不得不聘请兼职之人，亦属不得已之举。究之外人指摘之当否，姑不具论。然弭谤莫如自修，人讥我腐败，而我不腐败，问心无愧，于我何损？果欲达其做官发财之目的，则北京不少专门学校，入法科者尽可肄业法律学堂，入商科者亦可投考商业学校，又何必来此大学？所以诸君须抱定宗旨，为求学而来。入法科者，非为做官；入商科者，非为致富。宗旨既定，自趋正轨。诸君肄业于此，或三年，或四年，时间不为不多，苟能爱惜光阴，孜孜求学，则其造诣，容有底止。若徒志在做官发财，宗旨既乖，趋向自异。平时则放荡冶游，考试则熟读讲义，不问学问之有无，惟争分数之多寡；试验既终，书籍束之高阁，毫不过问，敷衍三四年，潦草塞责，文

凭到手，即可借此活动于社会，岂非与求学初衷大相背驰乎？光阴虚度，学问毫无，是自误也。且辛亥之役，吾人之所以革命，因清廷官吏之腐败。即在今日，吾人对于当轴多不满意，亦以其道德沦丧。今诸君苟不于此时植其基，勤其学，则将来万一因生计所迫，出而任事，担任讲席，则必贻误学生；置身政界，则必贻误国家。是误人也。误己误人，又岂本心所愿乎？故宗旨不可以不正大。此余所希望于诸君者一也。

二曰砥砺德行 方今风俗日偷，道德沦丧，北京社会，尤为恶劣，败德毁行之事，触目皆是，非根基深固，鲜不为流俗所染。诸君肄业大学，当能束身自爱。然国家之兴替，视风俗之厚薄。流俗如此，前途何堪设想。故必有卓绝之士，以身作则，力矫颓俗。诸君为大学学生，地位甚高，肩此重任，责无旁贷，故诸君不惟思所以感己，更必有以励人。苟德之不修，学之不讲，同乎流俗，合乎污世，已且为人轻侮，更何足以感人。然诸君终日伏首案前，营营攻苦，毫无娱乐之事，必感身体上之苦痛。为诸君计，莫如以正当之娱乐，易不正当之娱乐，庶于道德无亏，而于身体有益。诸君入分科时，曾填写愿书，遵守本校规则，苟中道而违之，岂非与原始之意相反乎？故品行不可以不谨严。此余所希望于诸君者二也。

三曰敬爱师友 教员之教授，职员之任务，皆以为诸君求学之便利，诸君能无动于衷乎？自应以诚相待，敬礼有加。至于同学共处一堂，尤应互相亲爱，庶可收切磋之效。不惟开诚布公，更宜道义相勖，盖同处此校，毁誉共之。同学中苟道德有亏，行有不正，为社会所訾詈，己虽规行矩步，亦莫能辩，此所以必互相劝勉也。余在德国，每至店肆购买物品，店主殷勤款待，付价接物，互相称谢，此虽小节，然亦交际所必需，常人如此，况堂堂大学生乎？对于师友之敬爱，此余所希望于诸君者三也。

余到校视事仅数日，校事多未详悉，兹所计划者二事；一曰改良讲义。诸君既研究高深学问，自与中学、高等不同，不惟恃教员讲授，尤赖一己潜修。以后所印讲义，只列纲要，细微末节，以及精旨奥义，或讲师口授，或自行参考，以期学有心得，能裨实用。二曰添购书籍。本校图书馆书籍虽多，新出者甚少，苟不广为购办，必不足供学生之参考，刻拟筹集款项，多购新书，将来典籍满架，自可旁稽博采，无虞缺乏矣。今日所与诸君陈说者只此，以后会晤日长，随时再为商榷可也。

（原载北京大学新潮社编《蔡孑民先生言行录》，
北京大学出版部1920年出版）

以美育代宗教说

——在北京神州学会演说词

（1917年4月8日）

　　兄弟于学问界未曾为系统的研究，在学会中本无可以表示之意见。惟既承学会诸君子责以讲演，则以无可如何中，择一于我国有研究价值之问题为到会诸君一言，即"以美育代宗教"之说是也。

　　夫宗教之为物，在彼欧西各国，已为过去问题。盖宗教之内容，现皆经学者以科学的研究解决之矣。吾人游历欧洲，虽见教堂棋布，一般人民亦多入堂礼拜，此则一种历史上之习惯。譬如前清时代之袍褂，在民国本不适用，然因其存积甚多，毁之可惜，则定为乙种礼服而沿用之，未尝不可。又如祝寿、会葬之仪，在学理上了无价值，然戚友中既以请帖、认闻相招，势不能不循例参加，借通情愫。欧人之沿习宗教仪式，亦犹是耳。所可怪者，我中国既无欧人此种特别之习惯，乃以彼邦过去之事实作为新知，竟有多人提出讨论。此则由于留学外国之学生，见彼国社会之进化，而误听教士之言，一切归功于宗教，遂欲以基督教劝导国人。而一部分之沿习旧思想者，则承前说而稍变之，以孔子为我国之基督，遂欲组织孔教，奔走呼号，视为今日重要问题。

　　自兄弟观之，宗教之原始，不外因吾人精神作用而构成。吾人精神上之作用，普通分为三种：一曰知识；二曰意志；三曰感情。最早之宗教，常兼此三作用而有之。盖以吾人当未开化时代，脑力简单，视吾人一身与世界万物。均为一种不可思议之事。生自何来？死将何往？创造之者何人？管理之者何术？凡此种种，皆当时之人所提出之问题，以求解答者也。于是有宗教家勉强解答之。如基督教推本于上帝，印度旧教则归之梵天，我国神话则归之盘古。其他各种现象，亦皆以神道为惟一之理由。此知识作用之附丽于宗教者也。且吾人生而有生存之欲望，由此欲望而发生一种利己之心。其初以为非损人不能利己，故恃强凌弱，掠夺攫取之事，所在多有。其后经验稍多，知利人之不可少，于是有宗教家提倡利他主义。此意志作用之附丽于宗教者也。又如跳舞、唱歌，虽野蛮人亦皆乐此不疲。而对于居室、雕刻、图画等事，虽石器时代之遗迹，皆足以考见其爱美之思想。此皆人情之常，而宗教家利用之以为诱人信仰之方法。于是未开化人之美术，无一不与宗教相关联。此又情感作用之附丽于宗教者也。天演之例，由浑而画。当时精神作用至为浑沌，遂结合而为宗教。又并无他种学术与之对，故宗教在社会上遂具有特别之势力焉。

迨后社会文化日渐进步，科学发达，学者遂举古人所谓不可思议者，皆一一解释之以科学。日星之现象，地球之缘起，动植物之分布，人种之差别，皆得以理化、博物、人种、古物诸科学证明之。而宗教家所谓吾人为上帝所创造者，从生物进化论观之，吾人最初之始祖，实为一种极小之动物，后始日渐进化为人耳。此知识作用离宗教而独立之证也。宗教家对于人群之规则，以为神之所定，可以永远不变。然希腊诡辩家，因巡游各地之故，知各民族之所谓道德，往往互相抵触，已怀疑于一成不变之原则。近世学者据生理学、心理学、社会学之公例，以应用于伦理，则知具体之道德不能不随时随地而变迁；而道德之原理则可由种种不同之具体者而归纳以得之；而宗教家之演绎法，全不适用。此意志作用离宗教而独立之证也。

知识、意志两作用，既皆脱离宗教以外，于是宗教所最有密切关系者，惟有情感作用，即所谓美感。凡宗教之建筑，多择山水最胜之处，吾国人所谓天下名山僧占多，即其例也。其间恒有古木名

花，传播于诗人之笔，是皆利用自然之美以感人者。其建筑也，恒有峻秀之塔，崇闳幽邃之殿堂，饰以精致之造像，瑰丽之壁画，构成黯淡之光线，佐以微妙之音乐。赞美者必有著名之歌词，演说者必有雄辩之素养，凡此种种，皆为美术作用，故能引人入胜。苟举以上种种设施而屏弃之，恐无能为役矣。然而美术之进化史，实亦有脱离宗教之趋势。例如吾国南北朝著名之建筑则伽蓝耳，其雕刻则造像耳，图画则佛像及地狱变相之属为多；文学之一部分，亦与佛教为缘。而唐以后诗文，遂多以风景人情世事为对象；宋元以后之图画，多写山水花鸟等自然之美。周以前之鼎彝，皆用诸祭祀。汉唐之吉金，宋元以来之名瓷，则专供把玩。野蛮时代之跳舞，专以娱神，而今则以之自娱。欧洲中古时代留遗之建筑，其最著者率为教堂，其雕刻图画之资料，多取诸新旧约；其音乐，则附丽于赞美歌；其演剧，亦排演耶稣故事，与我国旧剧"目莲救母"相类。及文艺复兴以后，各种美术，渐离宗教而尚人文。至于今日，宏丽之建筑，多为学校、剧院、博物院。而新设之教堂，有美学上价值者，几无可指数。其他美术，亦多取资于自然现象及社会状态。于是以美育论，已有与宗教分合之两派。以此两派相较，美育之附丽于宗教者，常受宗教之累，失其陶养之作用，而转以激刺感情。盖无论何等宗教，无不有扩张己教、攻击异教之条件。回教之谟罕默德，左手持《可兰经》，而右手持剑，不从其教者杀之。基督教与回教冲突，而有十字军之战，几及百年。基督教中又有新旧教之战，亦亘数十年之久。至佛教之圆通，非他教所能及。而学佛者苟有拘牵教义之成见，则崇拜舍利受持经忏之陋习，虽通人亦肯为之。甚至为护法起见，不惜于共和时代，附和帝制。宗教之为累，一至于此，皆激刺感情之作用为之也。

鉴激刺感情之弊，而专尚陶养感情之术，则莫如舍宗教而易以纯粹之美育。纯粹之美育，所以陶养吾人之感情，使有高尚纯洁之习惯，而使人我之见、利己损人之思念，以渐消沮者也。盖以美为普遍性，决无人我差别之见能参入其中。食物之入我口者，不能兼果他人之腹；衣服之在我身者，不能兼供他人之温，以其非普遍性也。美则不然。即如北京左近之西山，我游之，人亦游之；我无损于人，人亦无损于我也。隔千里兮共明月，我与人均不得而私之。中央公园之花石，农事试验场之水木，人人得而赏之。埃及之金字塔，希腊之神祠，罗马之剧场，瞻望赏叹者若干人，且历若干年，而价值如故。各国之博物院，无不公开者，即私人收藏之珍品，亦时供同志之赏览。各地方之音乐会、演剧场，均以容多数人为快。所谓独乐乐不如与人乐乐，与寡乐乐不如与众乐乐，以齐宣王之惛，尚能承认之。美之为普遍性可知矣。且美之批评，虽间亦因人而异，然不曰是于我为美，而曰是为美，是亦以普遍性为标准之一证也。

美以普遍性之故，不复有人我之关系，遂亦不能有利害之关系。马牛，人之所利用者，而戴嵩所画之牛，韩幹所画之马，决无对之而作服乘之想者。狮虎，人之所畏也，而芦沟桥之石狮，神虎桥之石虎，决无对之而生搏噬之恐者。植物之花，所以成实也，而吾人赏花，决非作果实可食之想。善歌之鸟，恒非食品。灿烂之蛇，多含毒液。而以审美之观念对之，其价值自若。美色，人之所好也；对希腊之裸像，决不敢作龙阳之想；对拉飞尔若鲁滨司之裸体画，决不敢有周昉《秘戏图》之想。盖美之超绝实际也如是。且于普通之美以外，就特别之美而观察之，则其义益显。例如崇闳之美，有至大至刚两种。至大者如吾人在大海中，惟见天水相连，茫无涯涘。又如夜中仰数恒星，知一星为一世界，而不能得其止境，顿觉吾身之小虽微尘不足以喻，而不知何者为所有。其至刚者，如疾风震霆，覆舟倾屋，洪水横流，火山喷薄，虽拔山盖世之气力，亦无所施，而不知何者为好胜。夫所谓大也，刚也，皆对待之名也。今既自以为无大之可言，无刚之可恃，则且忽然超出乎对待之境，而与前所谓至大至刚者胈合而为一体，其愉快遂无限量。

当斯时也，又岂尚有利害得丧之见能参入其间耶！其他美育中，如悲剧之美，以其能破除吾人贪恋幸福之思想。《小雅》之怨悱，屈子之离忧，均能特别感人。《西厢记》若终于崔、张团圆。则平淡无奇；惟如原本之终于草桥一梦，始足发人深省。《石头记》若如《红楼后梦》等，必使宝、黛成婚，则此书可以不作；原本之所以动人者，正以宝、黛之结果一死一亡，与吾人之所谓幸福全然相反也。又如滑稽之美，以不与事实相应为条件。如人物之状态，各部分互有比例。而滑稽画中之人物，则故使一部分特别长大或特别短小。作诗则故为不谐之声调，用字则取资于同音异义者。方朔割肉以遗细君，不自责而反自夸。优旃谏漆城，不言其无益，而反谓漆城荡荡，寇来不得上，皆与实际不相容，故令人失笑耳。要之，美学之中，其大别为都丽之美，崇闳之美（日本人译言优美、壮美）。而附丽于崇闳之悲剧，附丽于都丽之滑稽，皆足以破人我之见，去利害得失之计较，则其所以陶养性灵，使之日进于高尚者，固已足矣。又何取乎侈言阴骘、攻击异派之宗教，以激刺人心，而使之渐丧其纯粹之美感为耶。

（原载北京大学新潮社编《蔡孑民先生言行录》，
北京大学出版部1920年出版）

说俭学会

——在北京留法俭学会上的演说词

（1917年7月15日）

今日为俭学会中演讲会开讲之第一期，鄙人欲先说"俭学会"三字，以为诸君顾名思义之助，虽大半老生常谈，然正以为常谈，故不得不时时谈之耳。

请先说"学"字。孔子曰：学而不思则罔，思而不学则殆。又曰：吾常终日不食，终夜不寝，以思无益，不如学也。学与思相对，偏重经验一方面。自汉以后，学者偏重读书，如董仲舒治《春秋》，三年不窥园；阳城读书集贤院，昼夜不出户，凡六年，皆为人所艳称。使人以此为学，真古人所谓专己守残者耳。鄙人尝思，一种民族，不能不吸收他族文化，犹之一人之身，不能不吸收外界之空气及饮食，否则不能长进也。我国先秦时代，诸子九流，颇具科学途径，治哲学者有道学，治道德政治之学者有儒家，治论理学者有名家，治法学者有法家，治词学者有纵横家及小说家，治农学者有农家，治理工之学者有墨家，其学说皆有独到之处，足与希腊学者抗衡。其时是否以巴比仑、叙利亚诸国之文化为基本，今日尚未论定也。汉尊儒术，他派渐微。汉末，佛说输入，是为有史以来吸收外族文化之第一期。自汉迄唐，历六百余年，经多数华梵高僧之翻译及研究，而始有千余部之经论，始产出宋明诸儒之道学。盖吸收外族文明而消化之，如是其繁难也。至于今日，为吸收外族文明之第二期，所欲吸收者，为欧洲科学，其科目之繁多，既与印度经论之仅关哲理者不同。其学术之重实验而循秩序，亦非如释典之可以译读而毕业。故当时研究释典而亲历印度者，仅蔡愔、元奘等数人。而今日留学欧洲者千余人，犹患其少。盖今日我辈之所谓学，其内容与方法，均当有一种狭义之界说，以别于古人泛称之学字也。

学者何以当"俭"？一方面因为易于游学计，一方面实尚有进德之关系。盖自生理上及伦理上考之，俭胜于奢，历有明证。《吕氏春秋》曰：出则以车，入则以辇，务以自佚，命之曰招蹶之机；肥肉厚酒，务以相强，命之曰烂肠之食；靡曼皓齿，郑卫之音，务以自乐，命之曰伐性之斧。言奢之为害如此。以今世卫生之道证之，如蔬食主义，如戒烟，戒酒之会，何一非崇俭而黜奢者。至于道德要义，曰自由，曰平等，曰博爱。习于奢者，一衣一食，必求精美，一举一动，辄需车舆，一旦境遇变迁，虽普通人所能受者，彼将不胜其苦。习于俭者反之。古人云：由俭入奢易，由奢入俭难。即自由与不自由之别也。

俭者常得大多数之同等，而奢者常得少数。俭者之心理，乐与人同，如齐俗奢，晏平仲示之以俭；蜀俗奢侈，董和躬率以俭，是也。奢之心理，则务与人异，如石崇、王恺，以豪侈相尚。恺以饴澳釜，崇以蜡代薪，是也。北魏高阳王，厚自奉养。李崇谓人曰：高阳一日，胜我千日。明太祖尝谓散骑舍人曰：制一衣五百贯，此农夫数口之家一岁之资也。物产之数，与人类之数有比例，此有所赢，则彼必有所绌，知平等之义者，其忍奢乎？博爱者，由平等而推及之者也。不承认平等之义者，即不能再望以博爱。稽之历史，好奢之人，常有违反博爱之行为，如王武子所蒸之豚，常以人乳饮之；孙晟饮宴，使女妓各执一器，环列其侧，谓之肉台盘；苻朗当宴会时，唾小儿口中，使含而出，谓之肉唾壶等，皆是也。禹卑宫菲食，思天下有溺者，由己溺之。墨翟尚俭而兼爱，近世如俄之陶斯道，屏贵族之奉，而躬耕陇亩，欲毁家以济其采地之农人。惟俭故能博爱，亦惟博爱，则不能不俭也。

二十年来，我国学者，耳食一种倒果为因之经济学，反对古代崇俭黜奢之说，至以西洋物质文明之发达，归功于侈靡，如谭复生《仁学》中，即有此说。不知物质之作用，必普及于各阶级之人，而后谓之文明。如汽机、电机、驰道、公园及公开之大建筑等皆是。其他供少数富豪挥霍之奢侈品，如巴黎之时装、香滨之美酒，初不在物质文明之内。又我国人常疑法人为世界上最侈靡之民族，不知法国侈靡之习，不过巴黎。近有意大利贝左里尼Prerrolini著《二十世纪之法国人》一书，谓巴黎为世界之都市，其习尚由各国民族辐辏而成之，不得以是概法人。统巴黎以外各省之法人而观之，实为世界最善储蓄之民族，可谓之经济界平民制，以其全国富力，全操于农人及小康家也。国民储蓄之增率，每岁不下于二千兆云云。可以知法人之尚俭，而法国良为适于俭学之地点矣。

至于俭学设会，则为推广人数之一作用。日本大学生，常有售报纸、曳人力车以自给者。留学美洲之东亚人，常有为人洗杯盘以筹旅费者。以伦敦生活程度之高，而江西徐子鸿君，常居每周七先令之膳宿舍。个人俭学，本无不可，惟此等艰苦卓绝之行为，不可悬为常格。且如内地之外国语预备学校，外国学校之专班，及此间新设之游艺会、演讲会等，皆非合多数人之力，而又得谙悉情形者为之经理，则无自而成立，此设会之所以不可少也。

鄙人所见俭学会之关系如此，如有不然，请诸君教正之。

（原载1917年7月15日、8月1日《旅欧杂志》第23、24期）

大学改制之事实及理由

（1918年1月）

大学改制之议，发端于本年一月二十七日之国立高等学校校务讨论会。其时由北京大学蔡校长提出议案，其文如下。

窃查欧洲各国高等教育之编制，以德意志为最善。其法科、医科既设于大学，故高等学校中无之。理工科、商科、农科，既有高等专门学校，则不复为大学之一科。而专门学校之毕业生，更为学理之研究者，所得学位，与大学毕业生同。普通之大学学生会，常合高等学校之生徒而组织之。是德之高等专门学校，实即增设之分科大学，特不欲破大学四科之旧例，故别列一门而已。我国高等教育之制，规仿日本，既设法、医、农、工、商各科于大学，而又别设此诸科之高等专门学校，虽程度稍别浅深，而科目无多差别。同时并立，义近骈赘。且两种学校之毕业生，服务社会，恒有互相龃龉之点。殷鉴不远，即在日本。特我国此制行之未久，其弊尚未著耳。今改图尚无何等困难，爰参合现代之大学及高等专门学校制而改编大学制如下：

（一）大学专设文、理二科。其法、医、农、工、商五科，别为独立之大学。其名为法科大学、医科大学等。

其理由有二：文、理二科，专属学理；其他各科，偏重致用，一也。文、理二科，有研究所、实验室、图书馆、植物园、动物院等种种之设备，合为一区，已非容易。若遍设各科，而又加以医科之病院、工科之工场、农科之试验场等，则范围过大，不能各择适宜之地点，一也。

（二）大学均分为三级：一、预科一年，二、本科三年，三、研究科二年，凡六年。

上案经北京高等师范学校陈校长、北京法政专门学校吴校长、北京医学专门学校汤校长、北京农业专门学校洪校长一致赞同，即于同月三十日由各校长公呈教育部请核准。二月二十三日教育部开会议，列席者总次长、参事、专门司司长、北洋大学校长，及具呈各校长。第一条无异议。于第二条，则多以预科一年为期为太短，又有以研究科之名为不必设者。乃再付校务讨论会复议。二月五日校务讨论会开会议决：大学均分为二级，预科二年，本科四年，凡六年。复于三月五日在教育部会议一次，无异议，乃由教育部于三月十四日发指令曰："改编大学制年限办法，经本部迭次开会讨论，应定为预科二年，本科四年"云云。此改制案成立之历史也。

依上案，则农、工、医等专门学校，均当为改组大学之准备。而设备既需经费，教员尚待养成，非再历数年不能进行。而北京大学则适有改革之机会，于是由评议会议决而实行者如下：

（一）文理两科之扩张　大学号有五科，而每科所设，少者或止一门，多者亦不过三门。欲以有限之经费，博多科之体面，其流弊必至如此。今既以文理为主要，则自然以扩张此两科，使渐臻完备为第一义。然为经费所限，暑假后仅能每科增设一门，即史学门及地质学门是也。

（二）法科独立之预备　北京大学各科以法科为较完备，学生人数亦最多，具有独立的法科大学之资格。惟现在尚为新旧章并行之时，独立之预算案，尚未有机会可以提出，故暂从缓议，惟于暑假后先移设于预科校舍，以为独立之试验。

（三）商科之归并　商科依部令宜设银行、保险等专门，而北京大学现有之商科，则不设专门，而授普通商业，实不足以副商科之名，而又无扩张之经费。故于五月十五日呈请教育部，略谓："本校自本学年始设商科，因经费不敷，不能按部定规程分设银行学、保险学等门，而讲授普通商业学、颇有名实不副之失。现值各

科改组之期，拟仿美、日等国大学法科兼设商业学之例，即以现有商科改为商业学，而隶于法科。俟钧部筹有的款创立商科大学时，再将法科之商业专门定期截止"云云。旋即二十三日奉教育部指令曰："该校请将现有商科改为商业学门隶于法科一节，尚属可行，应即照准"云云。

（四）工科之截止　北京大学之工科，仅设土木工门及采矿冶金门。北洋大学亦国立大学也，设在天津，去北京甚近，其工科所设之门，与北京大学同，且皆用英语教授，设备仪器，延聘教员，彼此重复，而受教之学生，合两校之工科计之，不及千人，纳之一校，犹病其寡，徒糜国家之款，以为增设他门之障碍而已。故与教育部及北洋大学商议，以本校预科毕业生之愿入工科者，送入北洋大学，而本校则俟已有之工科两班毕业后，即停办工科。（其北洋大学之法科，亦以毕业之预科生送入本校法科，俟其原有之法科生毕业后，即停办法科，而以其费供扩张工科之用。）

（五）预科之改革　大学预科由旧制之高等学堂嬗蜕而来。所以停办高等学堂，而于大学中自设预科者，因各省所立高等学堂程度不齐，咨送大学后，种种困难也。不意以五年来经验，预科一部、二部等编制及年限，亦尚未尽善。举一部为例，既兼为文、法、商三科预备，于是文科所必须预备而为法、商科所不必设者，或法、商科所必须预备而为文科所不必设者，不得不一切课之。多费学生之时间及心力于非要之课，而重要之课，反为所妨。此一弊也。预科既不直隶各科，含有半独立性质；一切课程，并不与本科衔接，而与本科竞胜：取本科第一年应授之课，而于预科之第三年授之，使学生入本科后，以第一年之课程为无聊，遂挫折其对于学问上之兴趣。且以六年之久，而所受之课，实不过五年有奇，宁不可惜。此二弊也。此亦促进大学改制之一原因。改制以后，预科既减为二年，而又分隶于各科，则前举二弊可去。或有以外国语程度太低为言者，不知新章预科，止用一种外国语，即中学所已习者。

习外国语积六年之久，而尚不能读参考书，有是理乎？

大学改制，有种种不得已之原因，如上所述，惟未经宣布。又新旧两章，同时并行，易滋回惑。故外间颇多误会，如前数日《北京日报》之法律、冶金并入北洋大学之说，其实毫无影响，又八月三日、四日之《晨钟报》揭载余以智君之《北京大学改制商榷》，其对于本校之热诚，深可感佩，惟所举事实，均有传闻之误。即如引蔡元培氏之言，谓"文科一科，可以包法、商等科而言也，理科一科，可以包医、工等科而言也。"询之蔡君，并不如是。蔡君不过谓法、商各科之学理，必原于文科；医、农、工各科之学理，必原于理科耳。若如余君所引之言，则蔡君第主张设文、理二科足矣，何必再为法、医、农、工、商各为独立大学之提议乎？其他类此者尚多，故述大学改制之事实及理由，以告研究大学学制者。如承据此等正确之事实，而加以针砭，则固本校同人之所欢迎也。

八月五日　北京大学启

（原载北京大学新潮社编《蔡子民先生言行录》，
北京大学出版部1920年出版）

北京大学进德会旨趣书

（1918年1月19日）

今人恒言：西方尚公德，而东方尚私德；又以为能尽公德，则私德之出入，不足措意，是误会也。吾人既为社会之一分子，分子之腐败，不能无影响于全体。如疾症然，其传染之广，往往出人意表。昔仪狄作酒，禹饮而甘之，曰："后世必有以酒亡其国者。"遂疏仪狄而绝旨酒。司马迁曰："夏之亡也以妹喜，殷之亡也以妲己。"子反湎于酒，而楚军以败；拿破仑惑于色，而普鲁士之军国主义以萌。私德不修，祸及社会，诸如此类，不可胜数。又如吾国五六年来，政治界、实业界之腐败，达于极端。而祸变纷乘，浸至亡国者，宁非由于少数当局骄奢淫佚之余，不得已而出奇策以自救，遂不惜以国家为牺牲与？《易》曰："善不积，不足以成名，恶不积，不足以灭身；勿以小善为无益而弗为也；勿以小恶为无伤而为之。"鄙人二十年前，鉴于吾国谈社会主义者之因以自便，名为提倡，实增阻力，因言"惟于交际之间一介不苟者，夫然后可以言共产；又惟男女之间一毫不苟者，夫然后可以言废婚姻"（见《民国野史》乙编《蔡孑民事略》）。正此意也。

民国元年，吴稚晖、李石曾、汪精卫诸君，发起进德会于上海。会员别为三等：持不赌、不嫖、不娶妾三戒者，为甲等会员；加以不作官吏、不吸烟、不饮酒三戒，为乙等会员；又加以不作议员、不食肉，为丙等会员。当时论者颇以不作官吏、不作议员二条为疑。然题名入会为甲等会员者踵相接矣。未几，鄙人以事由海道北行，同行者三十余人，李、汪二君亦与焉。舟中或提议进德会事，自李、汪二君外，同行者率皆当时之官吏若议员，群以官吏、议员两戒为不便，乃去此两戒，别组一会，即以同舟之三十余人为发起人，而宋遯初君提议名为"六不会"，众赞成之。又同时发起一"社会改良会"，所揭著者凡三十六条，第一曰不狎妓，第二曰不置婢妾，第十九曰不赌博，第二十九条曰戒除伤生耗财之嗜好，犹六不会意也。其后为政潮所激荡，"六不会"若"社会改良会"之发起人，次第星散，未及进行；而进德会之新分子，则间见于上海之报纸焉。

北京自袁政府时代，收买议员，运动帝制，攫全国之公款，用之如泥沙，得之者无所顾惜，则狂赌狂嫖，一方面驱于侥幸之心，一方面且用为钻营之术。谬种流传，迄今未已。鄙人归国以后，先至江、浙各省，见夫教育、实业各界，凡崭然现头角者，几无不以嫖、赌为应酬之具，心窃伤之。比抵北京，此风尤甚。尤可骇者，往昔昏浊之世，必有一部分之清流，与敝俗奋斗，如东汉之党人，南宋之道学，明季之东林。风雨如晦，鸡鸣不已。而今则众浊独清之士，亦且踽踽独行，不敢集同志以矫末俗，洵千古未有之现象也。曾于南洋公学同学会（中央公园）及译学馆校友会（江西会馆）中，提议以嫖、赌、娶妾三戒编入会章，闻者未之注意也。其后见社会实进会规则，有此三戒；而雍君所发起之社会改良会，则专以此三者为条件。吾道不孤，助以张目。惜其影响偏于一隅。既承乏北京大学，常欲以南洋同学会、译学馆校友会所提议而未行者，试之于此二千人之社会。会一年来鞅掌于大体之改革，未遑及此。今改组之议，业已实行。而内部各方面之组织，若研究所、若教授会之属，体育会、书画研究会之属，银行、消费公社之属，皆次第进行。而进德会之问题，遂亦应时势之要求，而不能不从事矣。会中戒律，如嫖、赌、娶妾三事，无中外，无新旧，莫不认为不德，悬为厉禁，谁曰不然。官吏、议员二戒，在普通社会或以为疑，而大学则当然有此（法科毕业生例外）。教育者，专门之业；学问者，终身之事。委身学校而萦情部院，用志不纷之谓何！且或

在学生时代，营营于文官考试、律师资格。而要求提前保送，此其躁进，与科举时代之通关节何异？言之可为痛心！古谚曰："人不婚宦，情欲失半。"加特力教之神父，佛教之僧侣，例不婚娶；西洋大学问家，亦有持独身主义者。不婚尚可，不宦何难？至于烟、酒、肉食三戒，其贻害之大，虽不及嫖、赌、娶妾，其纷心之重，亦不及官吏、议员，然而卫生味道之乐，亦恒受其障碍，故并存之。春秋三世之义，治起于衰乱之中，用心尚粗粝，及历升平而至太平，用心乃深而详，故崇仁义讥二名。今仿其例，而重定进德会之等第于下：

甲种会员　不嫖，不赌，不娶妾。

乙种会员　于前三戒外，加不作官吏、不作议员二戒。

丙种会员　于前五戒外，又加不吸烟、不饮酒、不食肉三戒。

入会之条件：

（一）题名于册，并注明愿为某种会员。

（二）凡题名入会之人，次第布诸日刊。

（三）本会不咎既往。《传》曰："人谁无过，过而能改，善莫大焉。"袁了凡曰："从前种种，譬如昨日死；以后种种，譬如今日生。"凡本会会员，入会以前之行为，本会均不过问。（如已娶之妾，亦听之。）同会诸人，均不得引以为口实。惟入会以后，于认定之戒律有犯者，罚之。

（四）本会俟成立以后，当公定罚章，并举纠察员若干人执行之。

入会之效用：

（一）可以绳己。谚曰："从善如登，从恶如崩。"吾国人在乡里多谨饬，而一到都会租界，则有放荡者。欧美人在本国多谨饬，而一到外国，则亦有放荡者。社会之制裁，有及有不及也。今以本会制裁之，庶不至于自放。

（二）可以谢人。欧美之学者、官吏、商人，均视嫖、赌、娶妾为畏途；偶有犯者，均讳莫如深。而我国则狎妓征优，文人以为韵事；看竹寻芳，公然著之柬帖；官吏商贾，且以是联络感情之一端。苟非画定范围，每苦无以谢人。今以本会为范围，则人有以是等相嬲者，径行拒绝，亦不致有伤感情。

（三）可以止谤。《语》曰："止谤莫如自修。"吾北京大学之被谤也久矣。两院一堂也，探艳团也，某某等公寓之赌窟也，捧坤角也，浮艳剧评花丛趣事之策源地也，皆指一种之团体而言之。其他攻讦个人者，更不可以偻指计。果其无之，则礼义不愆，何恤于人言。然请本校同人一一自问，种种之谤，即有言之已甚者，其皆无因而至耶？既有此因，则正赖有此谤以提撕吾人，否则沦胥以铺耳！不去其因而求弭谤，犹急行而避影也，其又何益？今以本会为保障，苟人人能守会约，则谤因既灭，不弭谤而自弭。其或未灭，则造因之范围愈狭，而求之不难尽多数之力以灭之，岂无望耶？

发起人　蔡元培白

（原载1918年1月19日《北京大学日刊》）

新教育与旧教育之歧点
——在天津中华书局"直隶全省小学会议欢迎会"上的演说词

（1918年5月30日）

今日承京津中华书局代表之招，得与诸先生晤言一堂，不胜荣幸。中华书局，为供给教育资料之机关；诸君子皆有实施教育之职务。今日所相与讨论者，自然为教育问题。鄙人于小学教育，既未有经验；又于直隶省教育情形，未有所考察，不能为切实之贡献。谨以平日对于教育界之普通感想，质之于诸先生。

夫新教育所以异于旧教育者，有一要点焉，即教育者非以吾人教育儿童，而吾人受教于儿童之谓也。吾国之旧教育以养成科名仕宦之材为目的。科名仕宦，必经考试，考试必有诗文，欲作诗文，必不可不识古字，读古书，记古代琐事。于是先之以《千字文》《神童诗》《龙文鞭影》《幼学须知》等书；进之以四书、五经；又次则学为八股文、五言八韵诗；其他若自然现象，社会状况，虽为儿童所亟欲了解者，均不得阑入教科，以其于应试无关也。是教者预定一目的，而强受教者以就之；故不问其性质之动静，资禀之锐钝，而教之止有一法，能者奖之，不能者罚之，如吾人之处置无机物然，石之凸者平之，铁之脆者煅之；如花匠编松柏为鹤鹿焉；如技者教狗马以舞蹈焉；如凶汉之割折幼童，而使为奇形怪状焉；追想及之，令人不寒而慄。新教育则否。在深知儿童身心发达之程序，而择种种适当之方法以助之。如农学家之于植物焉，干则灌溉之，弱则支持之，畏寒则置之温室，需食则资以肥料，好光则复以有色之玻璃；其间种类之别，多寡之量，皆几经实验之结果，而后选定之；且随时试验，随时改良，决不敢挟成见以从事焉。故治新教育者，必以实验教育学为根柢。实验教育学者，欧美最新之科学，自实验心理学出，而尤与实验儿童心理学相关。其所试验者，曰感觉之阈，曰感觉之分别界，曰空间与时间之表象，曰反射，曰判断，曰注意力，曰同化作用，曰联想，曰意志之阅历，曰统觉，凡一切心理上之现象皆具焉。其试验之也，或以仪器，或以图画，或以言语，或以文字。其所为比较者，或以年龄，或以男女之别，或以外界一切之关系，或以祖先之遗传性，因而得种种普通之例，亦即因而得种种差别之点。虽今日尚未达完全之域，然研究所得，视昔之纯凭臆测者，已较有把握矣。

因而知教育者，与其守成法，毋宁尚自然；与其求划一，毋宁展个性。请举新教育之合于此主义者数端。一曰托尔斯泰（Tolstoy）之自由学校，其建设也，尚在实验教育学未起以前，乃本卢梭、裴斯泰洛齐、弗罗贝尔等之自然主义而推演之者；其学生无一定之位置，或坐于凳，或登于棹，或伏于窗槛，或踞于地板，惟其所欲；其课程亦无定时，惟学生之愿，常以种种对象间厕而行之；其教授之形式，惟有问答。闻近年比利时亦有此种学校，鄙人欲索其章程，适欧战起，比为德所据，不可得矣。二曰杜威（Dewey）之实用主义，杜威尝著《学校与普通生活》一书，力言学校教科与社会隔绝之害；附设一学校于芝加哥大学，即以人类所需之衣、食、住三者为工事标准，略分三部：一曰手工，如木工、金工之类；二曰烹饪；三曰缝织，而描画模型等皆属之。即由此而授以学理，如因烹饪而授以化学，因裁缝而授以数学，因手工而授以物理学、博物学，因原料所自出而授以地学，因各时代各民族工艺若服食之不同而授以历史学、人类学等，是也。三曰蒙台梭利之儿童室，即特设各种器具以启发儿童之心理作用者，是也；吾国已有译本，想诸君已见之。四曰某氏之以工作为操练说，此说不忆为何人所创，大约以能力说为基础。能力者，西方所谓Energy也，近

世自然哲学，以世界一切现象，不外乎能力之转移，如然〔燃〕煤生热，热能蒸水成汽，汽能运机，机能制器；即一种能力之由煤，而热，而汽，而机，而器，递相转移也。惟能力之转移，有经济与不经济之别，如水力可以运机发电，而我国海潮瀑布之属皆置而不用，是即不经济之一端也。近世教育，如手工图画等科，一方面为目力手力之操练，而一方面即有成绩品，此能力转移之经济者也。其他各种运动，大率止有操练，并无出品，则为不经济之转移。若合个人生理及社会需要两方面而研究之，设为种种手力足力之工作，以代拍球蹴球之戏；设为种种运输之工作，以利用竞走竞漕之役；则悉于体育之中，养成勤务之习惯，而一切过激之动作，凌人之虚荣心，亦可以免矣。其他类是之新说，为鄙人所未知者，尚不知凡几，亦足以见现代教育界之进步矣。吾国教育界，乃尚牢守几本教科书，以强迫全班之学生，其实与往日之《三字经》、四书、五经等，不过五十步与百步之相差。欲救其弊，第一，须设实验教育之研究所。第二，教员须有充分之知识，足以应儿童之请益与模范而不匮。第三，则供给教育品者，亦当有种种参考之图画与仪器，以供教员之取资。如此，则始足语于新教育矣。

（原载1918年5月30日、31日《北京大学日刊》）

欧战与哲学

——在北大"国际研究"演讲会上的演说词

（1918年10月18日）

现在欧洲的大战争，是法国革命后世界上最大的事。考法国革命，很受卢梭、伏尔得、孟德斯鸠诸氏学说的影响。但这等学说，都是主张自由、平等，替平民争气的；在贵族一方面，全仗向来占踞的地盘，并没有何等学理可替他（辨）〔辩〕护了。现今欧战是国与国的战争。每一国有他特别的政策，便有他特别相关的学说。我今举三种学说作代表，并且用三方面的政策来证明他。

第一是尼采（Nietzsche）的强权主义，用德国的政策证明他。第二是托尔斯泰（Tolstoy）的无抵抗主义，用俄国过激派政策证明他。第三是克罗巴金（Kropotkin）的互助主义，用协商国政策证明他。考尼氏、托氏、克氏的学说，都是无政府主义，现在却为各国政府所利用。这是过渡时代的现象呵！

古今学者，没有不把克己爱人当美德的。希腊时代的诡（辨）〔辩〕派，虽对于普通人的道德，有怀疑的论调，但也是消极的批评罢了。到一千八百四十五年，有一德国人约翰加派斯密德（Johon karpor schmidt）发行一书，叫作《个人与他的产业》（*Der Emjige und seiuu Eigentun*），专说"利己论"。他说："我的就是善的，'我'就是我的善物。善呵，恶呵，与我有什么相干？神的是神的，人类的是人类的。要是我的，就不是神的，也不是人类的。也没有什么真的，（苦）〔善〕的，正义的，自由的，就是我的。那就不是普通的，是单独的。"他又说："于我是正的，就是正。我

以外没有什么正的。就是于别人觉得有点不很正的，那是别人应注意的事，于我何干？设有一事，于全世界算是不正的，但于我是正的，因是我所欲的，那就我也不去问那全世界了。"这真是大胆的判断呵！

到了十九世纪的后半纪，尼采始渐渐发布他个性的强权论，有《察拉都斯遗语》（*Also sprach Zarathustra*）、《善恶的那一面》（*Jenseits von gut und Dose*）、《意志向着威权》（*Der Wille zur macht*）等著作。他把人类行为分作两类：凡阴柔的，如谦逊、怜爱等，都叫作奴隶的道德；凡阳刚的，如勇敢、矜贵、活泼等，都叫作主人的道德。彼所最反对的是怜爱小弱，所以说："怜爱是大愚"，"上帝死了，因为他怜爱人，所以死了"。他的理论，以为进化的例，在乎汰弱留强。强的中间有更强的，也被淘汰。逐层淘汰，便能进步。若强的要保护弱的，弱的就分了强的生活力，强的便变了弱的。弱的愈多，强的愈少，便渐渐的退化了。所以他提出"超人"的名目。又举出模范的人物，如雅典的亚尔西巴德（Alcibiades）、罗马的该撒（Caesar）、意大利的该撒波尔惹亚（Cesare borgia）、德国的鞠台（Goethe）与毕斯麦克（Bismarch）。他又说：此等超人，必在主人的民族中发生，这是属于亚利安人种的。他所说的超人，既然是强中的强，所以主张奋斗。他说："没有工作，止有战斗；没有和平，止有胜利。"他的世界观，所以完全是个意志，又完全是个向着威权的意志。所以他说："没有法律，没有秩序。"他的主义是贵族的，不是平民的，所以为德国贵族的政府所利用，实行军国主义。又大唱"德意志超越一切"（Deutsche uber alles），就是超人的主义。侵略比利时，勒索巨款；杀戮妇女，防他生育；断男儿的左手，防他执军器；于退兵时拔尽地力，焚毁村落，叫他不易恢复。就是不怜爱的主义。条约就是废纸，便是没有法律的主义。统观战争时代的德国政策，几没有不与尼氏学说相应的。不过尼氏不信上帝，德皇乃常常说"上帝在我们"。又说"上帝应罚英国"。小小的不同罢了。

与尼氏极端相反的哲学，便是托氏。托氏是笃信基督教的，但是基督教的仪式，完全不要，单提倡那精神不灭的主义。他编有《福音简说》十二章，把基督教所说五戒反复说明。第一是绝对不许杀人；第四是受人侮时，不许效尤报复；第五是博爱人类，没有国界与种界。他的意思，以为人侮我，不过侮及我的肉体，并没有侮及我的精神，但他的精神是受了侮人的污点，我很怜惜他罢了。若是我用着用眼报眼、用手报手的手段去对付他，是我不但不能洗刷他的精神，反把我自己的精神也污蔑了。所以有一条说："有人侮你，你就自己劝他；劝了不听，你就请两三个人同劝他；劝了又不听，就再请公众劝他；劝了又不听，你只好恕他了。"这是何等宽容呵！《新约福音》书中曾说道："有人掌你右颊，你就把左颊向着他。有人夺你外衣，你就把里衣给他。"这几句话，有"成人之恶"的嫌疑，所以托氏没有采入《简说》中。

托氏抱定这个主义，所以绝对的反对战争。不但反对侵略的战，并且反对防御的战。所以他绝对的劝人不要当兵。他曾与中国一个保守派学者通讯，大意说：中国人忍耐的许久了，忽然要学欧洲人的暴行，实在可惜，云云。所以照托氏的眼光看来，此次大战争，不但德国人不是，便是比、法、俄、英等国人，也都没有是处。托氏的主义，在欧洲流行颇广，俄境尤甚。过激派首领列宁（Lenine）等本来是抱共产主义，与托氏相同，自然也抱无抵抗主义，所以与德人单独讲和，不愿与协商国共同作战了。在协商国方面的人，恨他背约。在俄国他党的人，恨他不爱国，所以诋他为德探。但列宁意中，本没有国界，本不能责他爱国。至于他受德国人的利用，他也知道。他曾说："军事上虽为德人所胜。主义上终胜德人。"就是说，他的主义既在俄国实演，德国人必不能不受影响。这是他的真心话。但我想，托氏的主义，专为个人自由行动而设。若一国的人，信仰不同，有权的人把国家当作个人去试他的主

义，这与托氏本义冲突。过激派实是误用托氏主义；后来又用兵力来压制异党，乃更犯了托氏所反复说明之第一、第四两戒了。

现在误用托氏主义的俄人失败了；专用尼氏主义的德人也要失败了；最后的胜利，就在协商国。协商国所用的，就是克氏的互助主义。互助主义，是进化论的一条公例。在达尔文的进化论中，本兼有竞存与互助两条假定义。但他所列的证据，是竞存一方面较多。继达氏的学者，遂多说互竞的必要。如前举尼氏的学说，就是专以互竞为进化条件的。一千八百八十年顷，俄国圣彼得堡著名动物学教授开勒氏（kesster）于俄国自然科学讨论会提出"互助"法，以为自然法中，久存与进步，并不在互竞而实在互助。从此以后，爱斯彼奈（Espinas）、赖耐桑（L. L. Lanessan）、布斯耐（Loris -buchner）、沙克尔（Huxley）、德普蒙（henry Drummond）、苏退隆（Sutherland）诸氏，都有著作，可以证明互助的公例。

克氏集众说的大成，又加以自己历史的研究，于一千八百九十年公布动物的互助，于九十一年公布野蛮人的互助，九十二年公布未开化人的互助，九十四年公布中古时代自治都市之互助，九十六年公布新时代之互助，于一千九百零二年成书。于动物中，列举昆虫鸟兽等互助的证据。此后各章，从野蛮人到文明人，列举各种互助的证据。于最后一章，列举同盟罢工、公社、慈善事业，种种实例，较之其他进化学家所举"互竞"的实例，更为繁密了。在克氏本是无政府党，于国家主义，本非绝对赞同，但互助的公例，并非不可应用于国际。欧战开始，法、比等国，平日抱反对军备主义的，都愿服兵役以御德人。克氏亦尝宣言，主张以群力打破德国的军国主义。后来德国运动俄、法等国单独讲和，克氏又与他的同志、叫作"开明的无政府党"的联合宣言，主张打破德国的军国主义，不可讲和。可见克氏的互助主义，主张联合众弱，抵抗强权，叫强的永不能凌弱的，不但人与人如是，即国与国亦如是了。现今欧战的结果，就给互助主义增了最重大的证据。德国四十年中，扩张军备，广布间谍，他的侵略政策，本人人皆知的了。且英、法等国，均自知单独与德国开战，必难幸胜，所以早有英、法协商，俄、法协商等预备，就是互助的基本。到开战时，德国首先破坏比国的中立。那时比国要是用托氏的无抵抗主义，竟让德兵过去攻击法国，英、法等国，难免措手不及了。幸而比国竟敢与德国抵抗，使英、法等国，有从容预备的时期。俄国从奥国与东普鲁士方面竭力进攻，给德国不能用全力攻法。这就是互助的起点。后来俄国与德国单独讲和，更有美国加入，输军队，输粮食，东亚方面，有日本舰队巡弋海面，有中国工人到法国助制军火。靠这些互助的事实，才能把德人的军国主义逐渐打破。现在，德人已经承认美总统所提议的十四条，又允撤退比、法境内的军队。互助主义的成效，已经彰明较著了。此次平和以后，各国必能减杀军备，自由贸易，把一切互竞的准备撤消，将合全世界实行互助的主义。克氏当尚能目睹的。

照此看来，欧战的结果，就使我们对于尼氏、托氏、克氏三种哲学，很容易辨别了。我国旧哲学中，与尼氏相类的，止有《列子》的《杨朱》篇，但并非杨氏"为我"的本意（拙作《中国伦理学史》中曾辨过的）。托氏主义，道家、儒家均有道及的，如曾子说"犯而不校"，孟子说的三"自反"，老子说的"三宝"，是很相近的。人人都说我们民族的积弱，都是中了这种学说之毒，也是"持之有故"。我们尚不到全体信仰精神世界的程度，止可用"各尊所闻"之例罢了。至于互助的条件，如孟子说的"多助之至，天下顺之。寡助之至，亲戚畔之"。"不通功易事，则农有余粟，女有余布。"普通人常说的"家不和，被邻欺"，"群策群力"，"众擎易举"，都是很对的。此后就望大家照这主义进行，自不愁不进化了。

（原载1918年10月21日《北京大学日刊》）

《北京大学月刊》发刊词

（1918年11月10日）

北京大学之设立，既二十年于兹，向者自规程而外，别无何等印刷品流布于人间。自去年有《日刊》，而全校同人始有联络感情、交换意见之机关，且亦借以报告吾校现状于全国教育界。顾《日刊》篇幅无多，且半为本校通告所占，不能载长篇学说，于是有《月刊》之计划。

以吾校设备之不完全，教员之忙于授课，而且或于授课以外，兼任别种机关之职务，则夫《月刊》取材之难，可以想见。然而吾校必发行《月刊》者，有三要点焉：

一曰尽吾校同人力所能尽之责任 所谓大学者，非仅为多数学生按时授课，造成一毕业生之资格而已也，实以是为共同研究学术之机关。研究也者，非徒输入欧化，而必于欧化之中为更进之发明；非徒保存国粹，而必以科学方法，揭国粹之真相。虽曰吾校实验室、图书馆等，缺略不具；而外界学会、工场之属，无可取资，求有所新发明，其难固倍蓰于欧美学者。然十六七世纪以前，欧洲学者，其所凭借，有以逾于吾人乎？即吾国周、秦学者，其所凭借，有以逾于吾人乎？苟吾人不以此自馁，利用此简单之设备，短少之时间，以从事于研究，要必有几许之新义，可以贡献于吾国之学者，及世界之学者。使无月刊以发表之，则将并此少许之贡献，亦靳而不与，吾人之愧歉当何如耶？

二曰破学生专己守残之陋见 吾国学子，承举子、文人之旧习，虽有少数高才生知以科学为单纯之目的，而大多数或以学校为科举，但能教室听讲，年考及格，有取得毕业证书之资格，则他无所求；或以学校为书院，暖暖姝姝，守一先生之言，而排斥其他。于是治文学者，恒蔑视科学，而不知近世文学，全以科学为基础；治一国文学者，恒不肯兼涉他国，不知文学之进步，亦有资于比较；治自然科学者，局守一门，而不肯稍涉哲学，而不知哲学即科学之归宿，其中如自然哲学一部，尤为科学家所需要；治哲学者，以能读古书为足用，不耐烦于科学之实验，而不知哲学之基础不外科学，即最超然之玄学，亦不能与科学全无关系。有《月刊》以网罗各方面之学说，庶学者读之，而于专精之余，旁涉种种有关系之学理，庶有以祛其褊狭之意见，而且对于同校之教员及学生，皆有交换知识之机会，而不至于隔阂矣。

　　三曰释校外学者之怀疑　大学者，"囊括大典，网罗众家"之学府也。《礼记·中庸》曰："万物并育而不相害，道并行而不相悖。"足以形容之。如人身然，官体之有左右也，呼吸之有出入也，骨肉之有刚柔也，若相反而实相成。各国大学，哲学之唯心论与唯物论，文学、美术之理想派与写实派，计学之干涉论与放任论，伦理学之动机论与功利论，宇宙论之乐天观与厌世观，常樊然并峙于其中，此思想自由之通则，而大学之所以为大也。吾国承数千年学术专制之积习，常好以见闻所及，持一孔之论。闻吾校有近世文学一科，兼治宋、元以后之小说、曲本，则以为排斥旧文学，而不知周、秦、两汉文学，六朝文学，唐、宋文学，其讲座固在也；闻吾校之伦理学用欧、美学说，则以为废弃国粹，而不知哲学门中，于周、秦诸子，宋、元道学，固亦为专精之研究也；闻吾校延聘讲师，讲佛学相宗，则以为提倡佛教，而不知此不过印度哲学之一支，借以资心理学、论理学之印证，而初无与于宗教，并不破思想自由之原则也。论者知其一而不知其二，则深以为怪。今有《月刊》以宣布各方面之意见，则校外读者，当亦能知吾校兼容并

收之主义，而不至以一道同风之旧见相绳矣。

以上三者，皆吾校所以发行《月刊》之本意也。至《月刊》之内容，是否能副此希望，则在吾校同人之自勉，而静俟读者之批判而已。

（原载1919年1月《北京大学月刊》第1卷第1号）

黑暗与光明的消长

——在庆祝协约国胜利大会上的演说词

（1918年11月15日）

我们为什么开这个演说大会？因为大学教员的责任，并不是专教几个学生，更要设法给人人都受一点大学的教育，在外国叫作平民大学。这一回的演说会，就是我国平民大学的起点！

但我们的演说大会，何以开在这个时候呢？现在正是协约国战胜德国的消息传来，北京的人都高兴的了不得。请教为什么要这样高兴？怕有许多人答不上来。所以我们趁此机会，同大家说说高兴的缘故。

诸君不记得波斯拜火教的起源么？他用黑暗来比一切有害于人类的事，用光明来比一切有益于人类的事。所以说世界上有黑暗的神与光明的神相斗，光明必占胜利。这真是世界进化的状态。但是黑暗与光明，程度有浅深，范围也有大小。譬如北京道路，从前没有路灯。行路的人，必要手持纸灯。那时候光明的程度很浅，范围很小。后来有公设的煤油灯，就进一步了。近来有电灯、汽灯，光明的程度更高了，范围更广了。世界的进化也如此。距今一百三十年前的法国大革命，把国内政治上一切不平等黑暗主义都消灭了。现在世界大战争的结果，协约国占了胜利，定要把国际间一切不平等的黑暗主义都消灭了，别用光明主义来代他。所以全世界的人，除了德、奥的贵族以外，没有不高兴的。请提出几个交换的主义作个例证：

第一是黑暗的强权论消灭，光明的互助论发展 从陆谟克、达尔文等发明生物进化论后，就演出两种主义：一是说生物的进化，全恃互竞，弱的竞不过，就被淘汰了，凡是存的，都是强的。所以世界

止有强权，没有公理。一是说生物的进化，全恃互助，无论怎么强，要是孤立了，没有不失败的。但看地底发见的大鸟大兽的骨，他们生存时何尝不强，但久已灭种了。无论怎么弱，要是合群互助，没有不能支持的。但看蜂蚁，也算比较的弱极了，现在全世界都有这两种动物。可见生物进化，恃互助，不恃强权。此次大战，德国是强权论代表。协商国，互相协商，抵抗德国，是互助论的代表。德国失败了。协商国胜利了。此后人人都信仰互助论，排斥强权论了。

第二是阴谋派消灭，正义派发展　德国从拿破仑时受军备限制，创为更番操练的方法，得了全国皆兵的效果。一战胜奥，再战胜法。这是已往时代，彼此都恃阴谋，不恃正义，自然阴谋程度较高的占胜了。但德国竟因此抱了个阴谋万能的迷信，遍布密探。凡德国人在他国作商人的，都负有侦探的义务。旅馆的侍者，苗圃的装置，是最著名的了。德国恃有此等侦探，把各国政策、军备，都知道详细，随时密制那相当的大炮、潜艇、飞艇、飞机等，自以为所向无敌了，遂敢唾弃正义，斥条约为废纸，横行无忌。不意破坏比利时中立后，英国立刻与之宣战。宣告无限制潜艇政策后，美国又与之宣战。其他中立等国，也陆续加入协商国中。德国因寡助的缺点，空费了四十年的预备，终归失败。从此人人知道阴谋的时代早已过去，正义的力量真是万能了。

第三是武断主义消灭，平民主义发展　从美国独立、法国革命后，世界已增了许多共和国。国民虽知道共和国的幸福，然野心的政治家，很嫌他不便。他们看着各共和国中，法、美两国最大，但是这两国的军备都不及德国的强盛，两国的外交，又不及俄国的活泼。遂杜撰一个"开明专制"的名词，说是国际间存立的要素，全恃军备与外交。军备与外交，全恃武断的政府。此后世界全在德系、俄系的掌握。共和国的首领者法若美且站不住，别的更不容说了。不意开战以后，俄国的战斗力，乃远不及法国。转因外交狡猾的缘故，貌亲英、法，阴实亲德，激成国民的反动，推倒皇室，改为共和国了。德国虽然多挣了几年，现在因军事的失败，喝破国民崇拜皇室的迷信，也起革命，要改共和国了。法国是大战争的当冲，美国是最新的后援，共和国的军队，便是胜利的要素。法国、美国都说是为正义人道而战，所以能结合十个协商的国，自俄国外，虽受了德国种种的诱惑，从没有单独讲和的。共和国的外交，也是这一回胜利的要素。现在美总统提出的十四条，有限制军备、公开外交等项，就要把德系、俄系的政策根本取消。这就是武断主义的末日，平民主义的新纪元了。

第四是黑暗的种族偏见消灭，大同主义发展　野蛮人止知有自己的家族，见异族的人同禽兽一样，所以有食人的风俗。文化渐进，眼界渐宽，始有人类平等的观念。但是劣根性尚未消尽，德国人尤甚。他们看有色人种不能与白色人种平等，所以唱黄祸论，行"铁拳"政策。看犹太、波兰等民族不能与亚利安民族平等，所以限制他人权。彼等又看拉丁民族、盎格鲁撒克逊民族又不能与日耳曼民族平等，所以唱"德意志超过一切"，想先管理全欧，然后管理全世界。此次大战争，便是这等迷信酿成的。现今不是已经失败了么？更看协商国一方面，不但白种的各民族，团结一致，便是黄人、黑人也都加入战团，或尽力战争需的工作。义务平等，所以权利也渐渐平等。如爱兰的自治，波兰的恢复，印度民权的申张，美境黑人权利的提高，都已成了问题。美总统所提出的民族自决主义，更可包括一切。现今不是已占胜利了么？这岂不是大同主义发展的机会么？

世界的大势已到这个程度，我们不能逃在这个世界以外，自然随大势而趋了。我希望国内持强权论的，崇拜武断主义的，好弄阴谋的，执著偏见想用一派势力统治全国的，都快快抛弃了这种黑暗主义，向光明方面去呵！

（原载1918年11月27日《北京大学日刊》）

劳工神圣

——在庆祝协约国胜利大会上的演说词

（1918年11月16日）

诸君！

这次世界大战争，协商国竟得最后胜利，可以消灭种种黑暗的主义，发展种种光明的主义。我昨日曾经说过，可见此次战争的价值了。但是我们四万万同胞，直接加入的，除了在法国的十五万华工，还有什么人？这不算怪事！此后的世界，全是劳工的世界呵！

我说的劳工，不但是金工、木工等等，凡用自己的劳力作成有益他人的事业，不管他用的是体力、是脑力，都是劳工。所以农是种植的工，商是转运的工，学校职员、著述家、发明家，是教育的工，我们都是劳工。我们要自己认识劳工的价值。劳工神圣！

我们不要羡慕那凭借遗产的纨绔儿！不要羡慕那卖国营私的官吏！不要羡慕那克扣军饷的军官！不要羡慕那操纵票价的商人！不要羡慕那领干脩的顾问咨议！不要羡慕那出售选举票的议员！他们虽然奢侈点，但是良心上不及我们的平安多了。我们要认清我们的价值。劳工神圣！

（原载1918年11月27日《北京大学日刊》）

哲学与科学

（1919年1月）

哲学与科学，同为有系统之学说。其所异者，科学偏重归纳法，故亦谓之自下而上之学；哲学偏重演绎法，故亦谓之自上而下之学。古代演绎法盛行之时，但有哲学之名；今之所谓科学者，悉包于哲学之中焉。

盖人智之萌芽，本为神话，拜物之习，拟人之神，雷公电母，迎虎祭猫，皆自然科学之对象也。世界原始之谈，人类生死之解，中国之盘古及感生帝，印度之梵天及轮回说，《旧约》之《上帝创造世界记》，皆哲学之对象也。然以偏于科学对象者为多。本此等神话而组成不完全之系统，引以切近人事，于是有宗教。中国之丧祭等礼，印度之婆罗门，波斯之火教，犹太人之《旧约》皆是也。其理论亦大抵包有近世科学之对象，而关于哲学者为多。其后人类又迫于科学思想之冲动，不餍于此等独断之宗教，乃各以观察所得者立说，是为哲学之始。如中国之八卦说、五行说，印度之六派哲学（数论胜论等），希望之宇宙论，皆毗于自然界之独断论也。及其说为时人所厌，而怀疑派之哲学，继之而起，于是有中国之少正卯一流，（《荀子·宥坐》篇："孔子曰：人有恶者五，而盗窃不与焉：一曰，心达而险；二曰，行辟而坚；三曰，言伪而辩；四曰，记丑而博；五曰，顺非而泽……少正卯兼有之，故居处足以聚徒成众；言谈足以饰邪营众；强足以反是独立。此小人之桀雄也。"正与希腊诡辩派相类。）印度之六师外道，希腊之诡辩派；此类怀疑之论，不足以久维人心，于是有道德论之哲学继之。如中国之孔子，印度之佛，希腊之苏革拉底是也。佛氏以宗教之形式，

阐揭玄学；其后循此发展，永为宗教性之哲学，遂与科学无何等之关系。孔子之后有庄子，苏革拉底之后有柏拉图，皆偏于玄学者也。孔子同时有墨子，苏革拉底之后有雅里士多德，则皆兼治科学者也。庄子之哲学，为神仙家所依托，而有道教；柏拉图之哲学，为基督教所攀援，而立新柏拉图派，则又由哲学而转为宗教矣。中国墨学中绝，故以后科学永不发展；而宗仰孔子之儒家，自汉以来，不能出烦琐哲学之范围。西洋之宗教，引雅里士多德学派以自振，故中古之烦琐哲学，虽为人智之障碍，而科学之脉未绝。及文艺中兴以后，思想界以渐革新，自然科学，次第成立。于是哲学与科学之关系，缘之而起焉。

其在古代，所谓哲学者，常兼今日之所谓科学而言之。如柏拉图分哲学为三大类：一曰辨学，二曰物理，三曰伦理，而以辨学为纲。雅里士多德则分哲学为理论、实际二大类，其属于理论者，为分析术（论理学）、玄学、数学、物理学、心理学；其属于实际者，为伦理学、政治学、辩论学、诗学。此等观念，至近世哲学家，如培根、特嘉尔辈，亦尚仍之。培根分学术为三大类：一曰记忆之学，史学是也；二曰想象之学，诗学是也；三曰思想之学，哲学是也。哲学之中，分为自然宗教学、宇宙论、人类学三纲。于宇宙论中，分为自然学（物理）及自然鹄的论（玄学）二门。又于自然学中，分为自然记述学（具体的物理学）及自然说明学（抽象的物理学，即物理学及化学）。其于人类学中，分为各人及社会二纲。属于各人者，为生理学（其应用为医学）及心理学（包论理学及伦理学）；其属于社会者，为政治学。特嘉尔著《哲学纲要》一书，其第一编为认识论及玄学之概论，第二编为机械的物理学要旨，第三编为宇宙论，第四编为物理学、化学、生理学之说明。说者谓等于学术丛编焉。而特嘉尔自序谓哲学即人类知识之综合，其主要者：（一）玄学，（二）物理学，（三）机械的科学，包有医学、机械学及伦理学云，皆以哲学之名包一切科学也。

又有以哲学与科学为同义者，如霍布斯分哲学为三部分：曰物理学，曰人类学，曰政治学。又谓不属于哲学者，为神学及历史（自然史及政治学）。何也？以其非科学也。洛克分哲学为二部：一曰物理（亦谓之自然哲学）；二曰应用（如伦理学、论理学等）。一千六百九十六年，英国著名算学家韦里斯（Wallis）于皇家科学会成立式演说曰：本会者，超乎宗教及政治之外，而专为哲学之研究者也。研究之对象：曰物理学，曰解剖术，曰形学，曰天文，曰航海术，曰统计学，曰磁学，曰化学，曰机械学，曰实验之自然科学。我等所讨论者，曰血之流行，曰静脉，曰哥白尼学说，曰彗星及新星之性质，曰木星之卫星，曰远镜之改良，曰空气之重量，曰真空之能否。要之，所谓一切新哲学者，皆包之而已。曰科学，曰哲学，曰新哲学，初未为界别也。伏尔弗（Wolff）者，于十八世纪中，组织通俗哲学者也。分哲学为三部：曰自然神学，曰心理学，曰物理学，此模范科学也，为第一部；曰论理学，曰与心理学相应之实用哲学，曰与物理学相应之机械学，为第二部；曰本体学，为综合一切现象而考定之之科学，为第三部。是亦以哲学包科学者也。至康德作《纯粹理性批判》，别人之认识为先天、后天二类：先天者，出于固有，后天者，本于经验；前者为感想，而后者为分析法；前者构成玄学（即哲学），而后者构成科学。于是哲学与科学，始有画然之界限。

然由是而康德以后之理想派哲学家，遂有排斥科学之说。如菲屑脱云："哲学者，不必顾何等经验，而纯然从事于先天之认识者也。"赛零则又进一步，谓"自然学研究者之方法，盲者也，无理想者也，故哲学破坏于培根；而科学则破坏于波埃尔（Boyle）及牛顿"。至于海该尔为悬想派哲学之完成者，则以科学为不外乎各种零碎知识之集合；而实在之知识，惟有哲学耳。既有此排斥科学之哲学家，而科学发展以后，遂有排斥哲学之科学家。大率谓哲学者，严格言之，本不得为科学，是乃一种之诡辩术，据一种官能或

理性之现象以说明一切事物；或为一种之魔术，以深晦之神意，杂入最普通之概念而宣布之。要皆以震骇庸俗已耳！凡此等互相菲薄之言，其非真理，可不待言。惟有一种事实，不可不注意者：则自科学发展以后，哲学之范围，以渐减缩是也。

自十六世纪以后，学术界之观念，渐与中古时代不同。其最著者：（一）培根于论理学极力提倡归纳法，因得凌驾雅里士多德之演绎法，而凡事基础于实地之观察；（二）自一千五百九十年，发明显微镜，千六百零九年，发明远镜，其后寒暑风雨电气等表，次第发明，而实验之具渐备；（三）分工之理大明，渐由博综之哲学，而趋于专精之科学。此皆各种科学特别成立之原因也。哥白尼（Copernicus，1473—1543）唱地动说；加伯尔（Kepler，1571—1630）发见行星绕日之规则；加里勒（Galileo，1564—1642）附加以地球绕日之时间；牛顿（Newton，1642—1727）更发见引力之公例；而天文学成立。自梅斯纳（Mersenne，1588—1648）、斯耐尔（Snell，1591—1626）发明声学、光学之公例；齐贝尔（Gilbert）发见磁学公例；而物理学以渐成立。波爱尔（Robert Boyle，1627—1691）规定原子之概念，而化学以渐成立。哈尔佛（Harvey，1578—1657）发见血液循环之系统，而生理学以渐成立。李鼐（Linné，1707—1778）新定植物系统，而植物学成立。屈维野（Cuvier，1769—1832）创比较解剖学，研求动物自然系统，而动物学成立。凡自然现象，自昔为哲学所包含者，皆已建立为科学矣。而精神现象之学，如心理学者，近已用实验之法，组织为科学，发起于韦贝尔（E. H. Weber，1795—1878）、费希纳（Fechner，1801—1887），而成立于冯德（Wundt）。由是而演出者，则有费希纳之归纳法美学，及马曼（Meumann）之实验教育学，亦将离哲学而独立。其他若社会学，若伦理学，若人类学，若比较宗教学，若比较言语学等，凡昔日之附丽于哲学，而以演绎法治之者，至于今日，悉以归纳法治之，而将自成为科学。然则所遗留而为哲学之范围者，何耶？

于是郎革（Albert Lange）以为将来之哲学，有思想的文学而已。而海该尔之徒，则以为将来之哲学，不过哲学史耳。夫文学必含哲理，在今日已为显著之事实。新哲学之发生，必胚胎于思想的历史之总和；不能不以哲学史为哲学之大本营，亦事实也。然哲学之各部分，虽已分演而为各科学，而哲学之任务，则尚不止于前述之二端，约举之有三：一曰各科哲理，如应用数学之公例以言哲理，谓之数理哲学，应用生理学之公例以言哲理，则为生理哲学等是也。二曰综合各种科学，如合各种自然科学之公例而去其龃龉，通其隔阂，以构为哲学者，是为自然哲学。又各以自然科学所得之公例，应用于精神科学，又合自然科学及精神科学之公例，而论定为最高之原理，如孔德（Auguste Comte）之实证哲学，斯宾塞尔（Herbert Spencer）之综合哲学原理是也。三曰玄学，一方面基础于种种科学所综合之原理，一方面又基础于哲学史所包含之渐进的思想，而对于此方面所未解决之各问题，以新说解答之。如别格逊（Henri Bergson）之创造的进化论其例也。夫各科哲理与综合各种科学，尚介乎科学与哲学之间，惟玄学始超乎科学之上。然科学发达以后之玄学，与科学幼稚时代之玄学较然不同，是亦可以观哲学与科学之相得而益彰矣。

（原载1919年1月《北京大学月刊》第1卷第1号）

科学之修养

——在北京高等师范学校修养会演说词

（1919年4月24日）

鄙人前承贵校德育部之召，曾来校演讲；今又蒙修养会见召，敢述修养与科学之关系。

查修养之目的，在使人平日有一种操练，俾临事不致措置失宜。盖吾人平日遇事，常有计较之余暇，故能反复审虑，权其利害是非之轻重而定取舍。然若至仓卒之间，事变横来，不容有审虑之余地，此时而欲使诱惑、困难不能隳其操守，非于修养有素不可，此修养之所以不可缓也。

修养之道，在平日必有种种信条：无论其为宗教的或社会的，要不外使服膺者储蓄一种抵抗之力，遇事即可凭之以定抉择。如心所欲作而禁其不作，或心所不欲而强其必行，皆依于信条之力。此种信条，无论文明、野蛮民族均有之。然信条之起，乃由数千万年习惯所养成；及行之既久，必有不适之处，则怀疑之念渐兴，而信条之效力遂失。此犹就其天然者言也。乃若古圣先贤之格言嘉训，虽属人造，要亦不外由时代经验归纳所得之公律，不能不随时代之变迁而易其内容。吾人今日所见为嘉言懿行者，在日后或成故纸；欲求其能常系人之信仰，实不可能。由是观之，则吾人之于修养，不可不研究其方法。在昔吾国哲人，如孔、孟、老、庄之属，均曾致力于修养，而宋、明儒者尤专力于此。然学者提倡虽力，卒不能使天下之人尽变为良善之士，可知修养亦无一定之必可恃者也。至于吾人居今日而言修养，则尤不能如往古道家之蛰影深山，不闻世事。盖今日社会愈进，世务愈繁。已入社会者，固不能舍此而他从；即未入社会之学校青年，亦必从事于种种学问，为将来入世之准备。其责任之繁重如是，故往往易为外务所缚，无精神休暇之余地，常易使人生观陷于悲观厌世之域，而不得志之人为尤甚。其故即在现今社会与从前不同。欲补救此弊，须使人之精神有张有弛。如作事之后，必继之以睡眠，而精神之疲劳，亦必使有机会得以修养。此种团体之结合，尤为可喜之事。但鄙人以为修养之致力，不必专限于集会之时，即在平时课业中亦可利用其修养。故特标此题曰："科学的修养"。

今即就贵会之修养法逐条说明，以证科学的修养法之可行。如贵会简章有"力行校训"一条。贵校校训为"诚勤勇爱"四字。此均可于科学中行之。如"诚"字之义，不但不欺人而已，亦必不可为他人所欺。盖受人之欺而不自知，转以此说复诏他人，其害与欺人者等也。是故吾人读古人之书，其中所言苟非亲身实验证明者，不可轻信；乃至极简单之事实，如一加二为三之数，亦必以实验证明之。夫实验之用最大者，莫如科学。譬如报纸记事，臧否不一，每使人茫无适从。科学则不然。真是真非，丝毫不能移易。盖一能实验，而一不能实验故也。由此观之，科学之价值即在实验。是故欲力行"诚"字，非用科学的方法不可。

其次"勤"：凡实验之事，非一次所可了。盖吾人读古人之书而不慊于心，乃出之实验。然一次实验之结果，不能即断其必是，故必继之以再以三，使有数次实验之结果。如不误，则可以证古人之是否；如与古人之说相刺谬，则尤必详考其所以致误之因，而后可以下断案。凡此者反复推寻，不惮周详，可以养成勤劳之习惯。故"勤"之力行亦必依赖夫科学。

再次"勇"：勇敢之意义，固不仅限于为国捐躯、慷慨赴义之士，凡作一事，能排万难而达其目的者，皆可谓之勇。科学之事，困难最多。如古来科学家，往往因试验科学致丧其性命，如南北极及海底探险之类。又如新发明之学理，有与旧传之说不相容者，往往遭社会之迫害，如哥白尼、贾利来之惨祸。可见研究学问，亦非

有勇敢性质不可；而勇敢性质，即可于科学中养成之。大抵勇敢性质有二：其一发明新理之时，排去种种之困难阻碍；其二，既发明之后，敢于持论，不惧世俗之非笑。凡此二端，均由科学所养成。

再次"爱"：爱之范围有大小。在野蛮时代，仅知爱自己及与己最接近者，如家庭之类。此外稍远者，辄生嫌忌之心。故食人之举，往往有焉。其后人智稍进，爱之范围渐扩，然犹不能举人我之见而悉除之。如今日欧洲大战，无论协约方面或德奥方面，均是己非人，互相仇视，欲求其爱之普及甚难。独至于学术方面则不然：一视同仁，无分畛域；平日虽属敌国，及至论学之时，苟所言中理，无有不降心相从者。可知学术之域内，其爱最溥。又人类嫉妒之心最盛，入主出奴，互为门户。然此亦仅限于文学耳；若科学，则均由实验及推理所得唯一真理，不容以私见变易一切。是故嫉妒之技无所施，而爱心容易养成焉。

以上所述，仅就力行校训一条引申其义。再阅简章，有静坐一项。此法本自道家传来。佛氏之坐禅，亦属此类。然历年既久，卒未普及社会；至今日日本之提倡此道者，纯以科学之理解释之。吾国如蒋竹庄先生亦然，所以信从者多，不移时而遍于各地。此亦修养之有赖于科学者也。

又如不饮酒、不吸烟二项，亦非得科学之助力不易使人服行。盖烟酒之嗜好，本由人无正当之娱乐，不得已用之以为消遣之具，积久遂成痼疾。至今日科学发达，娱乐之具日多，自不事此无益之消遣。如科学之问题，往往使人兴味加增，故不感疲劳而烟酒自无用矣。

今日所述，仅感想所及，约略陈之。惟宜注意者，鄙人非谓学生于正课科学之外，不必有特别之修养，不过正课之中，亦不妨兼事修养，俾修养之功，随时随地均能用力，久久纯熟，则遇事自不致措置失宜矣。

（原载1919年4月24日《北京大学日刊》）

国文之将来

——在北京女子高等师范学校演说词

（1919年11月17日）

今日是贵校毛校长与国文部陈主任代表国文部诸君要我演说，我愿意把国文的问题提出来讨论。尤愿意把高等师范学校应当注意那一种国文的问题提出来讨论。所以预拟了"国文之将来"的题目。

国文的问题，最重要的就是白话与文言的竞争。我想将来白话派一定占优胜的。

白话是用今人的话来传达今人的意思，是直接的。文言是用古人的话来传达今人的意思，是间接的。间接的传达，写的人与读的人都要费一番翻译的工夫，这是何苦来？我们偶然看见几个留学外国的人，写给本国人的信都用外国文，觉得很好笑。要是写给今人看的，偏用古人的话，不觉得好笑么？

从前的人，除了国文，可算是没有别的功课。从六岁起到二十岁，读的写的，都是古人的话，所以学得很像。现在应学的科学很多了，要不是把学国文的时间腾出来，怎么来得及呢？而且从前学国文的人是少数的，他的境遇，就多费一点时间，还不要紧。现在要全国的人都能写能读，那能叫人人都费这许多时间呢？欧洲十六世纪以前，写的读的都是拉丁文。后来学问的内容复杂了，文化的范围扩张了，没有许多时间来摹仿古人的话，渐渐儿都用本国文了。他们的中学校，本来用希腊文、拉丁文作主要科目的。后来创设了一种中学，不用希腊文。后来又创设了一种中学，不用拉丁文了。日本维新的初年，出版的书多用汉文。到近来，几乎没有不是

言文一致的。可见由间接的，趋向直接的，是无可抵抗的。我们怎么能抵抗他呢？

有人说：文言比白话有一种长处，就是简短，可以省写读的时间。但是脑子里翻译的时间，可以不算么？

有人说：文言是统一中国的利器，换了白话，就怕各地方用他本地的话，中国就分裂了。但是提倡白话的人，是要大家公用一种普通话，借着写的白话来统一各地方的话，并且用读音统一会所定的注音字母来帮助他，那里会分裂呢？要说是靠文言来统一中国，那些大多数不通文言的人，岂不摒斥在统一以外么？

所以我敢断定白话派一定占优胜。但文言是否绝对的被排斥，尚是一个问题。照我的观察，将来应用文，一定全用白话。但美术文，或者有一部分仍用文言。

应用文，不过记载与说明两种作用。前的是要把所见的自然现象或社会经历给别人看。后的是要把所见的真伪善恶美丑的道理与别人讨论。都止要明白与确实，不必加新的色彩，所以宜于白话。譬如司马迁的《史记》，不是最有名的著作么？他记唐虞的事，把钦字都改作敬字，克字都改作能字，其余改的字很多，记古人的事，还要改用今字，难道记今人的事反要用古字么？又如六朝人喜作骈体文，但是译佛经的人，别创一种近似白话的文体，不过直译印度文与普通话不同罢了。后来禅宗的语录，就全用白话。宋儒也是如此。可见记载与说明应用白话，古人已经见到，将来的人，自然更知道了。

美术文，大约可分为诗歌、小说、剧本三类。小说从元朝起，多用白话。剧本，元时也有用白话的。现在新流行的白话剧，更不必说了。诗歌，如《击壤歌》等，古人也用白话。现在有几个人能做很好的白话诗，可以料到将来是统统可以用白话的。但是美术有兼重内容的，如图画、造像等。也有专重形式的，如音乐、舞蹈、图画等。专重形式的美术，在乎支配均齐，节奏调适。旧式的五、七言律诗与骈文，音调铿锵，合乎调适的原则，对仗工整，合乎均齐的原则，在美术上不能说毫无价值。就是白话文盛行的时候，也许有特别传习的人。譬如我们现在通行的是楷书、行书，但是写八分的，写小篆的，写石鼓文或钟鼎文的，也未尝没有。将来文言的位置，也是这个样子。

至于高等师范的学生，是预备毕业后作师范学校与中学校的教习的。中学校的学生虽然也许读几篇美术文，但练习的文不外记载与说明两种。师范学校的学生是小学校教习的预备，小学校当然用白话文。照这么看起来，高等师范学校的国文，应该把白话文作为主要。至于文言的美术文，应作为随意科，就不必人人都学了。

（原载1919年11月19日《北京大学日刊》）

文化运动不要忘了美育

（1919年12月1日）

现在文化运动，已经由欧美各国传到中国了。解放呵！创造呵！新思潮呵！新生活呵！在各种周报上，已经数见不鲜了。但文化不是简单，是复杂的；运动不是空谈，是要实行的。要透澈复杂的真相，应研究科学。要鼓励实行的兴会，应利用美术。科学的教育，在中国可算有萌芽了。美术的教育，除了小学校中机械性的音乐、图画以外，简截可说是没有。

不是用美术的教育，提起一种超越利害的兴趣，融合一种画分人我的僻见，保持一种永久平和的心境；单单凭那个性的冲动，环境的刺激，投入文化运动的潮流，恐不免有下列三种的流弊：（一）看得很明白，责备他人也很周密，但是到了自己实行的机会，给小小的利害绊住，不能不牺牲主义。（二）借了很好的主义作护身符，放纵卑劣的欲望；到劣迹败露了，叫反对党把他的污点，影射到神圣主义上，增了发展的阻力。（三）想有简单的方法，短少的时间，达他的极端的主义；经了几次挫折，就觉得没有希望，发起厌世观，甚且自杀。这三种流弊，不是渐渐发见了么？一般自号觉醒的人，还能不注意么？

文化进步的国民，既然实施科学教育，尤要普及美术教育。专门练习的，既有美术学校、音乐学校、美术工艺学校、优伶学校等，大学校又设有文学、美学、美术史、乐理等讲座与研究所。普及社会的，有公开的美术馆或博物院，中间陈列品，或由私人捐赠，或用公款购置，都是非常珍贵的。有临时的展览会，有音乐会，有国立或公立的剧院，或演歌舞剧，或演科白剧，都是由著名的文学家、音乐家编制的。演剧的人，多是受过专门教育、有理想、有责任心的。市中大道，不但分行植树，并且间以花畦，逐次移植应时的花。几条大道的交叉点，必设广场，有大树，有喷泉，有花坛，有雕刻品。小的市镇，总有一个公园。大都会的公园，不只一处。又保存自然的林木，加以点缀，作为最自由的公园。一切公私的建筑，陈列器具，书肆与画肆的印刷品，各方面的广告，都是从美术家的意匠构成。所以不论那一种人，都时时刻刻有接触美术的机会。我们现在，除文字界稍微有点新机外，别的还有什么？书画是我们的国粹，都是模仿古人的。古人的书画，是有钱的收藏了，作为奢侈品，不是给人人共见的。建筑雕刻，没有人研究。在嚣杂的剧院中，演那简单的音乐，卑鄙的戏曲。在市街上散步，只见飞扬尘土，横冲直撞的车马，商铺门上贴着无聊的春联，地摊上出售那恶俗的花纸。在这种环境中讨生活，怎么能引起活泼高尚的感情呢？所以我很望致力文化运动诸君，不要忘了美育。

（原载1919年12月1日《晨报副镌》）

义务与权利

——在北京女子师范学校演说词

（1919年12月7日）

贵校成立，于兹十载，毕业生之服务于社会者，其有声誉，鄙人甚所钦佩。今日承方校长属以演讲，鄙人以诸君在此受教，是诸君的权利；而毕业以后即当任若干年教员，即诸君之义务，故愿为诸君说义务与权利之关系。

权利者，为所有权、自卫权等，凡有利于己者，皆属之。义务则几尽吾力而有益于社会者皆属之。

普通之见，每以两者为互相对待，以为既尽某种义务，则可以要求某种权利，既享某种权利，则不可不尽某种义务。如买卖然，货物与金钱，其值相当是也。然社会上每有例外之状况，两者或不能兼得，则势必偏重其一。如杨朱为我，不肯拔一毛以利天下；德国之斯梯纳（Strne）及尼采（Nietsche）等，主张惟我独尊，而以利他主义为奴隶之道德。此偏重权利之说也。墨子之道，节用而兼爱。孟子曰：生与义不可得兼，舍生而取义。此偏重义务之说也。今欲比较两者之轻重，以三者为衡。

（一）以意识之程度衡之。下等动物，求食物，卫生命，权利之意识已具；而互助之行为，则于较为高等之动物始见之。昆虫之中，蜂、蚁最为进化。其中雄者能传种而不能作工。传种既毕，则工蜂、工蚁刺杀之，以其义务无可再尽，即不认其有何等权利也。人之初生，即知吮乳，稍长则饥而求食，寒而求衣，权利之意义具，而义务之意识未萌。及其长也，始知有对于权利之义务，且进而有公而忘私、国而忘家之意识。是权利之意识，较为幼稚；而义务之意识，较为高尚也。

（二）以范围之广狭衡之。无论何种权利，享受者以一身为限；至于义务，则如振兴实业、推行教育之类，享其利益者，其人数可以无限。是权利之范围狭，而义务之范围广也。

（三）以时效之久暂衡之。无论何种权利，享受者以一生为限。即如名誉，虽未尝不可认为权利之一种，而其人既死，则名誉虽存，而所含个人权利之性质，不得不随之而消灭。至于义务，如禹之治水，雷绥佛（Lessevs）之凿苏彝士河，汽机、电机之发明，文学家、美术家之著作，则其人虽死，而效力常存。是权利之时效短，而义务之时效长也。

由是观之，权利轻而义务重。且人类实为义务而生存。例如人有子女，即生命之派分，似即生命权之一部。然除孝养父母之旧法而外，曾何权利之可言？至于今日，父母已无责备子女以孝养之权利，而饮食之，教诲之，乃为父母不可逃之义务。且列子称愚公之移山也，曰：“虽我之死，有子存焉。子又生孙，孙又生子，子子孙孙，无穷匮也，而山不加增，何苦而不平？”虽为寓言，实含至理。盖人之所以有子孙者，为夫生年有尽，而义务无穷；不得不以子孙为延续生命之方法，而于权利无关。是即人之生存，为义务而不为权利之证也。

惟人之生存，既为义务，则何以又有权利？曰：盖义务者在有身，而所以保持此身，使有以尽义务者，曰权利。如汽机然，非有燃料，则不能作工，权利者，人身之燃料也。故义务为主，而权利为从。

义务为主，则以多为贵，故人不可以不勤；权利为从，则适可而止，故人不可以不俭。至于捐所有财产，以助文化之发展，或冒生命之危险，而探南北极、试航空术，则皆可为善尽义务者。其他若厌世而自杀，实为放弃义务之行为，故伦理学家常非之。然若其人既自知无再尽义务之能力，而坐享权利，或反以其特别之疾病若

罪恶，贻害于社会，则以自由意志而决然自杀，亦有可谅者。独身主义亦然，与谓为放弃权利，毋宁谓为放弃义务。然若有重大之义务，将竭毕生之精力以达之，而不愿为家室所累；又或自忖体魄，在优种学上者不适于遗传之理由，而决然抱独身主义，亦有未可厚非者。

今欲进而言诸君之义务矣。闻诸君中颇有以毕业后必尽教员之义务为苦者。然此等义务，实为校章所定。诸君入校之初，既承认此校章矣。若于校中既享有种种之权利，而竟放弃其义务，如负债不偿然，于心安乎？毕业以后，固亦有因结婚之故，而家务、校务不能兼顾者。然胡彬夏女士不云乎："女子尽力社会之暇，能整理家事，斯为可贵。"是在善于调度而已。我国家庭之状况，烦琐已极，诚有使人应接不暇之苦。然使改良组织，日就简单，亦未尝不可分出时间，以服务于社会。又或约集同志，组织公育儿童之机关，使有终身从事教育之机会，亦无不可。在诸君勉之而已。

（原载北京大学新潮社编《蔡孑民先生言行录》，

北京大学出版部1920年出版）

洪水与猛兽

（1920年4月1日）

二千二百年前，中国有个哲学家孟轲，他说国家的历史，常是"一乱一治"的。他说第一次大乱，是四千二百年前的洪水，第二次大乱，是三千年前的猛兽。后来说到他那时候的大乱，是杨朱、墨翟的学说。他又把自己的拒杨墨，比较禹的抑洪水，周公的驱猛兽。所以崇奉他的人，就说杨墨之害，甚于洪水猛兽。后来一个学者，要是攻击别种学说，总是袭用"甚于洪水猛兽"这句话。譬如唐宋儒家攻击佛老，用他；清朝程朱派攻击陆王派，也用他；现在旧派攻击新派，也用他。

我以为用洪水来比新思潮，很有几分相像。他的来势很勇猛，把旧日的习惯冲破了，总有一部的人感受痛苦；仿佛水源太旺，旧有的河槽，不能容受他，就泛滥岸上，把田庐都扫荡了。对付洪水，要是如鲧的用湮法，便愈湮愈决，不可收拾。所以禹改用导法，这些水归了江河，不但无害，反有灌溉之利了。对付新思潮，也要舍湮法，用导法，让他自由发展，定是有利无害的。孟氏称"禹之治水，行其所无事"，这正是旧派对付新派的好方法。

至于猛兽，恰好作军阀的写照。孟氏引公明仪的话："庖有肥肉，厩有肥马，民有饥色，野有饿莩，此率兽而食人也。"现在军阀和要人，都有几百万、几千万的家产，奢侈的了不得；别种好好作工的人，穷的饿死，这不是率兽食人的样子么？现在天津、北京的军人，受了要人的指使，乱打爱国的青年，岂不明明是猛兽的派头么？

所以中国现在的状况，可算是洪水与猛兽竞争。要是有人能把

猛兽驯伏了，来帮同疏导洪水，那中国就立刻太平了。

　　附记：这是蔡先生替北京英文《导报》的特别增刊
做的。我们因为这篇文章是现在很重要的文字，很可以代
表许多人要说而不能说的意思，故把他的中文原稿登在这
里。（适）

　　　　　　　　　　（原载1920年4月1日《新青年》第7卷第5号）

美术的起原

（1920年5月）

美术有狭义的、广义的。狭义的，是专指建筑，造像（雕刻），图画与工艺美术（包括装饰品等）等。广义的，是于上列各种美术外，又包含文学、音乐、舞蹈等。西洋人著的美术史，用狭义；美学或美术学，用广义。现在所讲的也用广义。

美术的分类，各家不同。今用Fechner与Grosse等说，分作动静两类：静的是空间的关系，动的是时间的关系。静的美术，普通也用图像美术的名词作范围。他的托始，是一种装饰品。最早的在身体上；其次在用具上，就是图案；又其次乃有独立的图像，就是造像与绘画。由静的美术，过渡到动的美术，是舞蹈，可算是活的图像。在低级民族，舞蹈时候都有唱歌与器乐；我们就不免联想到诗歌与音乐。舞蹈、诗歌、音乐，都是动的美术。

我们要考求这些美术的起原，从那里下手呢？照进化学的结论，人类是从他种动物进化的。我们一定要考究动物是否有创造美术的能力？我们知道，植物有美丽的花，可以引诱虫类，助他播种。我们知道，动物界有雌雄淘汰的公例：雄的动物，往往有特别美丽的毛羽，可以诱导雌的，才能传种。动物已有美感，是无可疑的。但是这些动物，果有自己制造美术的能力么？有些美学家，说美术的冲动，起于游戏的冲动。动物有游戏冲动，可以公认。但是说到美术上的创造力，却与游戏不同。动物果有创造力么？有多数能歌的鸟，如黄莺等，很可以比我们的音乐。中国古书，如《吕氏春秋》等，还说"伶伦取竹制十二筒，听凤凰之鸣，以别十二律"云云，似乎音乐与歌鸟，很有关系。但他们是否是有意识的

歌，无从证明。图像美术里面，造像绘画，是动物界绝对没有的。惟有造巢的能力，很可以与我们的建筑术竞胜。近来如I. Rennie著的*Die Baukunst der Tiere*，如T. Harting著的*Die Baukunst der Tiere*，如I. G. Wood著的*Homes Without Hands*，如L. Büchner著的*Aus dem Geistesleben der Tiere*，如Gr. Romanes著的*Animal Intelligence*，都对于动物造巢的技术，很多记述。就中最特别的，如蜜蜂的窠，造多数六角形小舍，合成圆穹形。蚁的垤，造成三十层到四十层的楼房，每层用十寸多长的支柱支起来；大厅的顶，于中央构成螺旋式，用十字式木材撑住。非洲的白蚁，有垤上构塔，高至五六迈当的；垤内分作堂、室、甬道等。美洲有一种海狸，在水滨造巢，两方入口都深入严冬不冻的水际；要巢旁的水，保持常度，掘一小池泄过量的水；并设有水门与沟渠。印度与南非都有一种织鸟，他们的巢是用木茎织成的。有一种缝鸟，用植物的纤维，或偶然拾得人类所弃的线，缝大叶作巢；线的首尾都打一个结。在东印度与意大利，都有一种缝鸟，所用的线，是采了棉花，用喙纺成的。澳洲的叶鸟（造巢如叶）在住所以外，别设一个舞蹈厅，地基与各面，都用树枝交互织成，为免内面的不平坦，把那两端相交的叉形都向着外面。又搜集了许多陈列品，都是选那色彩鲜明的，如别的鸟类的毛羽，人用布帛的零片，闪光的小石与螺壳，或用树枝分架起来，或散布在入口的地面。这些都不能不认为一种的技术。但严格的考核起来，造巢的本能，恐还是生存上需要的条件。就是平齐、圆穹等等，虽很合美的形式，未必不是为便于出入回旋起见。要是动物果有创造美术的能力，必能一代一代的进步；今既绝对不然，所以说到美术，不能不说是人类独占的了。

考求人类最早的美术，从两方面着手：一、是古代未开化民族所造的，是古物学的材料。二、是现代未开化民族所造的，是人类学的材料。人类学所得的材料，包括动、静两类。古物学是偏于静的，且往往有脱节处，不是借助人类学，不容易了解。所以考求美术的原始，要用现代未开化民族的作品作主要材料。

现代未开化的民族，除欧洲外，各洲都还有。在亚洲，有Anda-manen群岛的Mincopie人，锡兰东部的Veddha人，与西伯利亚北部的Tchuktschen人。在非洲，有Kalahari的Buschmänner人。在美洲，北有Arkisch的Eskimo人、Aleüten的土人；南有Feuerländer群岛的土人、Brasilien民国的Botokuden人。在澳洲，有各地的土人。都是供给材料给我们的。

现在讲初民的美术，从静的美术起，先讲装饰。

从前达尔文遇着一个Feuerländer人，送他一方红布，看他作什么用。他并不制衣服，把这布撕成细条儿，送给同族，作身上的装饰。后来遇着澳洲土人，试试他，也是这个样子。除了Eskimo人非衣服不能御寒外，其余初民，大抵看装饰比衣服要紧得多。

装饰可分固着的、活动的两种：固着的，是身上刻文及穿耳、镶唇等。活动的，是巾、带、环、镯等。活动的装饰里面，最简单的，是画身。这又与几种固着的装饰有关系，恐是最早的装饰。

除了Eskimo人非全身盖护不能御寒外，其余未开化民族，没有不画身的。澳州土人旅行时，携一个袋鼠皮的行囊，里面必有红、黄、白三种颜料。每日必要在面部、臂部、胸部点几点。最特殊的，是Botokuden人：有时除面部、臂部、胫部外，全身涂成黑色，用红色画一条界线在边上。或自顶至踵，平分左右：一半画黑色，一半不画。其余各民族画身的习惯，大略如下。

画上去的颜色，是红、黄、白、黑四种，红、黄最多。

所画的花样，是点、直线、曲线、十字、交叉纹等，眼边多用白色画圆圈。

所画的部位，是在额、面、项、肩、背、胸、四肢等，或全身。

画的时期，除前述澳洲土人每日略画外，童子成丁祝典、舞蹈会、丧期，均特别注意，如文明人着礼服的样子。也有在死人身上画的。

现在妇女用脂粉，外国马戏的小丑抹脸，中国唱戏的讲究脸谱，怕都是野蛮人画身的习惯遗传下来的。

他们为画的容易脱去，所以又有瘢痕与雕纹两种。暗色的澳洲土人与Mincopie人，是专用瘢痕的。黄色的Buschmänner，古铜色的Eskimo，是专用雕纹的。

瘢痕是用火石、蚌壳或最古的刀类，在皮肤上或肉际割破。等他收口了，用一种灰白色颜料涂上去。有几处土人，要他瘢痕大一点，就从新创时起，时时把颜料填上去；或用一种植物的质渗进去。

瘢痕的式样：是点、直线、曲线、马蹄形、半月形等。

所在的地位：是面、胸、背、臂、股等。

时间：澳人自童子成丁的节日割起，随年岁加增。Mincopie人，自八岁起，十六岁或十八岁就完了。

雕纹是在雕过的部位，用一种研碎的颜料渗上去；也有用烟煤或火药的。经一次发炎，等全愈了，就现出永不褪的深蓝色。

雕纹的花样，在Buschmänner还简单，不过刻几条短的直线。Eskimo人的就复杂了，有曲线，有交叉纹，或用多数平行线作扇面式，或作平行线与平列点，并在其间，作屈曲线，或多数正方形。

所雕的部位：是在面、肩、胸、腰、臂、胫等。

雕纹的流行，比瘢痕广而且久。《礼记·王制》篇："东方曰夷，被发文身。……南方曰蛮，雕题交趾。"《疏》说："题，额也。谓以丹青雕题其额。"是当时东南两方的蛮人，都有雕文的习惯。又《史记·吴太伯世家》："太伯、仲雍二人，乃奔荆蛮，文身断发。"应劭说："常在水中，故断其发，文其身，以象龙子，故不见伤害。"墨子说："勾践剪发文身以治其国。"庄子说："宋人资章甫以适越，越人断发文身，无所用之。"似乎自商季至周季，越人总是有雕文的。《水浒传》里的史进，身上绣成九条龙，是宋元时代还有用雕文的。听说日本人至今还有。欧洲充水手的人，也有臂上雕纹的。我于一九〇八年，在德国Leipzig的羊市场，见两个德国女子，用身上雕纹，售票纵观，我还藏着他们两人的摄影片。可见这种装饰，文明民族里面，也还不免呢。

Botokuden人没有瘢痕，也没有雕纹；却有一种性质相近的固着装饰，就是唇、耳上的木塞子。这就叫作Botoque，怕就是他们族名的缘起。他们小孩子七八岁，就在下唇与耳端穿一个扣状的孔，镶了软木的圆片。过多少时，渐渐儿扩大，直到直径四寸为止。就是有瘢痕或雕纹的民族，也有这一类的装饰：如Buschmänner的唇下镶木片，或象牙，或蛤壳，或石块；澳人鼻端穿小棍或环子；Eskimo人耳端挂环子。

耳环的装饰，一直到文明社会，也还不免。

从固定的装饰过渡到活动的，是发饰。各民族有剪去一部分的，有编成辫子，用象牙环、古铜环束起来的，有编成发束，用兔尾、鸟羽或金属扣作饰的，有用赭石和了油或用蜡涂上，堆成饼状的。现在满洲人的垂辫，全世界女子的梳髻，都是初民发饰的遗传。

头上活动的装饰，是头巾。凡是游猎民族，除Eskimo外，没有不裹头巾的。最简单的用Pandance的叶卷成。别种或用皮条；或用袋鼠毛、植物纤维编成；或用鸵鸟羽、鹰羽、七弦琴尾鸟羽、熊耳毛束成；或用新鲜的木料，刻作鸟羽形带起来；或用绳子穿黑的浆果与白的猴牙相间；或用草带缀一个鸵鸟蛋的壳又插上鸟羽；或用袋鼠牙两小串，分挂两颊；或用麻缕编成网式的头巾，又从左耳至右耳，插上黄色或白色鹦鹉羽编成的扇。且有头上戴一只鹭鸟，或一只乌鸦的。各种民族的冠巾，与现今欧美妇女冠上的鸟羽或鸟的外廓，都是从初民的头巾演成的。

其次头饰：有木叶卷成的，或海狗皮切成的带子；有用植物纤维织成的，或兽毛织成的绳子。绳子上串的，是Mangrove树的子、红珊瑚、螺壳、玳瑁、鸟羽、兽骨、兽牙等；也有用人指骨的。满洲人所用的朝珠，与欧美妇女所用的头饰，都是这一类。

其次腰饰：也有带子，用树叶、兽皮制成的。或是绳子，用植

物纤维或人发编成的。绳子上往往系有腰裈，有用树叶编成的；有用鸵鸟羽，或蝙蝠毛，或松鼠毛束成的；有用短丝一排的；有用羚羊皮碎条一排，并缀上珠子或卵壳的。吾国周时有大带、素带等，唐以后，且有金带、银带、玉带等，现今军服也用革带，都起于初民的带子。又古人解说市字（即黻字），说人类先知蔽前，后知蔽后，似是起于羞耻的意识。但观未开化民族所用的腰裈，多用碎条，并没有遮蔽的作用。且澳洲男女合组的舞蹈会，未婚的女子有腰裈，已婚的不用。遇着一种不纯洁的会，妇人也系鸟羽编成的腰裈。有许多旅行家说此等饰物，实因平日裸体，恬不为怪，正借饰物为刺激，与羞耻的意识的说明恰相反。

至于四肢的装饰，是在臂上、胫上，系着与颈饰同样的带子或绳子。后来稍稍进化一点的民族，才带镯子。

上头所说的颈饰、腰饰等等，Eskimo人都是没有的。他们的装饰品，是衣服：有裘，有衣缝上缀着的皮条、兽牙、骨类、金类制成的珠子，古铜的小钟。男子有一种上衣，在后面特别加长，很像兽尾。

综观初民身上的装饰，他们最认为有价值的，就是光彩。所以Feuerländer人见了玻片，就拿去作颈饰。Buschmänner得了铜铁的环，算是幸福。他们没有工艺，得不到文明民族最光彩的装饰品。但是自然界有许多供给，如海滩上的螺壳，林木上的果实与枝茎，动物的毛羽与齿牙，他们也很满足了。

他们所用的颜色：第一是红。Goethe曾说，红色为最能激动感情，所以初民很喜欢他。就是中国人古代尚绯衣，清朝尊红顶，也是这个缘故。其次是黄，又其次是白、是黑，大约冷色是很少选用。只有Eskimo人的唇钮，用绿色宝石，是很难得的。他们的选用颜色，与肤色很有关系。肤色黑暗的，喜用鲜明的色：所以澳人与Mincopie人用白色画身；澳人又用袋鼠白牙作颈饰。肤色鲜明的，喜用黑暗之色：所以Feuerländer人用黑色画身；Buschmänner人用暗色珠子作饰品。

用鸟羽作饰品，不但取他的光彩与颜色，又取他的形式。因为他在静止的时候，仍有流动的感态。自原人时代，直到现在的文明社会，永远占着饰品的资格。其次螺壳，因为他的自然形式，很像用精细人工制成的，所以初民很喜欢他。但在文明社会，只作陈列品的加饰了。

初民的饰品，都是自然界供给，因为他们还没有制造美术品的能力。但是他们已不是纯任自然，他们也根据着美的观念，加过一番工夫。他们把毛皮切成条子，把兽牙、木果等排成串子，把鸟羽编成束子或扇形，结在头上，都含有美术的条件：就是均齐与节奏。第一条件，是从官肢的性质上来的。第二条件，是从饰品的性质上得来的。因为人的官肢，是左右均齐，所以遇着饰品，也爱均齐。要是例外的不均齐，就觉得可笑或可惊了。身上的瘢痕与雕纹，偶有不均齐的，这不是他们不爱均齐；是他们美术思想最幼稚的时代，还没有见到均齐的美处。节奏也不是开始就见到的；是他们把兽牙或螺壳等在一条绳子上串起来，渐渐儿看出节奏的关系了。Botokuden人用黑的浆果与白的兽牙相间的串上，就是表示节奏的美丽。不过这还是两种原质的更换；别种兽牙与螺壳的排列法，或利用质料的差别，或利用颜色与大小的差别，也有很复杂的。

身上刻画的花纹，与颈饰、腰饰上兽牙、螺壳的排列法，都是图案一类；但都是附属在身上的。到他们的心量渐广，美的观念，寄托在身外的物品，才有器具上的图案。

他们有图案的器具，是盾、棍、刀、枪、弓、投射器、舟、橹、陶器、桶柄、箭袋、针袋等。

图案有用红、黄、白、黑、棕、蓝等颜料画的，有刻出的。

图案的花样，是点直线、曲屈线、波纹线、十字、交叉线、三角形、方形、斜方形、卍字纹、圆形或圆形中加点等，也有写蝙蝠、蜥蜴、蛇、鱼、鹿、海豹等全形的。写动物全形，自是摹拟自

然。就是形学式的图案，也是用自然物或工艺品作模范：譬如十字是一种蜥蜴的花纹；梳形是一种蜂窠的凸纹；曲屈线相联，中狭旁广的，是一种蝙蝠的花纹；双层曲屈线，中有直线的，是蝮蛇的花纹；双钩卍字，是Cassinauhe蛇的花纹；浪纹参黑点的，是Anaconda蛇的花纹；菱形参填黑的四角形的，是Lagunen鱼的花纹。其余可以类推。因为他们所摹拟的，是动物的一部分，所以不容易推求。至于所摹拟的工艺品，是编物：最简单的陶器，勒出平行线、斜方线，都像编纹；有时在长枪上摹拟草篮的花纹，在盾上棍上摹拟带纹结纹。也有人说，陶器上的花纹，是怕他过于光滑，不易把持，所以刻上的。又有联想的关系，因陶器所发明，在编物以后，所以瓶釜一类，用筐篮作模范。军器的锋刃，最早是用绳或带系缚在柄上；后来有胶法嵌法了，但是绳带的联想仍在，所以画起来或刻起来了。Freiburg的博物院中，有两条澳人的枪。他们的锋，一是用绳缚住的，一是用树胶粘住的。但是粘住的一条，也画上绳的样子，与那一条很相像。这就是联想作用的证据。但不论为把持的便利，或为联想的关系，他们既然刻画得很精致，那就是美术的作用。

初民的图案，又很容易与几种实用的记号相混，如文字，如所有权标志，如家族徽章，如宗教上或魔术上的符号，都是。但是排列得很匀称的，就不见得是文字与标志。描画得详细，不是单有轮廓的，就不见得是符号。不是一家族的在一种器具上同有的，就不见得是徽章。又参考他们土人的说明，自然容易辨别了。

图案上美的条件，第一是节奏。单简的，是用一种花样，重复了若干次。复杂的，是用两种以上的花样，重复了若干次。就是文明民族的图案，也是这样。第二是均齐。初民的图案，均齐的固然很多，不均齐的也很不少。例如澳人的三个狭盾，一个是在双弧线中间填曲屈线，左右同数，是均齐的。他一个，是两方均用双钩的曲屈线，但一端三数，一端四数。又一个，是两方均用T纹，但一方二数，一方三数。为什么两方不同数？因为有一种动物的体纹是这样。他们纯粹是摹拟主义，所以不求均齐了。

图案的取材，全是人与动物，没有兼及植物。因为游猎民族，用猎得的动物作经济上的主要品。他们妇女虽亦捃拾植物，但作为副品，并不十分注意。所以刻画的时候，竟没有想到。

图案里面，有描出动物全体的，这就是图画的发端。Eskimo人骨制的箭袋，竟雕成鹿形。又有两个针袋，一个是鱼形，又一个是海豹形，这就是造像的发端。

造像术是寒带的民族擅长一点儿，如Hyperborä人有骨制的人形、鱼形、海狗形等；Aleüten人有鱼形、狐形等；Eskimo人有海狗形等，都雕得颇精工，不是别种游猎民族所有的。

图画是〔在〕各民族都很发达。但寒带的人，是刻在海象牙上，或用油调了红的粘土、黑的煤，画在海象皮上。所画的除动物形外，多是人生的状况，如雪舍、皮幕、行皮船、乘狗橇、用杈猎熊与海象等。据Hildebrand氏说，Tuhuktschen人曾画月球里的人，因为他画了一个戴厚帽的人，在一个圆圈的中心点。

别种游猎民族，如澳人、Buschmänner人都有摩崖的大幅。在鲜明的岩石上，就用各种颜色画上。在黑暗的岩壁上，先用坚石划纹，再填上鲜明的颜色。也有先用一种颜色填了底，再用别种颜色画上去的。澳人有在木制屋顶上，涂上烟煤，再用指甲作画的，又有在木制墓碑上，刻出图像的。

澳人用的颜色，以红、黄、白三种为主。黑的用木炭。蓝的不知出何等材料。调色用油。画好了，又用树胶涂上，叫他不褪。Buschmänner人多用红、黄、棕、黑等色，间用绿色。调色用油或血。

图画的内容，动物形象最多，如袋鼠、象、犀、麒麟、水牛、各种羚羊、鬣狗、马、猿猴、鸵鸟、吐绶鸡、蛇、鱼、蟹、蜴蜥、甲虫等。也画人生状况，如猎兽、刺鱼、逐鸵鸟及舞蹈会等。间亦画树，并画屋、船等。

澳人的图画，最特别的是西北方上Glenelg山洞里面的人物画。第一洞中，在斜面黑壁上，用白色画一个人的上半截。头上有帽，带着红色的短线。面上画的眼鼻很清楚，其余都缺了。口是澳人从来不画的。面白。眼圈黑。又用红线黄线，描他的外廓。两只垂下的手，画出指形。身上有许多细纹，或者是瘢痕，或是皮衣。在他的右边，又画了四个女子，都注视这个人。头上都带着深蓝色的首饰，有两个带发束。第二洞中，有一个侧面人头的画，长二尺，宽十六寸。第三洞中，有一个人的像，长十尺六寸。自颔以下，全用红色外套裹着，仅露手足。头向外面，用圈形的巾子围着。这个像是用红、黄、白三色画的。面上只画两眼，头巾外围，界作许多红线，又仿佛写上几个字似的。

Buschmänner的图画，最特别的是Hemon相近的山洞中的盗牛图。图中一个Buschmänner的村落，藏着盗来的牛。被盗的Kaffern人追来了。一部分的Buschmänner人，驱着牛逃往他处；多数的拿了弓箭来对抗敌人。最可注意的，是Buschmänner人躯干虽小，画的筋力很强；Kaffern人虽然长大，但筋力是弱的。画中对于实物的形状与动作，很能表现出来。

这些游猎民族，虽然不知道现在的直线配景与空气映景等法，但他们已注意于远近不同的排列法，大约用上下相次来表明前后相次，与埃及人一样。他们的写像实物，很有可惊的技能：（一）因为他们有锐利的观察、与确实的印象。（二）因为他们主动机关与感觉机关适当的应用。这两种，都是游猎时代生存竞争上所必需的。

在图画与雕像两种以外，又有一种类似雕像的美术，是假面。是西北海滨红印度人的制品，是出于不羁的想象力，与上面所述写实派的雕像与图画很有点不同。动物样子最多，作人面的，也很不自然，故作妖魔的形状。与西藏黄教的假面差不多。

初民的美术，最有大影响的是舞蹈。可分为两种：一种是操练式（体操式），一种是游戏式（演剧式）。操练式舞蹈，最普及的是澳人的Corroborris。Mincopie人与Eskimo人，也都有类此的舞蹈。他们的举行，最重要的，是在两族间战后讲和的时候，其他如果蓏成熟、牡蛎收获、猎收丰多、儿童成丁、新年、病愈、丧毕、军队出发、与别族开始联欢等，也随时举行。举行的地方，或在丛林中空地，或在村舍；Eskimo人有时在雪舍中间。他们的时间，总在月夜，又点上火炬，与月光相映。舞蹈的总是男子；女子别组歌队。别有看客。有一个指挥人，或用双棍相击，或足蹴发音盘，作舞蹈的节拍。他们的舞蹈，总是由缓到急。虽然到了最激烈的时候，但没有不按着节拍的。

别有女子的舞蹈，大约排成行列，用上身摇曳；或两胫展缩作姿势。比男子的舞蹈，静细得多了。

游戏式舞蹈，多有摹拟动物的，如袋鼠式、野犬式、鸵鸟式、蝶式、蛙式等。也有摹拟人生的，以爱情与战斗为最普通。澳人并有摇船式、死人复活式等。

舞蹈的快乐，是用一种运动发表他感情的冲刺。要是内部冲刺得非常，外部还要拘束，就觉得不快。所以不能不为适应感情的运动。但是这种运动，过度放任，很容易疲乏，由快感变为不快感了。所以不能不有一种规则。初民的舞蹈，无论活动到何等激烈，总是按着节奏，这是很合于美感上条件的。

舞蹈的快乐，一方面是舞人，又一方面是看客。舞人的快乐，从筋骨活动上发生。看客的快乐，从感情移入上发生。因看客有一种快乐，推想到拟人的鬼神也有这种感情，于是有宗教式舞蹈。宗教式舞蹈，大约各民族都是有的；但见诸记载的，现在还止有澳人。他们供奉的魔鬼，叫作Mindi，常有人在供奉他的地方，举行舞蹈。又有一种，在舞蹈的中间，擎出一个魔像的。总之，舞蹈的起原，是专为娱乐，后来才组入宗教仪式，是可以推想出来的。

初民的舞蹈，多兼歌唱。歌唱的词句，就是诗。但他们独立的诗歌，也就不少。诗歌是一种语言，把个人内界或外界的感触，向

着美的目标，用美的形式表示出来。所以诗歌可分作两大类：一是主观的，表示内界的感情与观念，就是表情诗（Lyrik）。一是客观的，表示外界的状况与事变，就是史诗与剧本。这两类都是用感情作要素；是从感情出来，仍影响到感情上去。

人类发表感情，最近的材料，与最自然的形式，是表情诗。他与语言最相近，用一种表情的语言，按着节奏慢慢儿念起来，就变为歌词了。《尚书》说："歌永言。"《礼记》说："言之不足，故长言之。长言之不足，故咏叹之。"就是这个意思。Ehrenreich氏曾说，Botokuden人在晚上把昼间的感想咏叹起来，很有诗歌的意味。或说今日猎得很好，或说我们的首领是无畏的。他们每个人把这些话按着节奏念起来，且再三的念起来。澳洲战士的歌，不是说刺他那里，就说我有什么武器。竟把这种同式的语，叠到若干句。均与普通语言，相去不远。

他们的歌词，多局于下等官能的范围，如大食、大饮等。关于男女间的歌，也很少说到爱情的。很可以看出利己的特性。他总是为自己的命运发感想；若是与他人表同情的，除了惜别与挽词，就没有了。他们的同情，也限于亲属；一涉外人，便带有注意或仇视的意思。他们最喜欢嘲谑，有幸灾乐祸的习惯；对于残废的人，也要有诗词嘲谑他。偶然有出于好奇心的：如澳人初见汽车的喷烟，与商船的鹚首，都随口编作歌词。他们对于自然界的伟大与美丽，很少感触；这是他们过受自然压制的缘故。惟Eskimo人，有一首诗，描写山顶层云的状况，是很难得的。他的大意如下：

> 这很大的Koonak山在南方/我看见他；/这很大的Koonak山在南方/我眺望他；/这很亮的闪光，从南方起来，/我很惊讶。/在Koonak山的那面，/他扩充开来，/仍是Koonak山/但用海包护起来了。/看啊！他（云）在南方什么样？/滚动而且变化；/看呵！/他在南方什么样？/

交互的演成美观。/他（山顶）所受包护的海，/是变化的
云；/包护的海，/交互的演成美观。

有些人，说诗歌是从史诗起的。这不过因为欧洲的文学史，从
Homer的两首史诗起。不知道Homer以前，已经有许多非史的诗，
不过不传罢了。大约史诗的发起，总在表情诗以后。澳洲人与
Mincopie人的史诗，不过参杂节奏的散文；惟有Eskimo的童话，是
完全按着节奏编的。

　　普通游猎民族的史诗，多说动物生活与神话；Eskimo多说人
生。他们的著作，都是单量的（Ein Dimension），是线的样子。他
们描写动物的性质，往往说到副品为止，很少能表示他特别性质与
奇异行为的。说人生也是这样，总是说好的坏的这些普通话，没有
说到特性的。说年长未婚的人，总是可笑的。说妇女，总是能持家
的。说寡妇，总是慈善的。说几个兄弟的社会，总是骄矜的、粗暴
的、猜忌的。

　　Eskimo有一篇小Kagsagsuk的史诗，算是程度较高的。他的大意
如下：

　　　　Kagsagsuk是一个孤儿，寄养在一个穷的老妪家里。
　　这老妪是住在别家门口的一个小窖，不能容K.。K.就在门
　　口偎着狗睡，时时受大人与男女孩童的欺侮。他有一日独
　　自出游，越过一重山，忽然有求强的志愿；想起老妪所授
　　魔术的咒语，就照式念着。有一神兽来了，用尾拂他；由
　　他的身上排出许多海狗骨来，说这些就是阻碍他身体发展
　　的。排了几次，愈排愈少，后来就没有了。回去的时候，
　　觉的很有力了。但是遇着别的孩童欺侮他，他还是忍耐
　　着。又日日去访神兽，觉得一日一日的强起来。有一回，
　　神兽说道：“现在够了！但是要忍耐着。等到冬季，海冻

了，有大熊来，你去捕他。"他回去，有欺侮他的，他仍旧忍耐着。冬季到了，有人来报告："有三只大熊，在冰山上，没有人敢近他。"K.听到了，告他的养母要去看看。养母嘲笑他道："好，你给我带两张熊皮来了，可作褥子同盖被。"他出去的时候，大家都笑看他。他跑到冰山上，把一只熊打死了，掷给众人，让他们分配去。又把那两只都打死了，剥了皮，带回家去，送给养母，说是褥子与盖被来了。那时候邻近的人，平日轻蔑他的，都备了酒肉，请他饮食，待他很恳切。他有点醉了，向一个替他取水的女孩子道谢的时候，忽然把这个女孩子捋死了。女孩子的父母不敢露出恨他的意思。忽然一群男孩子来了，他刚同他们说应该去猎海狗的话，忽然逼进队里，把一群孩子都打死了。他们这些父母，都不敢露出恨他的意思。他忽然复仇心大发了，把从前欺侮他的人，不管男女壮少，统统打死了。剩下一部分苦人，向来不欺侮他的，他同他们很要好，同消受那冬期的储蓄品。他挑了一只最好的船，很勤的练习航海术；常常作远游，有时往南，有时往北。他心里觉得很自矜了，他那武勇的名誉也传遍全地方了。

多数美术史家与美学家，都当剧本是诗歌最后的，这却不然。演剧的要素，就是语言与姿态同时发表。要是用这个定义，那初民的讲演，就是演剧了。初民讲演一段故事，从没有单纯口讲的，一定随着语言，做出种种相当的姿势，如Buschmänner遇着代何种动物说话，就把口做成那一个动物的口式。Eskimo的讲演，述那一种人的话，就学那一种人的音调，学的很像。我们只要看儿童们讲故事，没有不连着神情与姿态的，就知道演剧的形式是很自然、很原始的了。所以纯粹的史诗，倒是诗歌三式中最后的一式。

普通人对于演剧的观念，或不在兼有姿态的讲演，反重在不止一人的演作。就这个狭义上观察，也觉得在低级民族，早已开始了。第一层，在Grönland有两人对唱的诗，并不单是口唱，各做出许多姿态，就是演剧的样子。而且这种对唱，在澳洲也是常见的。第二层，游戏式舞蹈，也是演剧的初步。由对唱到演剧，是添上地位的转动。由舞蹈到演剧，是添上适合姿态的语言。讲到内部的关系，就不容易区别了。

Aleüten人有一出哑戏。他的内容，是一个人带着弓，作猎人的样子；别一个人扮了一只鸟。猎人见了鸟，做出很爱他，不愿害他的样子。但是鸟要逃了。猎人很着急；自己计较了许久，到底张起弓来，把鸟射死了。猎人高兴的跳舞起来。忽然，他不安了，悔了，于是乎哭起来了。那只死鸟又活了，化了一个美女，与猎人挽着臂走了。

澳洲人也有一出哑戏，但有一个全剧指挥人，于每幕中助以很高的歌声。第一幕，是群牛从林中出来，在草地上游戏。这些牛，都是土人扮演的，画出相当的花纹。每一牛的姿态，都很合自然。第二幕，是一群人向这牧群中来，用枪刺两牛，剥皮切肉，都做得很详细。第三幕，是听着林中有马蹄声起来了，不多时，现出白人的马队，放了枪把黑人打退了。不多时，黑人又集合起来，冲过白人一面来，把白人打退了，逐出去了。

这些哑戏，虽然没有相当的诗词，但他们编制，很有诗的意境。

在文明社会，诗歌势力的伸张，半是印刷术发明以后传播便利的缘故。初民既没有印刷，又没有文字，专靠口耳相传，已经不能很广了，他们语音相同的范围又是很狭。他们的诗歌，除了本族以外，传到邻近，就同音乐谱一样了。

文明社会，受诗歌的影响，有很大的，如希腊人与Homer，意大利人与Dante，德意志人与Goethe，是最著的例。初民对于诗歌，自然没有这么大影响；但是他们的需要，也觉得同生活的器具一

样。Stokes氏曾说，他的同伴土人Miago遇着何等对象，都很容易很敏捷的构成歌词。而且说，不是他一人有特别的天才，凡澳人普遍如此。Eskimo人也是各有各的诗。所以他们并不什么样的崇拜诗人；但是对于诗歌的价值，是普遍承认的。

与舞蹈、诗歌相连的，是音乐。初民的舞蹈，几乎没有不兼音乐的。仿佛还偏重音乐一点儿。Eskimo舞蹈的地方，叫作歌场（Quaggi）；Mincopie人的舞蹈节，叫作音乐节。

初民的唱歌，偏重节奏，不用和声。他们的音程也很简单，有用三声的，有用四声的，有用六声的；对于音程，常不免随意出入。Buschmänner的音乐天才，算是最高；欧人把欧洲的歌教他们，他们很能仿效。Lishtenstein氏还说，很愿意听他们的单音歌。

他们所以偏重节奏的原故：一、是因他本用在舞蹈会上；二、是乐器的关系。

初民的乐器，大部分是为拍子设的。最重要的是鼓。惟Botokuden人没有这个，其余都是有一种，或有好几种。最早的形式，怕就是澳洲女子在舞蹈会上所用的，是一种绷紧鼓的袋鼠皮，平日还可以披在肩上作外套的；有时候把土卷在里面。至于用兽皮绷在木头上面的作法，是在Melanesier见到的。澳北Queenländer有一种最早的形式，是一根坚木制成的粗棍，打起来声音很强，这种声杖，恰可以过渡到Mincopie人的声盘。声盘是舞蹈会中指挥人用的，是一种盾状的片子，用坚木制成的。长五尺，宽二尺。一面凸起，一面凹下。凹下的一面，用白垩画成花纹。用的时候，凹面向下；把窄的一端嵌入地平，指挥人把一足踏住了；为加增嘈音起见，在宽的一端，垫上一块石头。Eskimo人用一种有柄的扁鼓：他的箍与柄，都是木制，或用狼的腿骨制；他的皮，是用海狗的，或驯鹿的；直径三尺；用长十寸粗一寸的棍子打的。Buschmänner的鼓，荷兰人叫作Rommelpott，是用一张皮绷在开口的土瓶或木桶上面，用指头打的。

Eskimo人、Mincopie人与一部分的澳洲人，除了鼓，差不多没有别的乐器了。独有澳北Port Essington土人有一种箫，用竹管制的，长二三尺，用鼻孔吹他。Botokuden人没有鼓，有两种吹的乐器：一是箫，用Taquara管制的，管底穿几个孔，是妇女吹的。一是角，用大袋鼠的尾皮制的。

Buschmänner有用弦的乐器。有几种不是他们自己创造的：一种叫Guitare，是从非洲黑人得来。一种叫壶卢琴，从Hottentotten得来。壶卢琴是木制的底子，缀上一个壶卢，可以加添反响；有一条弦，又加上一个环，可以申缩他颤声的部分。止有Gora，可信是Buschmänner固有的、最早的弦器，他是弓的变形。他有一弦，在弦端与木槽的中间，有一根切成薄片的羽茎插入。这个羽茎，由奏乐的用唇扣着，凭着呼吸去生出颤动来，如吹洞箫的样子。这种由口气发生的谐声，一定很弱，他那拿这乐器的右手，特将第二指插在耳孔，给自己的声觉强一点儿。他们奏起来，竟可到一点钟的长久。

总之初民的音乐，唱歌比器乐发达一点，两种都不过小调子，又是偏重节奏，那谐声是不注意的。他那音程，一、是比较的简单；二、是高度不能确定。

至于音乐的起原，依达尔文说，是我们祖先在动物时代，借这个刺激的作用，去引诱异性的。凡是雄的动物，当生殖欲发动的时候，鸣声常特别发展；不但用以自娱，且用以求媚于异性。所以音乐上的主动与受动，全是雌雄淘汰的结果。但诱导异性的作用，并非专尚柔媚，也有表示勇敢的。譬如雄鸟的美翅，固是柔媚的；牡狮的长鬣，却是勇敢的。所以音乐上遗传的，也有激昂一派，可以催起战争的兴会。现在行军的没有不奏军乐：据Buckler与Thomas所记，澳洲土人将要战斗的时候，也是用唱歌与舞蹈激起他们的勇气来。

又如叔本华说各种美术，都有摹仿自然的痕迹，独有音乐不是这样，所以音乐是最高尚的美术。但据Abbé Dubos的研究，音乐也

与他种美术一样，有摹仿自然的。照历史上及我们经验上的证明，却不能说音乐是绝对没有摹仿性的。

要之音乐的发端，不外乎感情的表出。有快乐的感情，就演出快乐的声调；有悲惨的感情，就演出悲惨的声调。这种快乐或悲惨的声调，又能引起听众同样的感情。还有他种郁愤、恬淡等等感情，都是这样。可以说是人类交通感情的工具。斯宾塞尔说："最初的音乐，是感情激动时候加重的语调"，是最近理的。如初民的音乐，声音的高度，还没有确定，也是与语调相近的一端。

现在综合起来，觉得文明人所有的美术，初民都有一点儿。就是诗歌三体，也已经不是混合的初型，早已分道进行了。止有建筑术，游猎民族的天幕、小舍，完全为避风雨起见，还没有美术的形式。

我们一看他们的美术品，自然觉得同文明人的著作比较，不但范围窄得多，而且程度也浅得多了。但是细细一考较，觉得他们所包含美术的条件，如节奏、均齐、对比、增高、调和等等，与文明人的美术一样。所以把他们的美术与现代美术比较，是数量的差别比种类的差别大一点儿；他们的感情是窄一点儿，粗一点儿；材料是贫乏一点儿；形式是简单一点儿，粗野一点儿；理想的寄托，是幼稚一点儿。但是美术的动机、作用与目的，是完全与别的时代一样。

凡是美术的作为，最初是美术的冲动（这种冲动，是各别的，如音乐的冲动，图画的冲动，往往各不相干；不过文辞上可以用"美术的冲动"的共名罢了）。这种冲动，与游戏的冲动相伴，因为都没有外加的目的。又有几分与摹拟自然的冲动相伴，因而美术上都有点摹拟的痕迹。这种冲动，不必到什么样的文化程度，才能发生；但是那几种美术的冲动，发展到什么一种程度，却与文化程度有关。因为考察各种游猎民族，他们的美术，竟相类似，例如装饰、图像、舞蹈、诗歌、音乐等，无论最不相关的民族，如澳洲土人与Eskimo竟也看不出差别的性质来。所以Taine的"民族特性"理论，在初民还没有显著的痕迹。

这种彼此类似的原因，与他们的生活，很有关系。除了音乐以外，各种美术的材料与形式，都受他们游猎生活的影响。看他们的图案，止摹拟动物与人物，还没有采及植物，就可以证明了。

Herder与Taine二氏，断定文明人的美术，与气候很有关系。初民美术，未必不受气候的影响，但是从物产上间接来的。在文明人，交通便利，物产上已经不受气候的限制；所以他们美术上所受气候的影响，是精神上直接的。精神上直接的影响，在初民美术上，还没有显著的痕迹。

初民美术的开始，差不多都含有一种实际上目的，例如图案是应用的便利；装饰与舞蹈，是两性的媒介；诗歌、舞蹈与音乐，是激起奋斗精神的作用；另如家族的徽志，平和会的歌舞，与社会结合，有重要的关系。但各种美术的关系，却不是同等，大约那时候，舞蹈是很重要的。看西洋美术史，希腊的人生观，寄在造像；中古时代的宗教观念，寄在寺院建筑；文艺中兴时代的新思潮，寄在图画；现在人的文化，寄在文学；都有一种偏重的倾向。总之，美术与社会的关系，是无论何等时代，都是显著的了。从柏拉图提出美育主义后，多少教育家都认美术是改造社会的工具。但文明时代分工的结果，不是美术专家，几乎没有兼营美术的余地。那些工匠，日日营机械的工作，一点没有美术的作用参在里面，就觉枯燥的了不得，远不及初民工作的有趣。近如Morris痛恨于美术与工艺的隔离，提倡艺术化的劳动，倒是与初民美术的境像，有点相近。这是很可以研究的问题。

（原载1920—1921年《绘学杂志》，第2期）

在国语讲习所演说词

（1920年6月13日）

为什么要有国语？一是对于国外的防御，一是求国内的统一。现在世界主义渐盛，似无国外防御的必要，但我们是弱国，且有强邻，不能不注意。国内的不统一，如省界，如南北的界，都是受方言的影响。

也有人说："我们语言虽然不统一，文字是统一的。"但言文不一致的流弊很多。

用那一种语言作国语？有人主张北京话。但北京也有许多土语，不是大多数通行的。有主张用汉口话的（章太炎）。有主张用河南话的，说洛阳是全国的中心点。有主张用南京话的，说是现在的普通话，就是南京话，俗语有"蓝青官话"的成语，蓝青就是南京。也有主张用广东话的，说是广东话声音比较的多。但我们现在还没有一种方言比较表，可以指出那一地方的话是确占大多数，就不能武断用那一地方的。且标准地方最易起争执，即如北京现为都城，以地方论，比较的可占势力，但首都的话，不能一定有国语的资格。德国的语言，是以汉堡一带为准。柏林话算是土话。北京话没有入声，是必受大多数反对的。所以国语的标准决不能指定一种方言，还是用吴稚晖先生"近文的语"作标准，是妥当一点，现在通行的白话文，就是这一体。

提倡国语的次序。我们想造成一种国语，从那里下手呢？第一是语音，第二是语法，第三是国语的文章。

语音 近三十年有许多人造简字，或仿日本假名，或仿欧洲速记法。最流行的，要算是王照君的字母，但同时并立的很多。民国元年，教育部特地开了一个读音统一会，议定注音字母三十九个。在我个人意见，国音标记，最好是两种方法：一是完全革新的，就是仍用拉丁字母，从前教会中人已经用过了。日本也有这一种拼音法。一是为接近古音起见，简直用形声字上声的偏旁，来替代一切合体的字，大约至多用一千字，也就足了。第一法是有许多人主张的。第二法是我的私见，因为用这种方法，教授时有的便利，可以从古篆学起，学一字就懂得这个字所以这样写法。又许多字所以同一个音，觉得很有趣味，一定容易记得。但后来读音统一会议定的，却是这两法中间的一法。既然经过什么正式的会议议决的，比较的容纳多数意见，总胜于私人闭门造车的了。这三十九字母虽然以北音为主，但是有入声有浊音，可算是南北音都有的。他所收不进的音，还可以加闰音，这也算很便当了。

这些字母所以名"注音字母"的缘故，是不许独立的。因为中国异义同音的字太多，怕得容易含混。但既然有了简字，还要人人学那很复杂的字，也是不合人情，只要在不致误会的范围内去行用，也是自然而然的。现在如国语统一筹备会所议定"词的区号"，曾彝进君设旗语时所加偏旁的记号，左贯文君、钱玄同君所研究旧字的省笔，都是救济的方法。

我想现在先可应用在译名上。欧文的固有名词，向来用旧字译的，很繁很不划一，若照日本人用假名译西音的办法，规定用国音某字母代西文某字母；有缺的，在音近的字母上加一点作记号，如国语统一筹备会所议决ㄛ母加"，"读若厄的办法，是最便当不过的了。

这种办法不必经部定的手续，也不必公约，尽可自由试验。我若译音，一定要用这个方法，但附一个国音简字与西文字母的对照表，就比许多中国字的译名，或直写西文，或于中文译名下又注西文的，都简便一点。

语法　中国人本来不大讲文法，古文的文法，就是《马氏文

通》一部。白话的文法，现在还没有成书的。但是白话的文法，比古文简一点儿，比西文更简一点儿。懂得古文法的人，应用他在国语上，不怕不够；懂得西文法的人，应用他在国语上，更不患不够。先讲词品，西文的冠词、名词、代名词与静词，都分阴阳中三性，一名两数。我们的语言是除了代名词有一多的分别外，其他是没有这种分别的。近来有人对于第三位的代名词，一定要分别。有用她字的，有用伊字的，但是我觉得这种分别的确是没有必要。譬如说一男一女的事，如用他字与她字才分别他们，固然恰好，若遇着两男或两女的，这种分别还有什么用呢？欧语的数词，十三到十九，单数都在十数前。二十一起，英、法是单数在十数后，德语仍是单数在前，但是百数仍在十数后，千数仍在百数后，就不一律了。最奇怪的，法文从七十起，没有独立的名，七十就叫六十同十，七十一、七十二等等就叫六十同十一、六十同十二等等；到了八十，就叫作四个二十；到了九十一、九十二，就叫作四个二十同十一，四个二十同十二等等。何等累赘！我们所用的数词，一切都按着十进，简便多了。静词的级数，动词的时间，止要加上更、最，或已、将等字，没有语尾变化。句法止主词在前，宾词在后，语词在中间，差不多没有例外。文言上还有倒句，如"尔虞我诈，我诈尔虞"等。语言并这个都没有。要是动词在名词后，定要加一个将字在名词前，仿佛日本话的远字，西文的有字。又文言中天圆地方、山高水长等等，名词与静词间不加字，在白话上总有一个是字，与西文相像。胡君适之曾作《国语的进化》一篇，载在第七卷第三号的《新青年》上，很举了几种白话胜过文言的例。听说他著的《国语法》，不久可以出版，一定可以作语法的标准。

语体文　文章的开始，必是语体；后来为要便于记诵，变作整齐的句读，抑扬的音韵，这就是文言了。古人没有印刷，抄写也苦繁重，不得不然。孔子说言之不文，行而不远，就是这个缘故。但是这种句读、音调，是与人类审美的性情相投的，所以愈演愈精，一直到六朝人骈文，算是登峰造极了。物极必反，有韩昌黎、柳柳州等提倡古文，这也算文学上一次革命，与欧洲的文艺中兴一样。看韩柳的传志，很看得出表示特性的眼光与手段，比东汉到唐朝的碑文，进步得多了。这一次进步，仿佛由图案画进为实物画山水画的样子：从前是拘定均齐节奏，与颜色的映照，现在不拘此等，要按着实物、实景来安排了。但是这种文体，传到宋元时代，又觉得与人类的心情不能适应，所以又有《水浒》、《三国演义》等语体小说与演义。罗贯中的思想与所描写的模范人物，虽然不见得高妙，但把他所描写的，同陈承祚的原文或裴注所引的各书对照，觉得他的文体是显豁得多。把《水浒》同唐人的文言小说比较，那描写的技能，更显出大有进步。这仿佛西洋美术，从古典主义进到写实主义的样子：绘影绘光，不像从前单写通式的习惯了。但是许多语体小说里面，要算《石头记》是第一部。他的成书总在二百年以前。他反对父母强制的婚姻，主张自由结婚。他那表面上反对肉欲，提倡真挚的爱情，又用悲剧的哲学的思想来打破爱情的缠缚。他反对禄蠹，提倡纯粹美感的文学。他反对历代阳尊阴卑、男尊女卑的习惯，说男污女洁，且说女子嫁了男人，沾染男人的习气，就坏了。他反对主奴的分别，贵公子与奴婢平等相待。他反对富贵人家的生活，提倡庄稼人的生活。他反对厚貌深情，赞成天真烂缦。他描写鬼怪，都从迷信的心理上描写，自己却立在迷信的外面。照这几层看来，他的价值已经了不得了。这种表面的长处还都是假像。他实在把前清康熙朝的种种伤心惨目的事实，寄托在香草美人的文字，所以说："满纸荒唐言，一把酸心泪"。他还把当时许多琐碎的事，都改变面目，穿插在里面。这是何等才情！何等笔力！我看过的书，只有德国第一诗人鞠台所著的《缶斯脱》（*Faust*）可与比拟。《缶斯脱》是鞠台费了六十余年的光阴慢慢儿著成的。表面上也讲爱情，讲宗教，讲思想行为的变迁，里面寄托他的文化观、宇宙观。成书后到此刻是九十年了，注释的已经有数十家。大

学文学科教授，差不多都有讲这个剧本的讲义，还没有定论。不是与我们那些《红楼梦》索隐、释真等等纷杂相像么？《石头记》是北京话，虽不能算是折衷的语体，但是他在文学上的价值，是没有别的书比得上他，又是我平日间研究过的，所以特别的介绍一回。

（原载1920年6月25日、26日北京《晨报》）

《社会主义史》序

（1920年7月23日）

我们中国本有一种社会主义的学说，如《论语》记孔子说："有国有家者，不患寡而患不均，不患贫而患不安。盖均无贫，和无寡，安无倾。远人不服，则修文德以来之。既来之，则安之。"就是对内主均贫富，对外不取黩武主义与殖民政策。《礼运》记孔子说："人不独亲其亲，不独子其子。使老有所终，壮有所用，幼有所长，矜寡孤独废疾者皆有所养。男有分，女有归。货恶其弃于地也，不必藏于己；力恶其不出于身也，不必为己。"就是"各尽所能，各取所需"的意义，且含有男女平等主义。《孟子》记许行说："贤者与民并耕而食，饔飧而治。"就是"泛劳动"主义。

中国又本有一种社会政策：《周礼》"小司徒经土地而井牧其田野"。"遂人辨其野之土，上地、中地、下地，以颁田里。"《孟子》说："乡田同井，出入相友，守望相助，疾病相扶持。设为庠序学校以教之。"《汉书·食货志》："民年二十受田，六十归田。七十以上，上所养也。十岁以下，上所长也。十一以上，上所强也。""女修蚕织。""春令民毕出在野；冬则毕入于邑。……入者必持薪樵，轻重相分，斑白不提挈。冬民既入，妇人同巷相从，夜织女工。……必相从者，所以省费燎火，同巧拙而合习俗也。"虽是偏着农业一方面，但不能不认为社会政策的一种。后来宋儒常常想恢复井田，但总没有什么机会。

西洋的社会主义，二十年前才输入中国。一方面是留日学生从日本间接输入的，译有《近世社会主义》等书。一方面是留法学生从法国直接输入的，载在《新世纪日刊》上。后来有《心声周刊》

简单的介绍一点。俄国多数派政府成立以后，介绍马克思学说的人多起来了，在日刊、月刊中，常常看见这一类的题目。但是切切实实把欧洲社会主义发起以来，一切经过的情形，叙述出来的还没有。我友李君懋猷取英国辟司所增订的克卡朴《社会主义史》，用白话译出，可以算是最适当的书了。

克氏此书成于一八九二年，于社会主义的学说，叙述得颇详。但是社会主义派最近的运动，自然有遗漏的。经辟司于一九一三年增订一回，加入的不少。虽然大战以后，俄国新政府的设施，国际联盟条约中劳工规约的讨论，各国同盟罢工的勃起，矿山、铁道国有问题的要求，这些重大事变，还没有包在里面，但是，一九一三年以前的事实，很可以资考证了。

克氏、辟氏都是英国人，自然是稳健派，所以对以前的社会主义，都有消极的批评。又如辩护家庭，辩护宗教，辩护中央与地方政府，甚且辩护英国的殖民政策，读的人一定有嫌他们不彻底的。

但是他们所叙述的，给我们的教训已经很多。

在这部书里面说："现在一般有名的研究家，都承认历史——经济的历史在内——是许多有次序的现象之连续体。凡在连续体内的各种情形，都有种种特别的事实和倾向标明出来。""一个时代的失败，常指出以后一个时代中成功的道路。""我们讨论社会主义运动的问题，不独当以历史和人类为准则，还须特别参考现在流行的各种势力——工业的、政治的、社会的和道德的势力。"很可以令我们猛省，知要实行这种主义，必要有各种的研究。不是随便拈出几句话头，鼓吹鼓吹，就有希望的。

他说："差不多没有一国的工界，像比国工界一样，受那种难以名状的苦痛。从前比国工人毫无知识，作工时间极长，工价极廉，他们既没有政治上的权利，又没有一点组织，所以常被压制。"这不是我们工界的缩影么？但是"最近几十年来，比国社会主义运动，以组织坚固和包罗宏富两点著名"。"从英国采入他的协作和自助，从德国采入他的政治上的策略和根本上的原则，从法国采入种种理想的倾向。"他的特点"是他的协作的大组织"。"比国的协作社会，已经使比国的工党根深蒂固，在世界各国中，除德意志外，没有能和他相比较的。"这不是我们应该注意的方法么？

他叙工团主义的起源，说："法国人发生三种观念：一、工人阶级在政治上得不到救助；二、国会是一群自谋私利的空谈家，他们只要有官做，或有贿得，他们就会牺牲他们向来的主义；三、中央政府是一个仇敌。"因而工团主义的观念："一、工界的救援，不在乎政治方面，而在乎自助和自己组织团体；二、要制胜资本家，不在乎公众所组织之政治性质的团体，而在乎工界所组织之工业性质的团体；三、工人第一是一个作工的人，如做矿工、工程师或制棉工人，第二才做一个国民。""工团主义是纯粹工界的产物，不是一个人的力量造成的；他是由许多不著名的人之种种意见相合而成的；他的发生是出乎自然的。"我们中国无论什么组织，总是有政客想利用他。那法国的工团主义，不是我们应该注意的么？

他说："人类发展之中，有两种要素，是脑力的发达和合群原则的发达。"又说："从现代过渡到社会主义时代……一定是渐进的，必先做一番预备工夫，使大多数人民的知识、道德、习惯和组织，都合于一种更高的社会经济的生活。"这就是工人教育问题。第一是学者的加入，如"美国各大学校学生中，有许多是社会主义者，这些人中间，有许多是在国立大学得过学位的。当一九一〇年，各校社会主义社有十支社，到一九一二年，增至五十二支社"。又如英国"费边会在各地方组织支部……在牛津大学、剑桥大学和别的大学里面，都有支部。……近来联合成一种大学社会主义同盟会"。第二是特别的教育，如德国社会民主党有教育委员会，"当一九一二年至一九一三年的时候，对于经济学、历史、文学、美术、社会主义、哲学、协作运动、工联主义、政治学和各种专门学科，共讲演三千五百次。此外，公开无数的音乐会、欢迎会

和演戏等"。"又有一种活动影片，也是用作传播社会主义之用的。"柏林有一个社会主义学校。在这个学校里面，每年有三十一个当选的年龄不同之男子和妇女，教授普通史、社会史、宪法史、政治经济学、社会主义的历史和学说，社会和工业的法律，演说术和作文法，新闻事业和别的学科"。"设一个妇女部……预备各种小册子和别种印刷品，在妇女中分发"。"设法使青年和社会主义相接触，组织六百五十五个地方委员，专办这一类事务。还办一种特别的新闻纸，名为《劳动少年》。在二百七十四处地方，设有少年图书馆。自一九一二年至一九一三年，举行演讲会四千五百次，开音乐会和欢迎会二千四百零五次，举行旅行会、博物院参观会等等共一万四千三百次。他又刊布小册子八十二万五千份，分发国内各青年。"这不是我们应该效法的么？

我读了这部译稿，发生许多感想。特将重要一点的写出来，表示我介绍此书的诚意。

中华民国九年七月二十三日　蔡元培

（原载克卡朴原著、辟司增订《社会主义史》，
李季译，新青年社1920年10月出版）

何谓文化

（1921年2月14日）

　　我没有受过正式的普通教育，曾经在德国大学听讲，也没有毕业，那里配在学术讲〈演〉会开口呢？我这一回到湖南来，第一，是因为杜威、罗素两先生，是世界最著名的大哲学家，同时到湖南讲演，我很愿听一听。第二，是我对于湖南，有一种特别感想。我在路上，听一位湖南学者说："湖南人才，在历史上比较的很寂寞，最早的是屈原；直到宋代，有个周濂溪；直到明季，有个王船山，真少得很。"我以为蕴蓄得愈久，发展得愈广。近几十年，已经是湖南人发展的时期了。可分三期观察：一是湘军时代，有胡林翼、曾国藩、左宗棠及同时死战立功诸人。他们为满清政府尽力，消灭太平天国，虽受革命党菲薄，然一时代人物，自有一时代眼光，不好过于责备。他们为维持地方秩序，保护人民生命，反对太平，也有片面的理由。而且清代经康熙、雍正以后，汉人信服满人几出至诚。直到湘军崛起，表示汉人能力，满人的信用才丧尽了。这也是间接促成革命。二是维新时代，梁启超、陈宝箴、徐仁铸等在湖南设立时务学堂，养成许多维新的人才，戊戌政变，被害的六君子中，以谭嗣同为最。他那思想的自由、眼光的远大，影响于后学不浅。三是革命时代，辛亥革命以前，革命党重要分子，湖南人最多，如黄兴、宋教仁、谭人凤等，是人人知道的。后来洪宪一役，又有蔡锷等恢复共和。已往的人才，已经如此热闹，将来宁可限量？此次驱逐张敬尧以后，励行文治，且首先举行学术讲演会，表示凡事推本学术的宗旨，尤为难得。我很愿来看看。这是我所以来的缘故。已经来了，不能不勉强说几句话。我知道湖南人对于新

文化运动，有极高的热度。但希望到会诸君想想，那一项是已经实行到什么程度？应该什么样的求进步？

文化是人生发展的状况，所以从卫生起点，我们衣食住的状况，较之茹毛饮血、穴居野处的野蛮人，固然是进化了。但是我们的着衣吃饭，果然适合于生理么？偶然有病能不用乩方药签与五行生克等迷信，而利用医学药学的原理么？居室的光线空气，足用么？城市的水道及沟渠，已经整理么？道路虽然平坦，但行人常觉秽气扑鼻，可以不谋改革么？

卫生的设备，必需经费，我们不能不联想到经济上。中国是农业国，湖南又是产米最多的地方；俗语说"湖广熟，天下足"，可以证明。但闻湖南田每亩不过收谷三石，又并无副产。不特不能与欧美新农业比较，就是较之江浙间每亩得米三石，又可兼种蔬麦等，亦相差颇远。湖南富有矿产，有铁，有锑，有煤。工艺品如绣货、瓷器，亦皆有名。现在都还不大发达。因为交通不便，输出很不容易。考湖南面积比欧洲的瑞士、比利时、荷兰等国为大，彼等有三千以至七千启罗迈当的铁路，而湖南仅占有粤汉铁路的一段，尚未全筑。这不能不算是大缺陷。

经济的进化，不能不受政治的牵制。湖南这几年，政治上苦痛，终算受足了。幸而归到本省人的手，大家高唱自治，并且要从确定省宪法入手，这真是湖南人将来的生死关头。颇闻为制宪机关问题，各方面意见不同，此事或不免停顿。要是果有此事，真为可惜。还望大家为本省全体幸福计，彼此排除党见，协同进行，使省宪法得早日产出，自然别种政治问题，都可迎刃而解了。

近年政治家的纠纷，全由于政客的不道德，所以不能不兼及道德问题。道德不是固定的，随时随地，不能不有变迁，所以他的标准，也要用归纳法求出来。湖南人性质沉毅，守旧时固然守得很凶，趋新时也趋得很急。遇事能负责任，曾国藩说的"扎硬寨，打死仗"，确是湖南人的美德。但也有一部分的人似带点夸大、执拗的性质，是不可不注意的。

上列各方面文化，要他实行，非有大多数人了解不可，便是要从普及教育入手。罗素对于俄国布尔塞维克的不满意，就是少数专制多数。但这个专制，是因多数未受教育而起的。凡一种社会，必先有良好的小部分，然后能集成良好的大团体。所以要有良好的社会，必先有良好的个人，要有良好的个人，就要先有良好的教育。教育并不是专在学校，不过学校是严格一点，最初自然从小学入手。各国都以小学为义务教育，有定为十年的，有八年的，至少如日本，也有六年。现在有一种人，不满足于小学教育的普及，提倡普及大学教育。我们现在这小学教育还没有普及，还不猛进么？

若定小学为义务教育，小学以上，尚应有一种补习学校。欧洲此种学校，专为已入工厂或商店者而设，于夜间及星期日授课。于普通国语、数学而外，备有各种职业教育，任学者自由选习。德国此种学校，有预备职业到二百余种的。国中有一二邦，把补习教育规定在义务教育以内，至少二年。我们学制的乙种实业学校，也是这个用意，但仍在小学范围以内。于已就职业的人，不便补习。鄙意补习学校，还是不可省的。

进一步，是中等教育。我们中等教育，本分两系：一是中学校，专为毕业后再受高等教育者而设；一是甲种实业学校，专为受中等教育后即谋职业者而设。学生的父兄沿了科举时代的习惯，以为进中学与中举人一样，不筹将来能否再进高等学校，姑令往学。及中学毕业以后，即令谋生，殊觉毫无特长，就说学校无用。有一种教育家，遂想在中学里面加职业教育，不知中等的职业教育，自可在甲种实业学校中增加科目，改良教授法；初不必破坏中学本体。又现在女学生愿受高等教育的，日多一日，各地方收女生的中学很少，湖南止有周南代用女子中学校一所，将来或增设女子中学，或各中学都兼收女生，是不可不实行的。

再进一步，是高等教育。德国的土地，比湖南止大了一倍半，

人口多了两倍，有大学二十。法国的土地，比湖南大了一倍半，人口也止多了一倍半，有大学十六。别种专门学校，两国都有数十所。现在我们不敢说一省，就全国而言，只有国立北京大学，稍为完备，如山西大学，北洋大学，规模都还很小。尚有外人在中国设立的大学，也是有名无实的居多。以北大而论，学生也只有两千多人，比较各国都城大学学生在万人以上的，就差得远了。湖南本来有工业、法政等专门学校，近且筹备大学。为提高文化起见，不可不发展此类高等教育。

教育并不专在学校，学校以外，还有许多的机关。第一是图书馆。凡是有志读书而无力买书的人，或是孤本、抄本，极难得的书，都可以到图书馆研究。中国各地方差不多已经有图书馆，但往往止有旧书，不添新书。并且书目的编制，取书的方法，借书的手续，都不便利于读书的人，所以到馆研究的很少。我听说长沙有一个图书馆，不知道内容什么样。

其次是研究所。凡大学必有各种科学的研究所，但各国为便利学者起见，常常设有独立的研究所。如法国的巴斯笃研究所，专研究生物化学及微生物学，是世界最著名的。美国富人，常常创捐基金，设立各种研究所，所以工艺上新发明很多。我们北京大学，虽有研究所，但设备很不完全。至于独立的研究所，竟还没有听到。

其次是博物院。有科学博物院，或陈列各种最新的科学仪器，随时公开讲演，或按着进化的秩序，自最简单的器械，到最复杂的装置，循序渐进，使人一览了然。有自然历史博物院，陈列矿物及动植物标本，与人类关于生理病理的遗骸，可以见生物进化的痕迹，及卫生的需要。有历史博物院，按照时代，陈列各种遗留的古物，可以考见本族渐进的文化。有人类学博物院，陈列各民族日用器物、衣服、装饰品以及宫室的模型、风俗的照片，可以作文野的比较。有美术博物院，陈列各时代各民族的美术品，如雕刻、图画、工艺、美术，以及建筑的断片等，不但可以供美术家的参考，并可以提起普通人优美高尚的兴趣。我们北京有一个历史博物馆，但陈列品很少。其余还没有听到的。

其次是展览会。博物院是永久的，展览会是临时的。最通行的展览会，是工艺品、商品、美术品，尤以美术品为多。或限于一个美术家的作品，或限于一国的美术家，或征及各国的美术品。其他特别的展览会，如关于卫生的、儿童教育的，还多。我们前几年在南京开过一个劝业会，近来在北京、上海，开了几次书画展览会，其余殊不多见。

其次是音乐会。音乐是美术的一种，古人很重视的。古书有《乐经》《乐记》。儒家礼、乐并重，除墨家非乐外，古代学者，没有不注重音乐的。外国有专门的音乐学校，又时有盛大的音乐会。就是咖啡馆中，也要请几个人奏点音乐。我们全国还没有一个音乐学校，除私人消遣，照演旧谱，婚丧大事，举行俗乐外，并没有新编的曲谱，也没有普通的音乐会，这是文化上的大缺点。

其次是戏剧。外国的剧本，无论歌词的，白话的，都出文学家手笔。演剧的人，都受过专门的教育。除了最著名的几种古剧以外，时时有新的剧本。随着社会的变化，时有适应的剧本，来表示一时代的感想。又发表文学家特别的思想，来改良社会，是最重要的一种社会教育的机关。我们各处都有戏馆，所演的都是旧剧。近来有一类人想改良戏剧，但是学力不足，意志又不坚定，反为旧剧所同化，真是可叹。至于影戏的感化力，与戏剧一样，传布更易。我们自己还不能编制，外国输入的，又不加取缔，往往有不正当的片子，是很有流弊的。

其次是印刷品，即书籍与报纸。他们那种类的单复，销路的多寡，与内容的有无价值，都可以看文化的程度。贩运传译，固然是文化的助力，但真正文化是要自己创造的。

以上将文化的内容，简单的说过了。尚有几句紧要的话，就是文化是要实现的，不是空口提倡的。文化是要各方面平均发展的，

不是畸形的。文化是活的，是要时时进行的，不是死的，可以一时停滞的。所以要大家在各方面实地进行，而且时时刻刻的努力，这才可以当得文化运动的一句话。

（原载1921年2月14日《北京大学日刊》）

美学的进化

（1921年2月19日）

我已经讲过美术的进化了，但我们不是稍稍懂得一点美学，决不能知道美术的底蕴，我所以想讲讲美学。今日先讲美学的进化。

我们知道，不论那种学问，都是先有术后有学，先有零星片段的学理，后有条理整齐的科学。例如上古既有烹饪，便是化学的起点。后来有药方，有炼丹法，化学的事实与理论，也陆续的发布了，直到十八世纪，始成立科学。美学的萌芽，也是很早。中国《乐记》、《考工记·梓人》篇等，已经有极精的理论。后来如《文心雕龙》，各种诗话，各种评论书画古董的书，都是与美学有关。但没有人能综合各方面的理论，有统系的组织起来，所以至今还没有建设美学。

在欧洲古代，也是这样。希腊的大哲学家，如柏拉图、雅里士多德等，都有关于美学的名言。柏氏所言，多关于美的性质；雅氏更进而详论各种美术的性质。柏氏于美术上提出"模仿自然"的一条例，后来赞成他的很多。到近来觉得最高的美术，尚须修正自然，不能专说模仿了。雅氏对于美术，提出"复杂而统一"一条例，至今尚颠扑不破。譬如我在这个黑板上画一个圆圈，是统一的，但不觉得美，因为太简单。又譬如我左边画几个人，右边画个动物，中间画些山水、房屋、花木等类，是复杂的；但也不觉得美，因为彼此不相连贯，没有统系，就是不统一。所以既要复杂，又要统一，确是美术的公例。

罗马时代的文学家、雄辩家、建筑家，关于他的专门技术，间有著作。到文艺中兴时代，文喜（Leonardo da Vinci）、埃尔倍

西（Leone Battiota Alberti）、佘尼尼（Cemimo Cennine）等美术家，尤注意于建筑与图画的理论。那时候科学还不很发达，不能大有成就。十七世纪，法国的诗人，有点新的见解。其中如波埃罗（Borlean Despeaux）于所著《诗法》中提出"美不外乎真"的主义，很震动一时。用学理来分析美的原素，为美学先驱的，要推十七、十八世纪的英国经验派心理学家。他们知道美的赏鉴，是属于感情与想象力的。美的判断，不专是认识的，而且美的感情，也与别种感情有不同的点。如呵末（Hume）说美的快感是超脱的，与道德的实用的感情不同。又如褒尔克（Burke）研究美感的种类，说美，是一见就生快感的，这是与人类合群的冲动有关。高，初见便觉不快，仿佛是危险的，这是与人类自存的冲动有关。但后来仍有快感，因知道这是我们观察中的假象。都是美学家最注意的问题。

以上所举的哲学家，虽然有美学的理论，但都附属在哲学的或美术的著作中。不但没有专门美学的书，还没有美学的专名，与中国一样。直到一七五〇年，德国鲍格登（Alexander Baumgarten）著《爱斯推替克》（Aesthetica）一书，专论美感。"爱斯推替克"一字，在希腊文本是感觉的意义，经鲍氏著书后，就成美学专名，各国的学者都沿用了。这是美学上第一新纪元。

鲍氏以后，于美学上有重要关系的，是康德（Kant）的著作。康德的哲学，是批评论。他著《纯粹理性批评》，评定人类和知识的性质。又著《实践理性批评》，评定人类意志的性质。前的说现象界的必然性，后的说本体界的自由性。这两种性质怎么能调和呢？依康德见解，人类的感情是有普遍的自由性，有结合纯粹理性与实践理性的作用。由快不快的感情起美不美的判断，所以他又著《判断力批评》一书。书中分究竟论、美论二部。美论说明美的快感是超脱的，与呵末同。他说官能上适与不适，实用上良与不良，道德上善与不善，都是用一个目的作标准。美感是没有目的，不过主观上认为有合〈目〉的性，所以超脱。因为超脱，与个人的利害没有关系，所以普遍。他分析美与高的性质，也比褒尔克进一步。他说高有大与强二种，起初感为不快，因自感小弱的原故。后来渐渐消去小弱的见，自觉与至大至强为一体，自然转为快感了。他的重要的主张，就是无论美与高，完全属于主观，完全由主观上想象力与认识力的调和，与经验上的客观无涉。所以必然而且普遍，与数学一样。自康德此书出后，美学遂于哲学中占重要地位；哲学的美学由此成立。

绍述康德的理论，又加以发展的，是文学家希洛（Schiller）。他所主张的有三点：一、美是假象，不是实物，与游戏的冲动一致。二、美是全在形式的。三、美是复杂而又统一的，就是没有目的而有合〈目〉的性的形式。

以后盛行的，是理想派哲学家的美学。其中最著名的，如隋林（Schelling）的哲学，谓自然与精神，同出于绝对的本体。本体是平等的，无限的；但我们所生活的现象世界是差别的，有限的。要在现象世界中体认绝对世界，惟有观照。知的观照，属于哲学；美的观照，属于艺术。哲学用真理导人，但被导的终居少数；艺术可以使人人都观照绝对。隋氏的哲学，是抽象一元论。所以他独尊抽象，说具象美不过是抽象美的映象。

后来黑格尔（Hegel）不满意于隋林的抽象观念论，所以设具象观念论。他说美是在感觉上表现的理想。理想从知性方面抽象的认识，是真；若从感觉方面具象的表现，是美。表现的作用愈自由，美的程度愈高。最幼稚的是符号主义，如古代埃及、叙利亚、印度等艺术，是精神受自然压制，心能用一种符号表示不明了的理想。进一步是古典主义，如希腊人对于自然，能维持精神的独立；他们的艺术，是自然与精神的调和。又进一步，是浪漫主义，如中世纪基督教的美术，是完全用精神支配自然。

与黑氏同时有叔本华（Schopenhauer），他是说世界的本体，是盲目的意志。人类在现象世界，因有欲求，所以常感苦痛。要去

此苦痛，惟有回向盲目的本体。回向的作用，就是赏鉴艺术。叔氏分艺术为四等：第一是高的，第二是美的，第三是美而有刺激性的，第四是丑的。

理想派的美学，多注重内容；于是有绍述康德偏重形式的一派。创于海伯脱（Herbart），大成于齐末曼（Kimmermann）。齐氏所定的三例：一、简单的对象，不能起美学的快感与不快感。二、复合的对象，有美学的快感与不快感。但从形式上起来。三、形式以外的部分（如材料等）全无关系。

由形式论转为感情论的是克尔门（Kirchmann），他说美是一种想体，就是实体的形象；但这实体必要有感兴的，且取他形象时，必要经理想化，可以起人纯粹的感兴。

把哲学的美学集大成的，是哈脱门（Hartmann）的美的哲学。哈氏说理想的自身，并不就是美；理想的内容表现为感觉上的假象，才是美。这个假象，是完全具象的。若理想的内容，不能完全表现为假象，就减少了美的程度。愈是具象的，就愈美。所以哈氏分美为七等，由抽象进于具象：第一是官能快感，第二是量美，第三是力美，第四是工艺品，第五是生物，第六是族性，第七是个性。

从鲍格登到哈脱门，都是哲学的美学，都是用演绎法的。哈氏的《美的哲学》，在一八八七年出版。前十七年即一八七一年，费希耐（Gustav Theodor Fechner）发布一本小书，叫作《实验美学》（*Zurexperimentalen Aesthetik*），及一八七六年又发布一书，叫作《美学的预科》（*Vorschule der Ästhetik*），他是主张用归纳法治美学，建设科学的美学，这是美学上第二新纪元。费氏的归纳法，用三种方法，考验量美。一、选择法：用各种不同的长方形，令人选取最美观的。二、装置法：用硬纸两条，令人排成十字架，看他横条置在纵条那一点。三、用具观察法：把普通人日常应用品物，如信笺、信封、糖匣、烟盒、画幅等，并如建筑上门、窗等，都量度他纵横两面长度的比例，求得最大多数的比例是什么样。前两法的结果，是大多数人所选择或装置的,都与崔新（Adolf Zeising）所发见的截金法相合，就是三与五、五与八、八与十三等比例。但是第三种的结果费氏却没有报告。

费氏以后，从事实验的，如惠铁梅（Witmer）、射加尔（Segal）等用量美，伯开（Baker）、马育（Major）等用色彩，摩曼（Meumann）、爱铁林该（Ettlinger）等用声音，孟登堡（Munstenberg）、沛斯（Piorce）等用各种简单线的排列法，都有良好的结果，但都是偏于一方面的。又最新的美学家，如康德派的科恩（Cohn）、黑格尔派的维绥（Vischer），注重感情移入主义的栗丕斯（Th. Lipps）、富开尔（Volkelt），英国证明游戏冲动说的斯宾赛尔（Spencer），法国反对超脱主义的纪约（Guyau）等，所著美学，也多采用科学方法，但是立足点仍在哲学。所以科学的美学，至今还没完全成立。摩曼于一九〇八年发布《现代美学绪论》，又于一九一四年发布《美学的系统》，虽然都是小册，但对于美学上很有重要的贡献。他说建设科学的美学，要分四方面研究：（一）艺术家的动机，（二）赏鉴家的心理，（三）美术的科学，（四）美的文化。若照此计划进行，科学的美学当然可以成立了。

（原载1921年2月19日《北京大学日刊》）

美术与科学的关系

（1921年2月22日）

诸君都是在专门学校肄业的，所学的都是专门的科学，而我所最喜欢研究的，却是美术，所以与诸君讲：美术与科学的关系。

我们的心理上，可以分三方面看：一面是意志，一面是知识，一面是感情。意志的表现是行为，属于伦理学，知识属于各科学，感情是属于美术的。我们是做人，自然行为是主体，但要行为断不能撇掉知识与感情。例如走路是一种行为，但要先探听：从那一条路走？几时可到目的地？探明白了，是有了走路的知识了；要是没有行路的兴会，就永不会走或走得不起劲，就不能走到目的地。又如踢球的也是一种行为，但要先研究踢的方法；知道踢法了，是有了踢球的知识了；要是不高兴踢，就永踢不好。所以知识与感情不好偏枯，就是科学与美术，不可偏废。

科学与美术有不同的点：科学是用概念的，美术是用直观的。譬如这里有花，在科学上讲起来，这是菊科的植物，这是植物，这是生物，都从概念上进行。若从美术家眼光看起来，这一朵菊花的形式与颜色觉得美观就是了。是不是叫作菊花，都可不管。其余的菊科植物什么样？植物什么样？生物什么样？更可不必管了。又如这里有桌子，在科学上讲起来，他那桌面与四足的比例，是合于力学的理法的；因而推到各种形式不同的桌子，同是一种理法；而且与桌子相类的椅子、凳子，也同是一种理法；因而推到屋顶与柱子的关系，也同是一种理法，都是从概念上进行。若从美术家眼光看起来，不过这一个桌面上纵横的尺度的比例配置得适当；四足的粗细与桌面的大小厚薄，配置得也适当罢了，不必推到别的桌子或别的器具。

但是科学虽然与美术不同，在各种科学上，都有可以应用美术眼光的地方。

算术是枯燥的科学，但美术上有一种截金法的比例，凡长方形的器物，最合于美感的，大都纵径与横径，总是三与五、五与八、八与十三等比例。就是圆形也是这样。

形学的点线面，是严格没有趣味的，但是图案画的分子，有一部分竟是点与直线、曲线，或三角形、四方形、圆形等凑合起来。又各种建筑或器具的形式，均不外乎直线、直线的配置。不是很美观的么？

声音的高下，在声学上，不过一秒中发声器颤动次数的多少。但是一经复杂的乐器，繁变的曲谱配置起来，就可以成为高尚的音乐。

色彩的不同在光学上，也不过光线颤动迟速的分别。但是用美术的感情试验起来，红黄等色，叫人兴奋；蓝绿等色，叫人宁静。又把各种饱和或不饱和的颜色配置起来，竟可以唤起种种美的感情。

矿物学不过为应用矿物起见，但因此得见美丽的结晶，金类宝石类的光彩，很可以悦目。

生物学，固然可以知动植物构造的同异、生理的作用，但因此得见种种植物花叶的美，动物毛羽与体段的美。凡是美术家在雕刻上、图画上或装饰品上用作材料的，治生物学的人都时时可以遇到。

天文学，固然可以知各种星体引力的规则与星座的多寡；但如月光的魔力，星光的异态，凡是文学家几千年来叹赏不尽的，有较多的机会可以赏玩。

照上头所举的例看起来，治科学的人，不但治学的余暇，可以选几种美术，供自己的陶养，就是所专研的科学上面，也可以兼得美术的趣味，岂不是一举两得么？

常常看见专治科学、不兼涉美术的人，难免有萧索无聊的状态。无聊不过于生存上强迫的职务以外，俗的是借低劣的娱乐作消

遣，高的是渐渐的成了厌世的神经病。因为专治科学，太偏于概念，太偏于分析，太偏于机械的作用了。譬如人是何等灵变的东西，照单纯的科学家眼光，解剖起来，不过几根骨头，几堆筋肉。化分起来，不过几种原质。要是科学进步，一定可以制造生人，与现在制造机械一样。兼且凡事都逃不了因果律，即如我们今日在这里会谈，照极端的因果律讲起来，都可以说是前定的。我为什么此时到湖南，为什么今日到这个第一师范学校，为什么我一定讲这些呢，为什么来听的一定是诸位，这都有各种原因凑合成功，竟没有一点自由的。就是一人的生死，国家的存亡，世界的成毁，都是机械作用，并没有自由的意志可以改变他的。抱了这种机械的人生观与世界观，不但对于自己竟无生趣，对于社会毫无爱情，就是对于所治的科学，也不过"依样画葫芦"，决没有创造的精神。

防这种流弊，就要求知识以外，兼养感情，就是治科学以外，兼治美术。有了美术的兴趣，不但觉得人生很有意义，很有价值，就是治科学的时候，也一定添了勇敢活泼的精神。请诸君试验一试验。

（原载1921年2月22日、23日《北京大学日刊》）

东西文化结合

——在华盛顿乔治城大学演说词

（1921年6月14日）

当一九一九年九月间国立北京大学行暑假后开学式，请杜威博士演说。彼说："现代学者当为东西文化作媒介，我愿尽一分子之义务，望大学诸同人均尽力此事"云云。此确为现代的重要问题。其中包有两点：（一）以西方文化输入东方；（二）以东方文化传布西方。

综观历史，凡不同的文化互相接触，必能产出一种新文化。如希腊人与埃及及美琐波达米诸国接触，所以产生雅典的文化。罗马人与希腊文化接触，所以产出罗马的文化。撒克逊人、高卢人、日耳曼人与希腊、罗马文化接触，所以产出欧美诸国的文化。这不是显著的例证么？就在中国，与印度文化接触后，产出十世纪以后的新文化，也是这样。

东方各国输入西方文化，在最近一世纪内，各方面都很尽力。如日本，如暹罗，传布的很广。中国地大人众，又加以四千余年旧文化的抵抗力，输入作用，尚未普及。但现今各地方都设新式学校，年年派学生到欧美各国留学，翻译欧美学者的著作，都十分尽力。我想十年或二十年后，必能使全国人民都接触欧美文化。

至于西方文化，固然用希伯来的基督教与希腊、罗马的文化为中坚，但文艺中兴时代，受了阿拉伯与中国的影响，已经不少。到近代，几个著名的思想家，几乎没有不受东方哲学的影响的。如Schopenhauer的厌世哲学，是采用印度哲学的Nietzsche的道德论，是

采用阿拉伯古学的。Tolstoy的无抵抗主义，是采用老子哲学的。现代Bergson的直觉论，也是与印度古代哲学有关系的。尤是此次大战以后，一般思想界，对于旧日机械论的世界观，对于显微镜下专注分析而忘却综合的习惯，对于极端崇拜金钱、崇拜势力的生活观，均深感为不满足。欲更进一步，求一较为美善的世界观、人生观，尚不可得。因而推想彼等所未发见的东方文化，或者有可以应此要求的希望。所以对于东方文化的了解，非常热心。

　　我此次游历，经欧洲各国，所遇的学者，无不提出此一问题。举其最重要者，如德国哲学家Eucken氏，深愿依Dewey、Russell的前例，往中国一游。因年逾七十，为其夫人所阻。近请吾友张嘉森（C.S.Chang）译述中国伦理旧说，新著《为中国人的伦理学》一书。法国的数学家Painleve氏既发起中国学院于巴黎大学，近益遍访深通中国学术的人延任教授。英国的社会学家Wells教授与其同志与我约，由英、华两方面各推举学者数人，组织一互相报告的学术通讯社，互通学术上的消息。欧洲学者热心于了解东方文化，可见一斑了。至于欧洲新派的诗人，崇拜李白及其他中国诗人，欧洲的新派图画家，如Impressionism、Expressionism等，均自称深受中国画的影响，更数见不鲜了。

　　加以中国学者，近亦鉴于素朴之中国学说或过度欧化的中国哲学译本，均不足以表示东方文化真相于欧美人。现已着手用科学方法整理中国旧籍而翻译之，如吾友胡适的《墨子哲学》，是其中的一种。

　　照这各方面看起来，东西文化交通的机会已经到了。我们只要大家肯尽力就好。

（据蔡元培手稿）

教育独立议

（1922年3月）

　　教育是帮助被教育的人，给他能发展自己的能力，完成他的人格，于人类文化上能尽一分子的责任；不是把被教育的人，造成一种特别器具，给抱有他种目的的人去应用的。所以，教育事业当完全交与教育家，保有独立的资格，毫不受各派政党或各派教会的影响。

　　教育是要个性与群性平均发达的。政党是要制造一种特别的群性，抹杀个性。例如，鼓励人民亲善某国，仇视某国；或用甲民族的文化，去同化乙民族。今日的政党，往往有此等政策，若参入教育，便是大害。教育是求远效的；政党的政策是求近功的。中国古书说："一年之计树谷；十年之计树木；百年之计树人。"可见教育的成效，不是一时能达到的。政党不能掌握政权，往往不出数年，便要更迭。若把教育权也交与政党，两党更迭的时候，教育方针也要跟着改变，教育就没有成效了。所以，教育事业不可不超然于各派政党以外。

　　教育是进步的：凡有学术，总是后胜于前，因为后人凭着前人的成绩，更加一番功夫，自然更进一步。教会是保守的：无论什么样尊重科学，一到《圣经》的成语，便绝对不许批评，便是加了一个限制。教育是公同的：英国的学生，可以读阿拉伯人所作的文学；印度的学生，可以用德国人所造的仪器，都没有什么界限。教会是差别的：基督教与回教不同；回教又与佛教不同。不但这样，基督教里面，天主教与耶稣教又不同。不但这样，耶稣教里面，又有长老会、浸礼会、美以美会等等派别的不同。彼此谁真准伪，永远没有定论，止好让成年的人自由选择。所以各国宪法中，都有

"信仰自由"一条。若是把教育权交与教会，便恐不能绝对自由。所以，教育事业不可不超然于各派教会以外。

但是，什么样可以实行超然的教育呢？鄙人拟一个办法如下：

分全国为若干大学区，每区立一大学；凡中等以上各种专门学术，都可以设在大学里面，一区以内的中小学校教育，与学校以外的社会教育，如通信教授、演讲团、体育会、图书馆、博物院、音乐、演剧、影戏……与其他成年教育、盲哑教育等等，都由大学办理。

大学的事务，都由大学教授所组织的教育委员会主持。大学校长，也由委员会举出。

由各大学校长，组织高等教育会议，办理各大学区互相关系的事务。

教育部，专办理高等教育会议所议决事务之有关系于中央政府者，及其他全国教育统计与报告等事，不得干涉各大学区事务。教育总长必经高等教育会议承认，不受政党内阁更迭的影响。

大学中不必设神学科，但于哲学科中设宗教史、比较宗教学等。

各学校中，均不得有宣传教义的课程，不得举行祈祷式。

以传教为业的人，不必参与教育事业。

各区教育经费，都从本区中抽税充用。较为贫乏的区，经高等教育会议议决后，得由中央政府拨国家税补助。

注：分大学区与大学兼办中小学校的事，用法国制。

大学可包括各种专门学术，不必如法、德等国别设高等专门学校，用美国制。

大学兼任社会教育，用美国制。

大学校长，由教授公举，用德国制。

大学不设神学科，学校不得宣传教义与教士不得参与教育，均用法国制。瑞士亦已提议。

抽教育税，用美国制。

（原载1922年3月《新教育》第4卷第3期）

美育实施的方法

（1922年6月）

我国初办新式教育的时候，止提出体育、智育、德育三条件，称为三育。十年来，渐渐的提到美育，现在教育界已经公认了。李石岑先生要求我说说"美育实施的方法"，我把我个人的意见写在下面。

照现在教育状况，可分为三个范围：一、家庭教育；二、学校教育；三、社会教育。我们所说的美育，当然也有这三方面。

我们要作彻底的教育，就要着眼最早的一步。虽不能溢出范围，推到优生学，但至少也要从胎教起点。我从不信家庭有完美教育的可能性，照我的理想，要从公立的胎教院与育婴院着手。

公立胎教院是给孕妇住的，要设在风景佳胜的地方，不为都市中混浊的空气、纷扰的习惯所沾染。建筑的形式要匀称，要玲珑，用本地旧派，略参希腊或文艺中兴时代的气味。凡埃及的高压式，峨特的偏激派，都要避去。四面都是庭园，有广场，可以散步，可以作轻便的运动，可以赏月观星。园中杂莳花木，使四时均有雅丽之花叶，可以悦目。选毛羽秀丽、鸣声谐雅的动物，散布花木中间；须避去用索系猴、用笼装鸟的习惯。引水成泉，勿作激流。汇水成池，蓄美观活泼的鱼。室内糊壁的纸、铺地的毡，都要选恬静的颜色、疏秀的花纹。应用与陈列的器具，要轻便雅致，不取笨重或过于琐巧的。一室中要自成系统，不可混乱。陈列雕刻、图画，都取优美一派；应有健全体格的裸体像与裸体画。凡有粗犷、猥亵、悲惨、怪诞等品，即使描写个性，大有价值，这里都不好加入。过度激刺的色彩，也要避去。备阅览的文字，要乐观的，和平

的；凡是描写社会黑暗方面、个人神经异常的，要避去。

每日可有音乐，选取的标准，与图画一样，激刺太甚的，卑靡的，都不取。总之，各种要孕妇完全在平和活泼的空气里面，才没有不好的影响传到胎儿。这是胎儿的美育。

孕妇产儿以后，就迁到公共育婴院。第一年是母亲自己抚养的；第二、三年，如母亲要去担任他的专业，就可把婴儿交给保姆。育婴院的建筑，与胎教院大略相同，或可联合一处。其中陈列的雕刻图画，可多选裸体的康健儿童，备种种动静的姿势；隔几日，可更换一套。音乐，选简单静细的。院内成人的言语与动作，都要有适当的音调态度，可以作儿童的模范。就是衣饰，也要有一种优美的表示。

在这些公立机关未成立以前，若能在家庭里面，按照上列的条件小心布置，也可承认为家庭美育。

儿童满了三岁，要进幼稚园了。幼稚园是家庭教育与学校教育的过渡机关，那时候儿童的美感，不但被动的领受，并且自动的表示了。舞蹈、唱歌、手工，都是美育的专课。就是教他计算、说话，也要从排列上、音调上迎合他们的美感，不可用枯燥的算法与语法。

儿童满了六岁，就进小学校，此后十一二年，都是普通教育时期，专属美育的课程，是音乐、图画、运动、文学等。到中学时代，他们自主力渐强，表现个性的冲动渐渐发展，选取的文字、美术，可以复杂一点。悲壮、滑稽的著作，都可应用了。

但是美育的范围，并不限于这几个科目，凡是学校所有的课程，都没有与美育无关的。例如数学，仿佛是枯燥不过的了；但是美术上的比例、节奏，全是数的关系，截金术是最显的例。数学的游戏，可以引起滑稽的美感。几何的形式，是图案术所应用的。理化学似乎机械性了；但是声学与音乐，光学与色彩，密切的很。雄强的美，全是力的表示。美学中有"感情移入"论，把美术品形式都用力来说明他。文学、音乐、图画，都有冷热的异感，可以从热学上引起联想。磁电的吸拒，就是人的爱憎。有许多美术工艺，是用电力制成的。化学实验，常见美丽的光焰；元子、电子的排列法，可以助图案的变化。图画所用的颜料，有许多是化学品。星月的光辉，在天文学上不过映照距离的关系，在文学、图画上便有绝大的魔力。矿物的结晶、闪光与显色，在科学上不过自然的结果，在装饰品便作重要的材料。植物的花叶，在科学上不过生殖与呼吸机关，或供分类的便利，动物的毛羽与声音，在科学上作为保护生命的作用，或雌雄淘汰的结果，在美术、文学上都为美观的材料。地理学上云霞风雪的变态、山岳河海的名胜、文学家美学家的遗迹，历史上文学美术的进化、文学家美术家的轶事，也都是美育的资料。

由普通教育转到专门教育，从此关乎美育的学科，都成为单纯的进行了。爱音乐的进音乐学校，爱建筑、雕刻、图画的进美术学校，爱演剧的进戏剧学校，爱文学的进大学文科，爱别种科学的人就进了别的专科了。但是每一个学校的建筑式、陈列品，都要合乎美育的条件。可以时时举行辩论会、音乐会、成绩展览会、各种纪念会等，都可以利用他来行普及的美育。

学生不是常在学校的，又有许多已离学校的人，不能不给他们一种美育的机会；所以又要有社会的美育。

社会美育，从专设的机关起：

（一）美术馆，搜罗各种美术品，分类陈列。于一类中，又可依时代为次。以原本为主，但别处所藏的图画，最著名的，也用名手的摹本。别处所藏的雕刻，也可用摹造品。须有精印的目录，插入最重要品的摄影。每日定时开馆。能不收入门券费最善，必不得已，每星期日或节日必须免费。

（二）美术展览会，须有一定的建筑，每年举行几次，如春季展览、秋季展览等。专征集现代美术家作品，或限于本国，或兼征

他国的。所征不胜陈列，组织审查委员选定。陈列品可开明价值，在会中出售。余时亦可开特别展览会，或专陈一家作品，或专陈一派作品。也有借他国美术馆或私人所藏展览的。

（三）音乐会，可设一定的会场，定期演奏。在夏季也可在公园、广场中演奏。

（四）剧院，可将歌舞剧、科白剧分设两院，亦可于一院中更番演剧。剧本必须出文学家手笔，演员必须受过专门教育。剧院营业，如不敷开支，应用公款补助。

（五）影戏馆，演片须经审查，凡无聊的滑稽剧，凶险的侦探案，卑猥的恋爱剧都去掉。单演风景片与文学家作品。

（六）历史博物馆，所收藏大半是美术品，可以看出美术进化的痕迹。

（七）古物学陈列所，所收藏的大半是古代的美术品，可以考见美术的起源。

（八）人类学博物馆，所收藏的不全是美术品，或者有很丑恶的，但可以比较各民族的美术，或是性质不同，或是程度不同。无论如何幼稚的民族，总有几种惊人的美术品。又往往不相交通的民族，有同性质的作品。很可以促进美术的进步。

（九）博物学陈列所与植物园、动物园，这固然不专为美育而设，但矿物的标本与动植物的化石，或色彩绚烂，或结构精致，或形状奇伟，很可以引起美感。若种种生活的动植物，值得赏鉴，更不待言了。

在这种特别设备以外，又要有一种普遍的设备，就是地方的美化。若止有特别的设备，平常接触耳目的，还是些卑丑的形状，美育就不完全；所以不可不谋地方的美化。

地方的美化：第一是道路。欧洲都市最广的道路，两旁为人行道，其次公车来往道，又间以种树，艺花，及游人列坐的地方二三列，这自然不能常有的。但每条道路，都要宽平。一地方内各条道路，要有一点匀称的分配。道路交叉的点，必须留一空场，置喷泉、花畦、雕刻品等。

第二是建筑。三间东倒西歪屋，固然起脆薄、贫乏的感想；三四层匣子重叠式的洋房，也可起板滞、粗俗的感想。若把这两者并合在一处，真异常难受了。欧美海滨或山坳的别墅团体，大半是一层楼，适敷小家庭居住，二层的已经很少，再高是没有的。四面都是花园，疏疏落落，分开看各有各的意匠，合起来看，合成一个系统。现在各国都有"花园城"的运动，他们的建筑也大概如此。我们的城市改革很难，组织新村的人，不可不注意呵！

第三是公园。公园有两种：一种是有围墙，有门，如北京中央公园，上海黄浦滩外国公园的样子。里面人工的设备多一点，进去有一点制限。还有一种，是并无严格的范围，以自然美为主，最要的是一大片林木，中开无数通路可以散步。有几大片草地可以运动。有一道河流，或汇成小湖，可以行小舟。建筑品不很多，游人可自由出入。在巴黎、柏林等，地价非常昂贵，但是这一类大公园，都有好几所永远留着。

第四是名胜的布置。瑞士有世界花园的称号，固然是风景很好，也是他们的保护点缀很适宜，交通很便利，所以能吸引游人。美国有好几所国家公园，地面很大，完全由国家保护，不能由私人随意占领，所以能保留他的优点，不受损坏。我们国内，名胜很多，但如黄山等，交通不便，颇难游赏。交通较便的如西湖等，又漫无限制，听无知的人造了许多拙劣的洋房，把自然美缀了许多污点，真是可惜。

第五是古迹的保存。新近的建筑，破坏了很不美观。若是破坏的古迹，转可以引起许多历史上的联想，于不完全中认出美的分子来。所以保存古迹，以不改动他为原则。但有些非加修理不可的，也要不显痕迹，且按着原状的派式。并且留得原状的摄影，记述修理情形同时日，备后人鉴别。

第六是公坟。我们中国人的做坟，可算是混乱极了。贫的是随地权厝，或随地做一个土堆子。富的是为了一个死人，占许多土地。石工墓木，也是千篇一律，一点没有美意。照理智方面观察，人既死了，应交医生解剖。若是于后来生理上病理上可备参考的，不妨保存起来。否则血肉可作肥料，骨胳可供雕刻品，也算得是废物利用了。但是人类行为，还有感情方面的吸力，生人对于死人，决不肯把他哀感所托的尸体，简单的处置了。若是照我们南方各省，满山是坟，不但太不经济，也是破坏自然美的一端。现在不如先仿西洋的办法，他们的公坟有两种：一是土葬的，如上海三马路，北京崇文门，都有西洋的公坟。他是画一块地，用墙围着，布置一点林木。要葬的可以指区购定。墓旁有花草，墓上的石碑有花纹，有铭词，各具意匠，也可窥见一时美术的风尚。还有一种是火葬，他们用很庄严的建筑，安置电力焚尸炉。既焚以后，把骨灰聚起来，装在古雅的瓶里，安置在精美石坊的方孔中。所占的地位，比土葬减少，坟园的布置，也很华美。这些办法都比我们的随地乱葬好，我们不妨先采用。

我说美育，一直从未生以前，说到既死以后，可以休了。中间有错误的、脱漏的，我再修补，尤希望读的人替我纠正。

（原载1922年6月《教育杂志》第14卷第6号）

汉字改革说

（1922年8月20日）

汉字的不能不改革，我也早有这种感想，曾于九年六月十三日在国语讲习所，把我在注音字母未规定以前的意见发表过。我今先抄在下面：

"在我个人意见，国音标记，最好是两种方法：一是完全革新的，就是用拉丁字母……；一是为接近古音起见，简直用形声字上声的偏旁（就是用声母）来替代一切合体的字。"

我至今还是抱这种见解，而且以为是并行不悖的。我现在分别说明理由。

第一　用拉丁字母的理由

拉丁字母的主张，可以有两种疑问：

（一）为什么要废现行的楷书，另用拼音字？我的答案如下：

（甲）楷书没有线索，要一个一个的硬记，很不易学。

（乙）楷书是下行的，读时很费目力。各行又是自右到左，写时很不方便。

（丙）楷书的打字机，很不易造。现在通用日本人所造的，字数还是不足，面积已经太大！

若改用拼音字，这三种困难都没有了。

（二）为什么不就用注音字母，定要改用拉丁字母？我的答案如下：

（甲）注音字母就是画数最少的楷书，还是适于下行的；若改为旁行，与楷书的旁行相似，不好看。

（乙）现今的文词免不了引用或附注外国词句，若用注音字

母，与西文相间，也不好看。

（丙）现今的学生，至少要学一种西文，若国文拼音的字母与西文相同，学西文就容易得多。

（丁）注音字母虽然可以造打字机，但用拉丁字母，就可利用英法的打字机，不必别造。

所以我认为：汉字既然不能不改革，尽可直接的改用拉丁字母了。

第二　用声母的理由

（一）为什么用了拼音字还要学汉字的声母呢？人类是历史的动物，一切言动都离不了他们历史上的关系。不见章太炎所著《新方言》考出各地口语往往合于古字么？不见木工、金工、织工所用的花纹常常有吉寿等字么？而且各种学问，均不能不把从前已有的材料汇集起来，我们这许多的古书，能都用拼音字译出么？将来地底发掘出来的材料一定多有汉字，能不考证他么？所以拼音字普及以后，中学校的高级还不能不学一点汉字，怕得比西人学拉丁文还要重一点呢！但为减除硬记汉字的困难，所以主张第一步但学声母。

（二）什么是声母？《说文解字》有九千文字。除了象形、指事、会意三类以外，都是形声字。形声字约占总数的十分之九，此外后出的字，更有百分之九十九是形声字。我们把《说文解字》所有的非形声字选出来，有一千二百八十多个（中有二百四十几个是独立的，并不作形声字的偏旁。现在为简便起见，也算在声母里面，因他们也有可以当声母的资格）。减去不常用的"皕""鱻""灷""卪"等，一百九十多个，添上省声字不容易看出的"羔""哭""家""席"等，约三十个，又添上形声字不容易看出声母的"必""甫""部""少"等，约十个，通共不过一千一百多字。

（三）怎么样应用声母呢？

（甲）凡有形声字，都把形一面省去了。但写声母。例如："桐""铜"等字，都写作"同"；"竽""盂"等字，都写作"于"。因为形声字的形，本来性质不齐；即如从"水"从"山"的字，或是通名，或是专名，或是动词，或是静词；但看偏旁，还是不能断定，去了并没有甚么不便。

（乙）省形取声，要把恢复古音作前提。譬如"工"字，在《广韵》是古红切，从"工"的字"红"是户公切，"江"是古双切，照这样读法，工字怎么可以代红、江等字呢？所以一定要恢复古音，不但"女红"可读作"女工"，就是"长江"也要读作"长工"；因为这种汉字课程，专为读书起见，不妨与口语两样。

（丙）编一部完备的字书。字书的体例如下：

子、按古音分部，照最近章太炎、黄侃、钱玄同诸君的意见，分为二十八部。

丑、每部中各声母，按神珙旧例，以喉、舌、唇、齿为次序。

寅、每一声母的后面，按画数多少，列从此得声的字；先列《说文解字》所有的，次列后出的。

卯、每一字必要把古文、籀文、小篆、隶、楷各体按时代列举；钟鼎款识，经名家考定的也可采用。

辰、每一字必要把古代声训，读如，读若，与各种反切，都照声音转变的次序列举出来。每部又须列举古韵实例。凡古书异本上文异声近的，也列入此项。

巳、每一字必要先列本义，次引申义，次假借义。

午、凡一字与他字连成一词的，都附载各字的后面。于第一见时，详细解释，于第二见以上，注明第一见的叶数。

未、编各种检字本；或按《说文解字》部首，或按画数，或读音次序。

　　我想：有了声母的教程同适宜的字书，要学汉字，也就不很难了。

　　以上是我向来对于汉字改革的两种主张。到今日也还没有改变。所以写出来充国语研究会"汉字改革号"的篇幅。

（原载1922年8月20日《国语月刊》第1卷第7期）

关于不合作宣言

（1923年1月21日）

《易传》说："小人知进而不知退。"我国近年来有许多纠纷的事情，都是由不知退的小人酿成的。而且退的举动，并不但是消极的免些纠纷，间接的还有积极的努力。

当民国七年南北和议将开的时候，北京有一个和平期成会，我也充作会员。会员里面有好几位任北方代表的，中有一位某君在会中发言道："诸君知道辛亥革命清室何以倒的这样快？惟一的原因，是清朝末年，大家知道北京政府绝无希望。激烈点的，固然到南方去做革命的运动，就是和平点的，也陆续离去北京。那时候的北京，几乎没有一个有知识有能力的人，所以革命军一起，袁项城一进北京，清室就像'摧枯拉朽'的倒了。现在的政府也到末日了，且看他觉悟了没有。若是这一次他还是不肯开诚布公的与南方协议，那就没有希望了。我们至少应该相率离京，并家眷也同去。"我那时听了这一番话，很为感动。当局的坏人，大抵一无所能的为多，偶有所能，也是不适于时势的。他所以对付时局，全靠着一般胥吏式机械的学者替他在衙署里面，办财政、办外交等，替他在文化事业上作装饰品。除了这几项外，他还有什么维持的能力呢？所以这班胥吏式机械式的学者，只要有饭吃，有钱拿，无论什么东西，都替他做工具，如俗语说的"有奶便是娘"的样子，实在是"助纣为虐"。他们的罪，比当局的坏人还多一点儿。

八年的春季，华北欧美同学会在清华学校开会，有一部分会员提出对于政治问题的意见，在会场上通过。我那时候就问他们："我们提出去了，万一政府竟置之不理，我们怎么样？我个人的意

思，要是我们但为发表意见，同新闻记者的社论一样，那就不必说了。若是求有点效果，至少要有不再替政府帮忙的决心。"我那时候就缕述和平期成会中某君话告大众，并且申说："现在政府那一个机关，能离掉留学生？若学生相率辞职，政府当得起么？"此是我第一次宣传某君的名言。

去年春假，教职员联席会议，因教育经费没有着落，请八校校长出席发表意见。我因前一年从欧美归来，不久进病院，这一回算是第一次出席联席会议。我那时候声明我的意见，以为教育费不发，教职员无论为教课上进行障碍，或为个人生计困难，止须向校长辞职。若教职员辞职的多了，校长当向政府辞职。我想这种辞职的效力，要比罢课与包围教育当局还大得多，也缕述某君的一番话备他们参考。这是我第二次宣传某君的名言。

但是我个人性情，是曾经吴君稚晖品评过，叫做"律己不苟而对人则绝对放任"。我自己反省过来，觉得他的品评是很不错。我对于某君的名言，虽然极端佩服，但是除前说两次宣传外，偶然于谈话时传述过几次，却从没有用这种主张向何等人作积极的运动，不过为自己向这个方向准备。

我是一个比较的还可以研究学问的人，我的兴趣也完全在这一方面。自从任了半官式的国立大学校长以后，不知道一天要见多少不愿意见的人，说多少不愿意说的话，看多少不愿意看的信。想每天腾出一两点钟读读书，竟做不到，实在苦痛极了。而这个职务，又适在北京，是最高立法机关行政机关所在的地方。止见他们一天一天的堕落：议员的投票，看津贴有无；阁员的位置，禀军阀意旨；法律是舞文的工具；选举是金钱的决赛；不计是非，止计利害；不要人格，止要权利。这种恶浊的空气，一天一天的浓厚起来，我实在不能再受了。我们的责任在指导青年，在这种恶浊气里面，要替这几千青年保险，叫他们不致受外界的传染，我自忖实在没有这种能力。所以早早想脱离关系，让别个能力较大的人来担任这个保险的任务。

五四风潮以后，我鉴于为一个校长去留的问题，生了许多支节，我虽然抱了必退的决心，终不愿为一人的缘故，牵动学校，所以近几年来，在校中设立各种机关，完全倚几位教授为中坚，决不致因校长问题发生什么危险了。

到现在布置的如此妥当，我本来随时可以告退，不过为校中同人感情的牵扯，预备到学期假中设法脱离。不意有彭允彝提出罗案再议的事件，叫我忍无可忍，不得不立刻告退了。

罗案初起，我深恶吴景濂、张伯烈的险恶，因为他们为倒阁起见，尽可用质问弹劾的手续，何以定要用不法行为，对于未曾证明有罪的人，剥夺他的自由？我且深怪黎总统的大事糊涂，受二个人的胁迫，对于未曾证明有罪的人，草草的下令逮捕，与前年受张勋压迫，下令解散国会，实在同一糊涂。我那时候觉得北京住不得了，我的要退的意思，已经很急迫了。但是那时候这个案已交法庭，只要法庭依法办理，他们的倒阁目的已达，不再有干涉司法的举动，或者于法律保障人权的主义，经一番顿挫，可以格外昭明一点，不妨看他一看。现在法庭果然依法办理，宣告不起诉理由了，而国务员匆匆的提出再议的请求，又立刻再剥夺未曾证明有罪的人的自由，重行逮捕。而提出者又并非司法当局，而为我的职务上天天有关系的教育当局，我不管他们打官话打得怎么圆滑，我总觉得提出者的人格，是我不能再与为伍的。我所以不能再忍而立刻告退了。

（原载1923年1月25日《申报》）

五十年来中国之哲学

（1923年12月）

中国哲学，可以指目的，止有三时期：

一是周季，道家、儒家、墨家等，都用自由的思想，建设有系统的哲学，等于西洋哲学史中希腊时代。

二是汉季至唐，用固有的老庄思想，迎合印度宗教，译了许多经论，发生各种宗派。就中如华严宗、三论宗、禅宗、天台宗等，都可算宗教哲学。

三是宋至明，采用禅宗的理想，来发展儒家的古义。就中如陆王派，虽敢公然谈禅，胜似程朱派的拘泥；但终不敢不借儒家作门面。所以这一时期的哲学，等于欧洲中古时代的烦琐哲学。

从此以后，学者觉得宋明烦琐哲学，空疏可厌。或又从西方教士，得到数学、名学的新法，转而考证古书，不肯再治烦琐的哲学，乃专治更为烦琐之古语学、古物学等。不直接治哲学，而专为后来研究古代哲学者的预备。就中利用此种预备，而稍稍着手于哲学的，惟有戴震，他曾著《孟子字义疏证》与《原善》两书，颇能改正宋明学者的误处。戴震的弟子焦循著《孟子正义》《论语通释》等书，阮元著《性命古训》《论语论仁论》等篇，能演戴震家法，但均不很精深。这都是五十年以前的人物。

最近五十年，虽然渐渐输入欧洲的哲学，但是还没有独创的哲学。所以严格的讲起来，"五十年来中国之哲学"一语，实在不能成立。现在只能讲讲这五十年中，中国人与哲学的关系，可分为西洋哲学的介绍与古代哲学的整理两方面。

五十年来，介绍西洋哲学的，要推侯官严复为第一。严氏本到英国学海军，但是最擅长的是数学。他又治论理学、进化论兼涉社会、法律、经济等学。严氏所译的书，大约是平日间研究过的。译的时候，又旁引别的书，或他所目见的事实，作为案语，来证明他。他的译文，又都是很雅驯，给那时候的学者，都很读得下去。所以他所译的书，在今日看起来，或嫌稍旧；他的译笔，也或者不是普通人所易解。但他在那时候选书的标准，同译书的方法，至今还觉得很可佩服的。

他译的最早，而且在社会上最有影响的，是赫胥黎的《天演论》（Huxley：*Evolution and Ethics and Other Essays*）。自此书出后，"物竞""争存""优胜劣败"等词，成为人人的口头禅。严氏在案语里面很引了"人各自由，而以他人之自由为界""大利所在，必其两利"等格言。又也引了斯宾塞尔最乐观的学说。大家都不很注意。

严氏于《天演论》外，最注意的是名学。彼所以译Logic作名学，因周季名家辨坚白异同，与这种学理相近。那时候墨子的大取、小取、经、经说几篇，荀子的正名篇也是此类。后来从印度输入因明学，也是此类。但自词章盛行，名学就没有人注意了。严氏觉得名学是革新中国学术最要的关键，所以他在《天演论》自序及其他杂文中，常常详说内籀外籀的方法。他译穆勒的《名学》（John Stuart Mill：*System of Logic*），可惜止译了半部。后来又译了耶芳斯《名学浅说》（W. S. Jevons：*Logic*），自序道："不佞于庚子、辛丑、壬寅间曾译《名学》半部，经金粟斋刻于金陵。思欲赓续其后半，乃人事卒卒，又老来精神茶短，惮用脑力。而穆勒书，深博广大，非澄思渺虑，无以将事，所以尚未逮也。戊申孟秋，浪迹津沽，有女学生旌德吕氏谆求授以此学。因取耶芳斯浅说，排日译示讲解，经两月成书。"可以见严氏译穆勒书时，是很审慎的，可惜后来终没有译完。

严氏所最佩服的，是斯宾塞尔的群学。在民国纪元前十四年，

已开译斯氏的《群学肄言》（H. Spencer：*Study of Sociology*），但到前十年才译成。他的自序说："其书……饬戒学者以诚意正心之不易，既已深切著明，而于操枋者一建白措注之间，辄为之穷事变，极末流，使功名之徒，失步变色，傥焉知格物致知之不容己。乃窃念近者吾国以世变之殷，凡吾民前者所造因，皆将于此食其报。而浅谫剽疾之士，不悟其从来如是之大且久也，辄攘臂疾走，谓以旦暮之更张，将可以起衰，而以与胜我抗也。不能得。又搪撞号呼，欲率一世之人，与盲进以为破坏之事。顾破坏宜矣，而所建设者，又未必其果有合也，则何如稍审重而先咨于学之为愈乎。"盖严氏译这部书，重在纠当时政客的不学。同时又译斯密的《原富》（A. Smith：*Inquiry into the Nature and Causes of the Wealth of Nations*），以传布经济哲学，译孟德斯鸠的《法意》（C. D. S. Montesquieu：*Spirit of Law*），以传播法律哲学。彼在《原富》的凡例说："计学以近代为精密，乃不佞独有取于是书，而以为先事者：盖温故知新之义，一也。其中所指斥当轴之迷谬，多吾国言财政者之所同然，所谓从其后而鞭之，二也。其书于欧亚二洲始通之情势，英法诸国旧日所用之典章，多所纂引，足资考镜，三也。标一公理，则必有事实为之证喻，不若他书，勃窣理窟，洁净精微，不便浅学，四也。"可以见他的选定译本，不是随便的。

严氏译《天演论》的时候，本来算激进派，听说他常常说"尊民叛君，尊今叛古"八个字的主义。后来他看得激进的多了，反有点偏于保守的样子。他在民国纪元前九年，把他四年前旧译穆勒的*On Liberty*特避去"自由"二字，名作《群己权界论》。又为表示他不赞成汉人排满的主张，译了一部甄克思的《社会通诠》（E. Tenks：*History of Politics*），自序中说"中国社会，犹然一宗法之民而已"。

严氏介绍西洋哲学的旨趣，虽然不很彻底，但是他每译一书，必有一番用意。译得很慎重，常常加入纠正的或证明的案语，都是很难得的。

《天演论》出版后，"物竞""争存"等语，喧传一时，很引起一种"有强权无公理"的主张。同时有一种根据进化论，而纠正强权论的学说，从法国方面输进来，这是高阳李煜瀛发起的。李氏本在法国学农学，由农学而研究生物学，由生物学而研究拉马尔克的动物哲学，又由动物哲学而引到克鲁巴金的互助论。他的信仰互助论，几与宗教家相像。民国纪元前六年顷，他同几个朋友，在巴黎发行一种《新世纪》的革命报，不但提倡政治革命，也提倡社会革命，学理上是以互助论为根据的。卢骚与伏尔泰等反对强权反对宗教的哲学，纪约的自由道德论，也介绍一点。李氏译了拉马尔克与克鲁巴金的著作，在《新世纪》发表。虽然没有译完，但是影响很大。李氏的同志如吴敬恒、张继、汪精卫等等，到处唱自由，唱互助，至今不息，都用《新世纪》作为起点。

严、李两家所译的，是英、法两国的哲学（惟克鲁巴金是俄国人，但他的互助论，是在英国出版的）。同时有介绍德国哲学的，是海宁王国维。王氏关于哲学的文词，在《静庵集》中。他的自序说："余之研究哲学，始于辛、壬之间（民国纪元前十一年、十年间）癸卯春，始读汗德之纯理批评，苦其不可解，读几半而辍。嗣读叔本华之书而大好之。自癸卯之夏以至甲辰之冬，皆与叔本华之书为伴侣之时代也。所尤惬心者，则在叔本华之知识论，汗德之说，得因之以上窥。然于其人生哲学观，其观察之精锐，与议论之犀利，亦未尝不心怡神释也。后渐觉其有矛盾之处。去夏所作《红楼梦评论》，其立论虽全在叔氏之立脚地，然于第四章内，已提出绝大之疑问。旋悟叔氏之说，半出于其主观的性质，而无关于客观的知识；此意于《叔本华与尼采》一文中始畅发之。今岁之春（纪元前七年），复返而读汗德之书。嗣今以后，将以数年之力，研究汗德。他日稍有所进，取前说而读之，亦一快也。"可以见王氏得力处，全在叔氏，所以他有《叔本华之哲学及教育学说》一

篇，谓："汗德憬然于形而上学之不可能，而欲以知识论易形而上学。……叔氏始由汗德之知识论出，而建设形而上学，复与美学、伦理学以完全之系统。……叔氏曰：'我之为我，其现于直观中时，则块然空间及时间中之一物，与万物无异。然其现于反观时，则吾人谓之意志而不疑也。而吾人反观时，无知力之形式行乎其间，故反观时之我，我之自身也。然则我之自身，意志也。而意志与身体，吾人实视为一物，故身体者可谓之意志之客观化，即意志之入于知力之形式中者也。吾人观我时得由此二方面，而观物时，只由一方面，即惟由知力之形式中观之。故物之自身，遂不得而知。然由观我之例推之，则一切物之自身，皆意志也。'……古之言形而上学者，皆主知论，至叔本华而唱主意论。……叔氏更由形而上学，进而说美学。夫吾人之本质，既为意志矣。而意志之所以为意志，有一大特质焉，曰生活之欲。何则？生活者，非他，不过自吾人之知识中所观之意志也。……图个人之生活者，更进而图种姓之生活。……于是满足与空乏，希望与恐怖，数者如环无端，而不知其所终。……唯美之为物，不与吾人之利害相关系。而吾人观美时，亦不知有一己之利害。……不视此物为与我有利害之关系，而但观其物，则此物已非特别之物，而代表其物之全种，叔氏谓之曰实念。故美之知识，实念之知识也。……美之对吾人也，仅一时之救济，而非永远之救济，此其伦理学上之拒绝意志之说，所以不得已也。……从叔氏之形而上学，则人类于万物，同一意志之发现也。其所以视吾人为一个人，而与他人物相区别者，实由知力之薮。夫吾人之知力，既以空间、时间为其形式矣，故凡现于知力中者不得不复杂。既复杂矣，不得不分彼我。故空间、时间二者……个物化之原理也。……若一旦超越此个物化之原理，而认人与己皆此同一之意志，知己所弗欲者，人亦弗欲之，各主张其生活之欲而不相侵害，于是有正义之德。更进而以他人之快乐为己之快乐，他人之苦痛为己之苦痛，于是有博爱之德。于正义之德中，己之生活之欲，已加以限制，至博爱则其限制又加甚焉。故善恶之别，全视拒绝生活之欲之程度以为断。其但主张自己之生活之欲，而拒绝他人之生活之欲者，是谓过与恶。主张自己，亦不拒绝他人者，谓之正义。稍拒绝自己之欲以主张他人者，谓之博爱。然世界之根本，以存于生活之欲之故，故以苦痛与罪恶充之。而在主张生活之欲以上者，无往而非罪恶。故最高之善，存于灭绝自己生活之欲，且使一切物，皆灭绝此欲，而同入于涅槃之境。"此叔氏伦理学上最高之理想也。

"至叔氏哲学全体之特质，最重要者，出发点在直观，而不在概念是也。"

"彼之哲学，既以直观为唯一之根据，故其教育学之议论，亦皆以直观为本。……叔氏谓直观者，乃一切真理之根本，唯直接间接与此相联络者始得为真理，而去直观愈近者，其理愈真。若有概念杂乎其间，则欲其不罹虚妄，难矣。如吾人持此论以观数学，则欧几里得之方法，二千年间所风行者，欲不谓之乖谬，不可得也。……叔氏于教育之全体，无所往而不重直观。故其教育上之意见，重经验而不重书籍。……而美术之知识，全为直观之知识，而无概念杂乎其间，故叔氏之视美术也，尤重于科学。"

王氏又有《书叔本华遗传说后》一篇，驳叔氏"吾人之性质好尚，自父得之，而知力之种类及程度，由母得之"的说明。又于《释理》及《红楼梦评论》，皆用叔氏哲学作根据，对于叔氏的哲学，研究固然透彻，介绍也很扼要。

王氏又作《叔本华与尼采》一篇，说明尼采与叔本华的关系。尼采最初极端的崇拜叔本华，其后乃绝端与之反对，最为可异。王氏此文，专为解决这个问题起见。他说："二人以意志为人性之根本也同，然一则以意志之灭绝，为其伦理学之理想；一则反是。一则由意志同一之假说，而唱绝对之博爱主义；一则唱绝对之个人主义。……尼采之学说，全本于叔氏。其第一期之说，即美术时代之

说，全负于叔氏，固不待言。第二期之说，亦不过发挥叔氏之直观主义。其第三期之说，虽若与叔氏反对；然要之不外乎以叔氏之美学上之天才论，应用于伦理学而已。……叔氏谓吾人之知识，无不从充足理由之原则者，独美术之知识则不然。其言曰：'美术者，离充足理由之原则而观物之道也。……天才之方法也。'……尼采乃推之于实践上，而以道德律之于个人，与充足理由之于天才，一也。……由叔本华之说，最大之知识，在超绝知识之法则。由尼采之说，最大之道德，在超绝道德之法则。……尼采由知之无限制说，转而唱意之无限制说。其《察拉图斯德拉》第一篇中之首章，述灵三变之说，言'灵魂变为骆驼，由骆驼而变为狮，又由狮而变为赤子……狮子之所不能为，而赤子能之者何？赤子若狂也，若忘也，万事之源泉也，游戏之状态也，自转之轮也，第一之运动也，神圣之自尊也。'使吾人回想叔本华之天才论曰：'天才者，不失其赤子之心者也。……赤子，能感也，能思也，能教也。……彼之知力，盛于意志。知力之作用，远过于意志之所需要。故自某方面观之，凡赤子，皆天才也。又凡天才自某点观之，皆赤子也。'……叔氏于其伦理学，及形而上学，所视为同一意志之发现者；于知识论及美学上，则分为种种之阶级。彼于其大著述第一书之补遗中，说知力上之贵族主义。……更进而立大人与小人之区别。……对一切非天才而加以种种之恶谥：曰俗子，曰庸夫，曰庶民，曰舆台，曰合死者。尼采则更进而谓之曰众生，曰众庶。其所异者，惟叔本华谓知力上之阶级，惟由道德联结之。尼采则谓此阶级，于知力道德，皆绝对的而不可调和者也。叔氏以持知力的贵族主义，故于伦理学上虽奖卑屈之行，而于其美学上大非谦逊之德。尼采小人之德一篇中，恶谦逊。……其为应用叔氏美学之说于伦理学上，昭然可观。……叔本华与尼采，性行相似，知力之伟大相似，意志之强烈相似。其在叔本华，世界者，吾之观念也。于本体之方面，则曰世界万物，其本体皆与吾人之意志同，而吾人与世界万物，皆同一意志之表现也。自他方面言之，世界万物之意志，皆吾之意志也。于是我所有之世界，自现象之方面而扩于本体之方面。而世界之在我，自知力之方面而扩于意志之方面。然彼犹以有今日之世界为不足，更进而求最完全之世界。故其说虽以灭绝意志为归，而于其大著第四篇之末，仍反复灭不终灭，寂不终寂之说。彼之说博爱也，非爱世界也，爱其自己之世界而已，其说灭绝也，非真欲灭绝也，不满足今日之世界而已。……彼之形而上学之需要在此，终身之慰藉在此。……若夫尼采，以奉实证哲学，故不满于形而上学之空想。而其势力炎炎之欲，失之于彼岸者，欲恢复之于此岸，失之于精神者，欲恢复之于物质。……彼效叔本华之天才，而说超人，效叔本华之放弃充足理由之原则，而放弃道德。高视阔步，而姿〔恣〕其意志之游戏。宇宙之内，有知意之优于彼，或足以束缚彼之知意者，彼之所不喜也，故彼二人者，其执无神论，同也。其唱意志自由论，同也。……其所趋虽殊，而性质则一。彼之所以为此说者，无他，亦聊以自慰而已。……《列子》曰'周之尹氏大治产，其下趣役者，侵晨昏而弗息。有老役夫，筋力竭矣，而使之弥勤。昼则呻吟而即事；夜则昏惫而熟寐。昔者梦为国君，居人民之上，总一国之事，游燕宫观，恣意所欲。觉则复役。'叔氏之天才之苦痛，其役夫之昼也。美学上之贵族主义，与形而上学之意志同一论，其国君之夜也。尼采则不然，彼有叔本华之天才，而无其形而上学之信仰，昼亦一役夫，梦亦一役夫，于是不得不弛其负担，而图一切价值之颠覆。举叔氏梦中所以自慰者，而欲于昼日实现之，此叔本华之说，所以尚不反于普通之道德。而尼采则肆其叛逆而不惮者也。此无他，彼之自慰藉之道，固不得不出于此也。"

王氏介绍叔本华与尼采的学说，固然很能扼要；他对于哲学的观察，也不是同时人所能及的。彼作《论哲学家与美术家之天职》一篇，说"天下有最神圣最尊贵而无与于当世之用者，哲学与美术是已。天下之人，嚣然谓之曰'无用'，无损于哲学美术之

价值也。至为此学者，自忘其神圣之位置，而求以合当世之用，于是二者之价值失。……且夫世之所谓有用者，孰有过于政治家实业家者乎？世人喜言功用，吾姑以功用言之。夫人之所以异于禽兽者，岂不以其有纯粹之知识，与微妙之感情哉？至于生活之欲，人与禽兽无以或异。后者，政治家及实业家之所供给。前者之慰藉满足，非求诸哲学及美术不可。就其所贡献于人之事业言之，其性质之贵贱，固以殊矣。至于其功效之所及言之，则哲学家与美术家之事业，虽千载以下，四海以外，苟其所发明之真理（哲学）与其所表之记号（美术）之尚存，则人类之知识感情，由此而得其满足慰藉者，曾无以异于昔。而政治家及实业家之事业，其及于五世、十世者希矣。此久暂之别也。然则人而无所贡献于哲学、美术，斯亦已耳。苟为真正之哲学家、美术家，又何慊乎政治家哉？披我中国之哲学史，凡哲学家无不欲为政治家者，斯可异已。孔、墨、孟、荀，汉之贾、董，宋之张、程、朱、陆，明之罗、王无不然。……夫然，故我国无纯粹之哲学。其最完备者，唯道德哲学与政治哲学耳。至于周、秦、两宋之形而上学，不过欲固道德哲学之根柢，其对形而上学，非有固有之兴味也。其于形而上学且然，况乎美学、名学、知识论等，冷淡不急之问题哉？"又作《教育偶感》四则，中有《大学及优级师范学校之削除哲学科》说："奏立学堂章程，张制军（之洞）之所手定，其大致取法日本学制，独于文科大学中，削除哲学一科，而以理学科代之。……自其科目之内容观之，则所谓理学者，仅指宋以后之学说。而其教授之范围，亦止于此。……抑吾闻叔本华之言曰：'大学之哲学，真理之敌也。真正之哲学，不存于大学。哲学惟恃独立之研究，始得发达耳。'然则制军之削此科，抑亦斯学之幸欤？至于优级师范学校则不然。夫师范学校，所以养成教育家，非养成哲学家之地也。故其视哲学也，不以为一目的，而以为一手段。何则？不通哲学，则不能通教育学，及与教育学相关系之学，故也。且夫探宇宙人生之真理，而定教育之理想者，固哲学之事业。然此乃天才与专门家之所为，非师范学校之生徒所能有事也。师范学校之哲学科，仅为教育学之预备，若补助之用，而其不可废，亦即存乎此。何则？彼挟宇宙人生之疑惑，而以哲学为一目的而研究之者，必其力足以自达，而无待乎设学校以教之。且宇宙人生之事实，随处可观，而其思索，以自己为贵。故大学之不设哲学科，无碍斯学之发达也。若夫师范学校之生徒，其志望惟欲为一教育家，非于哲学上有极大之兴味也。而哲学与教育学之关系，凡稍读教育学之一二页者即能言之。……今欲舍哲学而言教育学，此则愚所大惑不解者也。"

王氏那时候热心哲学到这个地步。但是他不久就转到古物学、美术史的研究；在自序中所说"研究汗德"的结果，嗣后竟没有报告也没有发表关于哲学的文辞了。

王氏介绍尼采学说，不及叔本华的详备；直到民国九年，李石岑所编《民铎》杂志第二卷第一号，叫作尼采号，就中叙述的有白山的《尼采传》，符所译的Nüge的《尼采之一生及其思想》。译大意的，有朱侣云的《超人和伟人》，张叔丹的《查拉图斯特拉》的绪言，刘文超的《自己与身》之类。批评的，有李石岑之《尼采思想之批评》，与S.T.W.的《尼采学说之真价》，比较的详备一点了。

《民铎》杂志第三卷第一号，在民国十年十二月一日出版的，是柏格森号。就中叙述的是严阮澄的《柏格森传》。译述的是蔡元培的《哲学导言》，柯一岑的《精神能力说》与《梦》，严阮澄的《绵延与自我》，范寿康的《柏格森的时空论》，冯友兰的《柏格森的哲学方法》。比较的是杨正宇的《柏格森之哲学与现代之要求》，瞿世英的《柏格森与现代哲学之趋势》，范寿康的《直观主义哲学的地位》。与佛学比较的，是吕澂的《柏格森哲学与唯识》，梁漱溟的《唯识家与柏格森》，黎锦熙的《维摩语经纪闻跋》。批评的是李石岑的《柏格森哲学之解释与批判》，张东荪的《柏格森哲学与罗素的批评》。又有一篇君劢的《法国哲学家柏格

森谈话记》。谈话记的第一节说："呜呼！康德以来之哲学家，其推倒众说，独辟蹊径者，柏格森一人而已。昔之哲学家之根本义，曰常，曰不变，而柏氏之根本义，则曰变，曰动。昔之哲学家曰'先有物而后有变有动'，而柏氏则曰'先有变有动而后有物'。惟先物而后变动焉，故以物为元始的，而变动为后起的。惟先变动而后物焉，故以动为元始的，而物为后起的。昔之学者曰：'时间者，年，月，日，时，分，秒，而已'，柏氏曰：'此年，月，日，时，分，秒，乃数学的时间也，亦空间化之时间也。吾之所谓真时间，则过去、现在、未来三者相继续，属之自觉性与实生活中，故非数学所得而表现。'昔之哲学家，但知有物，而不知物之原起。柏氏曰：'天下无所谓物，但有行为而已。物者，即一时的行为也。由人类行为施其力于空间，而此行为之线路，反映于吾人眼中，则为物之面之边。'昔之哲学者曰：'求真理之具，曰官觉，曰概念，曰判断。'柏氏曰：'世界之元始的实在曰变动。故官觉、概念、判断三者，不过此变动之片段的照相，是由知识之选择而来，其本体不若是焉。'"虽寥寥数语，但柏氏哲学的真相，介绍得很深切了。

《民铎》杂志的尼采号，有尼采之著述及关于尼采研究之参考书；柏格森号亦有柏格森著述及关于柏格森研究之参考书。这可算是最周密的介绍法。

柏格森号中作《柏格森哲学与罗素的批评》一篇的张东荪，是专门研究柏格森哲学的。他已经译了柏氏的《创化论》（*L'evolution Créatrice*），现在又译《物质与记忆》（*Matiére et Mémoire*），听说不久可译完。

作《法国哲学家柏格森谈话记》的君劢，就是张嘉森，他是近两年专在欧洲研究新哲学的。到法国，就研究柏格森哲学。到德国，就研究倭铿哲学。他不但译这两个哲学家的书，又请柏氏、倭氏的大弟子特别讲解；又时时质疑于柏氏、倭氏。他要是肯介绍两氏的学说，必可以与众不同。介绍倭铿学说的人，还没有介绍柏氏的多，但《民铎》杂志第一卷，也有李石岑关于倭氏学说的论文。

柏氏、倭氏都是我们想请他到中国来讲学的人，倭氏因太老，不能来了。柏氏允来，尚不能定期，我们已经请到过两位大哲学家：一位是杜威，一位是罗素。

杜威的哲学，从詹姆士（*William James*）的实际主义演进来的。杜威将来的时候，他的弟子胡适作了一篇实验主义绍介他，先说明实验主义的起源，道："现今欧美很有势力的一派哲学，英文叫做Pragmatism，日本人译为'实际主义'。这个名称本来还可用，但这一派哲学里面，还有许多大同小异的区别，'实际主义'一个名目，不能包括一切支派。英文原名Pragmatism本来是皮耳士（C. S. Peirce）提出的。后来詹姆士把这个主义应用到宗教经验上去，皮耳士觉得这种用法不很妥当，所以他想把原来主义，改称为Pragmaticism，以别于詹姆士Pragmatism，英国失勒（F. C. S. Schiller）一派，把这个主义的范围更扩充了，本来不过是一种辩论的方法，竟变成一种真理论和实在论了（看詹姆士的*Meaning of Truth*，页五十一）。所以失勒提议改用'人本主义'（Humanism）的名称。美国杜威一派，仍旧回到皮耳士所用的原意，注重方法论一方面；他又嫌詹姆士和失勒一般人，太偏重个体事物和意志的方面，所以他不愿用Pragmatism的名称，他这一派自称为工具主义（Instrumentalism），又可译为'应用主义'或'器用主义'。因为这一派里面有这许多区别，所以不能不用一个涵义最广的总名称。'实际主义'四个字让詹姆士独占，我们另用'实验主义'的名目来做这一派哲学的总名。就这两个名词的本义看来，'实际主义'（Pragmatism）注重实际的效果，'实验主义'（Experimentalism）虽然也注重实际的效果，但他更能点出这种哲学所最注意的是实验的方法。实验的方法，就是科学家在试验室里用的方法。这派哲学的始祖皮耳士常说他的新哲学不是别的，就是'科学试验室的态

度’（The Laboratory Attitude of Mind）。这种态度，是这种哲学的各派所公认的，所以我们可用来做一个‘类名’。”这一节叙杜威学派的来源很清楚，后来杜威讲“现代三大哲学家”，又把詹姆士的学说介绍了一回。所以杜威一来，连詹姆士也同时介绍了。

杜威在中国两年，到的地方不少，到处都有演讲。但是长期的学术演讲，止在北京、南京两处，北京又比较的久一点。在北京有五大演讲，都是胡适口译的：

第一，社会哲学与政治哲学。

第二，教育哲学。

第三，思想之派别。

第四，现代的三个哲学家。

第五，伦理讲演。

胡氏不但临时的介绍如此尽力，而且他平日关于哲学的著作，差不多全用杜威的方法，所以胡氏可算是介绍杜威学说上最有力的人。他在杜威回国时，又作了一篇《杜威先生与中国》。就中有一段说：“杜威先生不曾给我们一些关于特别问题的特别主张——如共产主义、无政府主义、自由恋爱之类——他只给了我们一个哲学方法，使我们用这个方法去解决我们自己的特别问题。他的哲学方法，总名叫做‘实验主义’；分开来可作两步说：（1）历史的方法‘祖孙的方法’。他从来不把一个制度或学说，看作一个孤立的东西，总把他看作一个中段：一头是他所以发生的原因，一头是他自己发生的效果；上头有他的祖父，下头有他的子孙。捉住了这两头，他再也逃不出去了！这个方法的应付，一方面是很忠厚宽恕的，因为他处处指出一个制度或学说所以发生的原因，指出他历史的背景，故能了解他在历史上的地位与价值，故不致有过分的苛责。一方面，这个方法又很是严厉的，最带有革命性质的。因为他处处拿一个学说或制度发生的结果，来评判他本身的价值，故最公平，又最厉害。这种方法，是一切带有评判精神的运动的一个武器。（2）实验的方法。实验的方法，至少注重三件事：（一）从具体的事实与境地下手；（二）一切学说理想，一切知识，都只是待证的假设，并非天经地义；（三）一切学说与理想，都须用实行来试验过。实验是真理的唯一试金石。第一件，注意具体的境地，使我们免去许多无谓的问题，省去许多无意识的争论。第二件，一切学理都看作假设，可以解放许多'古人的奴隶'。第三件，实验，可以稍稍限制那上天下地的妄想冥想。实验主义只承认那一点一滴做到的进步——步步有智慧的指导，步步有自动的实验，才是真进化。"可算是最简要的介绍。

胡氏以外还有杜威的弟子蒋梦麟、刘伯明、陶知行等等。蒋氏方主持《新教育》，特出了一本杜威号。刘氏、陶氏，当杜威在南京、上海演讲时，担任翻译。刘氏还译了杜威所著的思维术。

罗素在北京也有五大讲演：

第一，数理逻辑。

第二，物之分析。

第三，心之分析。

第四，哲学问题。

第五，社会构造论。

都是赵元任口译的。在《数理逻辑》印本后，有张崧年试编罗素既刊著作目录一卷。

在罗素没有到中国以前，已有人把他著的书翻译了几部，如《到自由之路》《社会改造原理》等。罗素的数学与哲学，我国人能了解而且有兴会的，很不多。他那关于改造社会的理想，很有点影响。他所说的人应当裁制他占有的冲动，发展他创造的冲动。同称引老子的"生而不有，为而不恃，长而不宰"主义，很引起一种高尚的观念，可与克鲁巴金的"互助"主义，有同等价值。

五十年内，介绍西洋哲学的成绩，大略如是。现在要讲到整顿国故的一方面了。近年整理国故的人，不是受西洋哲学影响，就是

受印度哲学影响的。所以我先讲五十年来我国人对于印度哲学的态度。

民国纪元前四十七年，石埭杨文会始发起刻书本藏经的事。前二三年，他在江宁延龄巷，设金陵刻经处。他刻经很多，又助日本人搜辑续藏经的材料，又也著了几种阐扬佛教的书。但总是信仰方面的工夫，不是研究的。他所作的《佛法大旨》里面说："如来设教，义有多门。譬如医师，应病与药。但旨趣玄奥，非深心研究，不能畅达。何则？出世妙道，与世俗知见，大相悬殊。西洋哲学家数千年来精思妙想，不能入其堂奥。盖因所用之思想，是生灭妄心；与不生不灭常住真心，全不相应。是以三身四智，五眼六通，非哲学所能企及也。"又云："近时讲心理学者每以佛法与哲学相提并论，故章末特为指出以示区别。"（见《等不等观杂录》卷一）就是表明佛法是不能用哲学的方法来研究的。所以杨氏的弟子很多，就中最高明的如桂念祖、黎端甫、欧阳渐等，也确守这种宗法。直至民国五年，成都谢蒙编《佛学大纲》，下卷分作佛教论理学、佛教心理学、佛教伦理学三篇。从民国六年起，国立北京大学在哲学门设了"印度哲学"的教科，许丹、梁漱溟相继续的讲授，梁氏于七年十月间，印布所著的《印度哲学概论》，分印土各宗概略、本体论、认识论、世间论四编。立在哲学家地位，来研究佛法同佛法以前的印度学派，算是从此开端了。

至于整理国故的事业，也到严复介绍西洋哲学的〈时〉期，才渐渐倾向哲学方面。这因为民国纪元前十八年，中国为日本所败，才有一部分学者省悟中国的政教实有不及西洋各国处，且有不及维新的日本处，于是基督教会所译的，与日本人所译的西洋书，渐渐有人肯看，由应用的方面，引到学理的方面，把中国古书所有的学理来相印证了。

那时候在孔子学派上想做出一个"文艺复兴"运动的，是南海康有为。他是把进化论的理论应用在公羊春秋的据乱、升平、太平三世，同《小戴记礼运》篇的小康大同上。他所著的《大同书》，照目录上是分作十部：甲部，入世界，观众苦。乙部，去国界，合大地。丙部，去级界，平民族。丁部，去种界，同人类。戊部，去形界，各独立。己部，去家界，为天民。庚部，去产界，公生业。辛部，去乱界，治太平。壬部，去类界，爱众生。癸部，去苦界，至极乐。已经刊布的，止有甲乙两部，照此例推，知道从乙部到壬部，都是他理想的制度。甲部与癸部，是理论。他在甲部的第一章说："有生之徒，皆以求乐免苦而已，无他道矣。其有迂其途，假其道，曲折以赴，行苦而不厌者，亦以求乐而已。虽人之性有不同乎！而可断断言之曰，人道无求苦去乐者也。立法创教，令人有乐而无苦，善之善者也。能令人乐多苦少，善而未尽善者也。令人苦多乐少，不善者也。"他的人生观是免苦求乐。但是他不主张利己主义，因为见了他人的苦，自己一定不能乐了，因为"人有不忍之心"。他也不主张精神上的乐，可以抵偿物质上的苦，所以他说："人生而有欲，天之性哉！欲无可尽则常节之。欲可近尽，则愿得之。近尽者何？人人之所得者，吾其不欲得之乎哉？其不可得之也，则耻不比于人数也。其能得之也，则生人之趣应乐也。生人之乐趣，人情所愿欲者何？口之欲美饮食也；居之欲美宫室也；身之欲美衣服也；目之欲美色也；鼻之欲美香泽也；耳之欲美音声也；行之欲灵捷舟车也；用之欲使美机器也；知识之欲学问图书也；游观之欲美园林山泽也；体之欲无疾病也；养生送死之欲无缺也；身之欲游戏登临，从容暇豫，啸傲自由也；公事大政之欲预闻预议也；身世之欲无牵累压制而超脱也；名誉之欲彰彻大行也；精义妙道之欲入于心耳也；多书，妙画，古器，异物之欲罗于眼底也；美男妙女之欲得我意者而交之也；登山临水，泛海升天之获大观也。"（《大同书》甲部六六页至六七页）看物质上与精神上的快乐，都是必需的；他也不主张厌世主义，要脱世间的苦，求出世间的乐，他说："乱世之神圣仙佛，凡百教主，皆苦矣哉！而尚未

济也。岂若大同之世，太平之道，人人无苦患，不劳神圣仙佛之普度。而人人皆神圣仙佛，不必复有神圣仙佛。"他所主张的是创立一种令人有乐无苦的制与教，在地上建设天国，那时候就是"太平之世，性善之时"。这种主张，是以"不忍之心"为出发点的。他说："夫见见觉觉者，形声于彼，传送于目耳；冲动于魂气。凄凄怆怆，袭我之阳；冥冥岑岑，入我之阴；犹犹然而不能自已者，其何朕耶？其欧人所谓以太耶？其古所谓不忍之心耶？其人皆有此不忍之心耶？宁我独有耶？"又说："天者，一物之魂质也；人者，亦一物之魂质也。虽形有大小，而其分浩气于太元，挹涓滴于大海，无以异也。……无物无电，无物无神。夫神者，知气也，魂知也，精爽也，灵明也，明德也，数者，异名而同实。有觉知则有吸摄；磁石犹然，何况于人？不忍者，吸摄之力也。故仁智同藏而智为先；仁智同用，而仁为贵矣。"（甲部五页至六页）他以快乐为人生究竟的目的，以同情为道德的起源，很有点像英国功利论的哲学。

方康氏著《大同书》的时候，他的朋友谭嗣同著了一部《仁学》。康氏说"以太"，说"电"，说"吸摄"，都作为"仁"的比喻；谭氏也是这样。康氏说"去国界""去级界"等等，谭氏也要去各种界限。这是相同的。但谭氏以华严及庄子为出发点，以破对待为论锋，不注意于苦乐的对待，所以也没有说去苦就乐的方法。他的《仁学》，有界说二十七条。就中最要的：（一）"仁以通为第一义。以太也，电也，心力也，皆指出所以通之具。"（三）"通有四义：中外通，多取其义于《春秋》，以太平世大小远近若一，故也。上下通，男女内外通，多取其义于《易》，以阳下阴吉，阴下阳吝，泰、否之类是也。人我通，多取其义于佛经，以无人相，无我相，故也。"（七）"通之象为平等。"（八）"通则必尊灵魂；平等则体魄可为灵魂。"（十一）"仁为天地万物之源，故惟心，故惟识。"（十三）"不生不灭，仁之体。"（十七）"仁，一而已，凡对待之词，皆当破之。"他的破对待的说明："对待生于彼此；彼此生于有我。我为一，对我者为人则生二。人我之交则生三。参之，伍之，错之，综之。朝三而暮四，朝四而暮三，名实未亏，而爱恶因之。由是大小，多寡，长短，久暂，一切对待之名，一切对待之分别，殽然哄然。其瞒也，其自瞒也，不可以解矣。然而有瞒之不尽者，偶露端倪，所以示学人以路也。一梦而数十年月也。一思而无量世界也。尺寸之镜，无形不纳焉。铢两之脑，无物不志焉。……虚空有无量之星日，星日有无量之虚空，可谓大矣；非彼大也，以我小也。有人不能见之微生物，有微生物不能见之微生物，可谓小矣；非彼小也，以我大也。何以有大？比例于我小而得之。何以有小，比例于我大而得之。然则但无我见，世界果无大小矣。多寡，长短，久暂，亦复如是。疑以为幻，虽我亦幻也。何幻非真？何真非幻？真幻亦对待之词，不足疑对待也。惊以为奇，而我之能言，能动，能食，能思，不更奇乎？何奇非庸？何庸非奇？庸奇又对待之词，不足惊对待也。"（二十页）他的不生不灭的说明："不生不灭有征乎？曰弥望皆是也。如向所言化学诸理，穷其学之所至，不过析数原质而使之分，与并数原质而使之合，用其已然而固然者，时其好恶，剂其盈虚，而以号曰某物某物，如是而已。岂竟能消灭一原质，与别创造一原质哉？"（十二至十三页）又说："今夫我何以知有今日也，比于过去未来而知之。然而去者则已去，来者又未来，又何知有今日？迨乎我知有今日，则固已逝之今日也。过去独无今日乎？乃谓曰过去。未来独无今日乎？乃谓之曰未来。今日则为今日矣，乃阅明日，则不谓今日为今日。阅又明日，又不谓明日为今日。日析为时，时析为刻，刻析为分，分析为秒忽。秒忽随生而随灭；确指某秒某忽为今日，确指某秒某忽为今日之秒忽，不能也。昨日之天地，物我据之以为生，今日则皆灭。今日之天地，物我据之以为生，明日则又灭。不得据今日为生，即不得据今日为灭。故曰，生灭，即不生不灭

也。"（十八至十九页）举这几条例，可见他的哲理，全是本于庄子与华严了。他主张破对待，主张平等，所以他反对名教，反对以淫杀为绝对的恶，反对三纲。他主张通，所以反对闭关，反对国界，反对宁静安静，反对崇俭。他在那时候，敢出这种"冲决网罗"的议论，与尼采的反对基督教奴隶道德差不多了。

他的界说道："凡为仁学者，于佛书当通华严及心宗、相宗之书。于西书当通《新约》及算学、格致、社会学之书。于中国当通《易》《春秋》《公羊传》《论语》《礼记》《孟子》《庄子》《墨子》《史记》，及陶渊明，周茂叔、张横渠、陆子、王阳明、王船山、黄梨洲之书。"（廿五）又说："算学虽不深，而不可不习几何学，盖论事办事之条段在是矣。"（廿六）又说："格致即不精，而不可不知天文、地舆、全体、心灵四学，盖群学群教之门径在是矣。"（廿七）那时候西洋输入的科学，固然很不完备，但谭氏已经根据这些科学，证明哲理，可谓卓识。《仁学》第二十四页："难者曰'子陈义高矣，既己不能行，而滔滔为空言，复事益乎？'曰，吾贵知不贵行也。知者，灵魂之事也。行者，体魄之事也。……行有限而知无限。……且行之不能及知，又无可如何之势也。手足之所接，必不及耳目之远；记性之所含，必不及悟知之广；权尺之所量，必不及测量之确；实事之所丽，必不及空理之精；夫孰能强易之哉？"也能说明哲学与应用科学不同的地方。

与康、谭同时有平阳宋恕，钱唐夏曾佑两人，都有哲学家的资格。可惜他们所著的书，刊布的很少。宋氏止刊布《卑议》四十六篇，都是论政事的。他的自序印行缘起说："孟氏曰'人皆有不忍人之心，斯有不忍人之政'。……其有愿行不忍人之政者乎？其宁无取于斯议焉？"他在《卑议》中说："儒家宗旨，一言以蔽之，曰'抑强扶弱'。法家宗旨，一言以蔽之，曰'抑弱扶强'。洛闽讲学，阳儒阴法。"（《贤隐篇·洛闽章第七》）又说："洛闽祸世，不在谈理，而在谈理之大远乎公。不在讲学，而在讲学之大远乎实。"他的自叙说："儒术之亡，极于宋元之际。神州之祸，极于宋元之际。苟宋元阳儒阴法之说一日尚炽，则孔孟忠恕仁义之教一日尚阻。"可见他也是反对宋元烦琐哲学，要在儒学里面做"文艺复兴"的运动。他在《变通篇·救惨章》说："赤县极苦之民有四，而乞人不与焉。一曰童养媳，一曰娼，一曰妾，一曰婢。"他说娼的苦："民之无告于斯为极，而文人乃以宿娼为雅事，道学则斥难妇为淫贱。……故宿娼未为丧心，文人之丧心，在以为雅事也。若夫斥为淫贱，则道学之丧心也。"在《同仁章》说："今国内深山穷谷之民多种，世目之曰黎，曰苗，曰猺，曰獠，被以丑名，视若兽类。……今宜于官书中，削除回、黎、苗、猺、獠等字样，一律视同汉民。"又在自叙说："更卑于此，吾弗能矣。非弗能也，诚弗忍也。夫彼阳儒阴法者流，宁不自知其说之殃民哉？然而苟且图富贵，不恤以笔舌驱其同类于死地，千万亿兆乃至恒河沙数者，其恻隐绝也。今恕日食动物，此于佛徒，恻隐微矣。然此弗忍同类之忧，自幼至今，固解莫解，安能绝也？嗟乎！行年将三十矣。（作自序时，民国纪元前二十一年。）又三十年，则且老死。杂报如家，人天如客，轮转期迮，栗栗危惧。区区恻隐，于仁全量，如一滴水与大海较，夫又安可绝也？夫又安可绝也？"可见他的理想，也是以同情为出发点。《卑议》以外的著作，虽然不可见，大略也可推见了。

夏氏是一个专门研究宗教的人，有给杨文会一封信："弟子十年以来，深观宗教。流略而外，金头、五顶之书，基督天方之学，近岁粗能通其大义，辨其径途矣。惟有佛法，法中之王，此语不诬，至今益信。而兹道之衰，则实由禅宗而起。明末，唯识宗稍有述者，未及百年，寻复废绝。然衰于支那而盛于日本。近来书册之东返者不少，若能集众力刻之，移士夫治经学、小学之心以治此事，则于世道人心当有大益。……近来国家之祸，实由全国人民不明宗教之理之故所致；非宗教之理大明，必不足以图治也，至于出

世，更不待言矣。又佛教源出婆罗门，而诸经论言之不详。即七十论，十句义，亦只取其一支，非其全体。而婆罗门亦自秘其经，不传别教。前年英人穆勒，始将四韦驮之第一种，译作英文；近已买得一份，分四册；二梵，二英。若能译之以行于世，则当为一绝大因缘。又英人所译印度教派，与中土奘师所传者不异。惟若提子为一大宗，我邦言之不详，不及数论胜论之夥。又言波商羯罗源出于雨众，将佛教尽灭之，而为今日现存婆罗门各派之祖。此事则支那所绝不知者。”（见杨文会《等不等观杂录》卷六）即此一信，也看得出研究范围的广，与用工的久了。但是他至今没有发布他所研究的宗教哲学，他的著作，已经刊布的，止有《中国历史教科书》三册。今把这三册里面，稍近哲理的话，摘抄一点。

第一篇《世界之始》说：“人类之生，决不能谓其无所始。然其所始，说各不同，大约分为两派：古言人类之始者为宗教家；今言人类之始者为生物学家。宗教家者，随其教而异；各以其本群最古之书为凭。……详天地剖判之形，元祖降生之事。……无一同者。昔之学人笃于宗教，每多出主入奴之意。今幸稍衰，但用以考古而已。至于生物学者，创于此百年以内，最著者英人达尔文之种源论。”（第一篇第一页）

“五行至禹而传”说：“包牺以降，凡一代受命，必有河图。……盖草昧之时，为帝王者，不能不托神权以治世，故必受河图以为天命之据。且不但珍符而已，图书均有文字《河图洛书》，列治国之法，与《洪范》等，惜其书不传，惟《洪范》存于世。五行之说，殆为神州学术之质干。‘鲧堙洪水，汨陈其五行。帝乃震怒，不畀洪范九畴；彝伦攸斁，鲧则殛死。禹乃嗣兴，天乃锡禹洪范九畴，彝伦攸叙。’其诸西奈山之石版与？”（第一篇三十二页）

“孔子以前之宗教”说：“孔子一身，直为中国政教之源。……然欲考孔子之道术，必先明孔子道术之渊源。孔子者，老子之弟子也。孔子之道，虽与老子殊异，然源流则出于老，故欲知孔子者不可不知老子。然老子生于春秋之季，欲知老子，又必知老子以前天下之学术若何。老子以前之学术明，而后老子之作用乃可识。老子之宗旨见，而后孔子之教育乃可推。至孔子教育之指要，既有所窥，则自秦以来，直至目前，此二千余年之政治盛衰，人材升降，文章学问，千枝万条，皆可烛照而数计矣。"（八十四页）

"鬼神术数之事，今人不能不笑古人之愚。然非愚也。盖初民之意，观乎人类，无不各具知觉。然而人之初生，本无知觉者也，其知觉不知何自而来。人之始死，本有知觉者也，其知觉又不知从何而去。于是疑肉体之外，别有一灵体存焉。其生也，灵体与肉体相合而知觉显。其死也，灵体与肉体相分而知觉隐。有隐显而已，无存亡也。于是有人鬼之说。既而仰观于天，日月升沉，寒暑迭代，非无知觉者所能为也，于是有天神之说。俯观乎地，出云雨，长草木，亦非无知觉者所能为也，于是有地祇之说。人鬼，天神，地祇，均以生人之理推之而已。其他庶物之变，所不常见者，则谓之物魅，亦以生人之理推之而已。此等思想，太古已然。逮至算术既明，创为律历、天文，诸事渐可测量。推之一二事而合，遂谓推之千万事而无不合，乃创立法术，以测未来之事，而术数家兴。"

"新说之渐"说："鬼神术数之学，传自炎黄，至春秋而大备。然春秋之时，人事进化，骎骎有一日千里之势；鬼神术数之学，不足以牢笼一切。春秋之末，明哲之士，渐多不信鬼神术数者。……至于老子，遂一洗古人之面目。九流百家，无不源于老子。"

"老子之道"说："老子之书，于今俱在。讨其义蕴，大约以反复申明鬼神术数之误为宗旨。'万物芸芸，各归其根；归根则静，是谓复命。'是知鬼神之情状，不可以人理推，而一切祷祀之说破矣。'有物浑成，先天地生。'则知天地、山川、五行、百物之非原质，不足以明天人之故，而占验之说废矣。'祸兮福所倚，福兮祸所伏。'则知祸福纯乎人事，非能有前定者，而天命之说破矣。鬼神、五行、前定既破，而后知'天地不仁，以万物为刍狗。

圣人不仁，以百姓为刍狗。'閟宫、清庙，明堂辟雍之制，衣裳、钟鼓、揖让，升降之文之更不足言也。虽然，老子为九流之初祖，其生最先。凡学说与政论之变也，其先出之书，所以矫前代之失者，往往矫枉过正。老子之书，有破坏而无建立，可以备一家之哲学，而不可以为千古之国教，此其所以有待于孔子与？"

"孔子之异闻"说："盖自上古至春秋，原为鬼神术数之时代；乃合蚩尤之鬼道，与黄帝之阴阳以成之，皆初民所不得不然。至老子骤更之，必为天下所不许，书成身隐，其避祸之意耶？孔子虽学于老子，而知教理太高，必与民知不相适而废。于是去其太甚，留其次者，故去鬼神而留术数。《论语》言：'未知生，焉知死？'又言：'不知命，无以为君子。'即其例也。然孔子所言虽如此，而社会多数之习，终不能改，至汉儒乃以鬼神术数之理解经。"

"墨子之道"说："其学与老子、孔子同出于周之史官，而其说与孔子相反。惟修身、亲士，为宗教所不可无，不能不与孔子同。其他则孔子亲亲，墨子尚贤。孔子差等，墨子兼爱。孔子繁礼，墨子节用。孔子重丧，墨子节葬。孔子说天，墨子天志。孔子远鬼，墨子明鬼。孔子正乐，墨子非乐。孔子知命，墨子非命。孔子尊仁，墨子贵义。殆无一不与孔子相反。然求其所以然之故，亦非墨子故为与孔子相戾；特其中有一端不同，而诸端遂不能不尽异。宗教之理，如算式然，一数改则各数尽改。'墨子学于孔子，以为其礼烦扰而不悦；厚葬糜财而贫民；服伤生而害事。'《淮南子》丧礼者，墨子与孔子不同之大原也。儒家丧礼之繁重，为各宗教所无；然儒家则有精理存焉。儒家以君父为至尊无上之人，以人死为一往不返之事。以至尊无上之人，当一往不返之事，而孝又为政教全体之主纲，丧礼乌得而不重？墨子既欲节葬，必先明鬼。（有鬼神，则身死，犹有其不死者存，故丧可从杀〔简〕。天下有鬼神之教，如佛教，耶教，回教，其丧礼无不简略者。）既设鬼神，则宗教为之大异。有鬼神，则生死轻，而游侠犯难之风起，异乎儒者之尊生。有鬼神，则生之时暂，不生之时常，肉体不足计，五伦不足重，而平等兼爱之义伸，异乎儒者之明伦。其他种种异义，皆由此起，而孔、墨遂成相反之教焉。"

"三家总论"："老、孔、墨三大宗教，皆起于春秋之季，可谓奇矣。抑亦世运之有以促之也。其后孔子之道，成为国教，道家之真不传（今之道家皆神仙家），墨家遂亡。兴亡之故，固非常智所能窥；然亦有可浅测之者。老子于鬼神、术数，一切不取者也。其宗旨过高，非神州之人所解；故其教不能大。孔子留术数而去鬼神，较老子为近人矣；然仍与下流社会不合，故其教只行于上等人，而下等人不及焉。墨子留鬼神而去术数，似较孔子更近；然有天志而无天堂之福，有明鬼而无地狱之罪，是人之从墨子者苦身焦思而无报；违墨子者，放辟邪侈而无罚也；故上下之人均不乐之，而其教遂亡。至佛教西来，兼孔、墨之长，而去其短；遂大行于中国，至今西人皆以中国为佛教国也。"

第二篇《秦于中国之关系》："秦政之尤大者则在宗教。始皇之相为李斯，司马迁称'斯学帝王之术于荀子'。……荀子出于仲弓，其实乃孔门之别派也。观《荀子·非十二子》篇，子思、孟子、子游、子夏，悉加丑诋。而己所独揭之宗旨，乃为性恶一端。夫性既恶矣，则君臣，父子，夫妇，兄弟，朋友之间其天性本无所谓忠孝慈爱者；而弑夺杀害，乃为情理之常。于此而欲保全秩序，舍威刑劫制，末由矣。本孔子专制之法，行荀子性恶之旨，在上者以不肖待其下，无复顾惜；在下者以不肖自待，而蒙蔽其上。自始皇以来，积二千余年，国中社会之情状，犹一日也。社会若此，望其乂安，自不可得……不能不叹秦人择教之不善也。然秦之宗教，不专于儒，大约杂采其利己者用之。神仙之说，起于周末，言人可长生不死，形化上天，此为言鬼神之进步。而始皇颇信其说，卢生、徐市之徒，与博士、诸生并用。中国国家，无专一之国教；孔子，神仙，佛，以至各野蛮之鬼神，常并行于一时一事之间；殆亦

秦人之遗习与？”

"儒家与方士之糅合"说："观秦汉时之学派，其质干有三：一、儒家，二、方士，三、黄老，一切学术，均以是三者离合而成之。……因儒家尊君，君者，王者之所喜也。方士长生，生者亦王者之所喜也。二者既同为王者之所喜，则其势必相妒；于是各盗敌之长技以谋独擅；而二家之糅合成焉。"

"儒家与方士分离即道教之原始"说："鬼神术数之事，虽暂为儒者所不道，而此欢迎鬼神术数之社会，则初无所变更。故一切神怪之谭，西汉由方士并入儒林；东汉再由儒林分为方术，于是天文，风角，河洛，风星之说，乃特立于六艺之外，而自成一家。后世相传之奇事灵迹，全由东汉人开之。……及张道陵起，众说乃悉集于张氏，遂为今张天师之鼻祖，然而与儒术无与矣。"

"三国末社会之变迁"说："循夫优胜劣败之理，服从强权，遂为世界之公例。威力所及，举世风靡，弱肉强食，视为公义。于是有具智仁勇者出，发明一种抵抗强权之学说，以扶弱而抑强。此宗教之所以兴，而人之所以异于禽兽也。佛教、基督教，均以出世为宗，故其反抗者在天演。神州孔墨皆详世法，故其教中，均有舍身救世之一端。虽儒侠道违，有如水火；而此一端，不能异也。顾其为道，必为秉强权者之所深恶，无不竭力以磨灭之。历周秦至魏晋，垂及千年，上之与下，一胜一负，有如回澜。至司马氏而后磨灭殆尽。其兴亡之故，中国社会至大之原因也。"

看所引几条，夏氏宗教哲学的大意，也可见一斑了。

这时代的国学大家里面，认真研究哲学，得到一个标准，来批评各家哲学的，是余杭章炳麟。章氏自叙"思想变迁之迹"道："少时治经，谨守朴学；所疏通证明者，在文字器数之间。虽尝博观诸子，略识微言，亦随顺旧义耳。遭世衰微，不忘经国；寻求政术，历览前史；独于荀卿、韩非所说，谓不可易。自余阒眇之旨，未暇深察。继阅佛藏，涉猎'华严''法华''涅槃'诸经，义解渐深，卒未窥其究竟，及囚系上海，三岁不觌；专修慈氏世亲之书。此一术也，以分析名相始，以排遣名相终。从入之途，与平生朴学相似；易于契机。解此以还，乃达大乘深趣。私谓释迦玄言，出过晚周诸子，不可计数；程朱以下，尤不足论。既出狱，东走日本……旁览彼土所译希腊、德意志哲人之书，时有概述邬波尼沙陀及吠檀多哲学者，言不能详。因从印度学士咨问。梵土大乘已亡，'胜论数论'传习亦少；惟吠檀多哲学，今所盛行。其所称述，多在常闻之外。以是数者，格以大乘，霍然察其利病，识其流变。……却后为诸生说庄子，问以郭义敷释，多不惬心；且夕比度，遂有所得。端居深观而释'齐物'，乃与'瑜珈''华严'相会。所谓'摩尼现光，随见异色'；'因陀帝网，摄入无碍'；独有庄生明之，而今始探其妙。千载之秘，睹于一曙。次及荀卿、墨翟，莫不抽其微言。以为仲尼之功，贤于尧舜，其玄远终不敢望老庄矣。癸甲之际，厄于龙泉；始玩爻象，重籀《论语》，明作易之忧患，在于生生；生道济生，而生终不可济；饮食兴讼，旋复无穷；故惟文王为知忧患，惟孔子为知文王。《论语》所说，理关盛衰；赵普称半部治天下，非尽唐大无验之谈。又以庄证孔，而耳顺，绝四之指，居然可明；知其阶位卓绝，诚非功济生民而已。至于程、朱、陆、王诸儒，终未足以厌望。顷来重绎庄书，眇览'齐物'，芒刃不顿，而节族有间。凡古近政俗之消息，社会都野之情状，华梵圣哲之义谛，东西学人之所说，拘者执着而鲜通，短者执中而居间；卒之鲁莽灭裂，而调和之效，终未可睹。……余则操齐物以解纷，明天倪以为量；割制大理，莫不孙顺。程、朱、陆、王之俦，盖与王弼、蔡谟、孙绰、李充伯仲；今若窥其内心，通其名相，虽不见全象，而谓其所见之非象则过矣。世故有疏通知远，好为玄谈者；亦有文理密察，实事求是者；及夫主静居敬，皆足澄心；欲当为理，宜于宰世。苟外能利物，内以遣忧，亦各从其志尔。汉宋争执，焉用调人？喻以四民，各勤其业；瑕衅何为而不息

乎？下至天教，执耶和华为造物主，可谓迷妄，然格以天倪，所误特在体相；其由果寻因之念，固未误也。诸如此类，不可尽说。执着之见，不离天倪；和以天倪，则妄自破而纷亦解。所谓'无物不然，无物不可'；岂专为圆滑，无所裁量者乎？自揣生平学术，始则转俗成真，终乃回真向俗。"（《菿汉微言》末节）他在哲学上的主张，说得很明白了。

他对于佛教各宗，除密宗、净土宗外，虽皆所不弃，而所注重的是法相。与铁铮书："支那德教，虽各殊途；而根源所在，悉归于一：曰'依自不依他耳'。上自孔子，至于孟、荀，性善性恶，互相阋讼。讫宋世，则有程、朱。与程、朱立异者，复有陆、王。与陆、王立异者，复有颜、李。虽虚实不同，拘通异状；而自贵其心，不以鬼神为奥主，一也。佛教行于中国，宗派十数；而禅宗为盛者，即以自贵其心，不援鬼神，与中国心理相合。故仆于佛教，独净土、秘密二宗，有所不取；以其近于祈祷，猥自卑屈，与勇猛无畏之心相左耳。虽然，禅宗诚斩截矣，而末流沿习，徒事机锋；其高者止于坚定，无所依傍；顾于惟心胜义，或不了解；得其事而造其理，是不能无缺者。是故推见本原，则以法相为其根核。法相、禅宗，本非异趣。达摩初至，即以'楞伽'传授，惜其后惟学'金刚般若'，而于法相渐疏、惟永明略有此意。今欲返古复始，则'楞伽'七卷，正为二宗之通邮。……然仆所以独尊法相者，则自有说。盖近世学术渐趋实事求是之涂，自汉学诸公，分条析理远非明儒所企及。逮科学萌芽，而用心益复缜密矣。是故法相之学，于明代则不宜；于近代则甚适；由学术所趋然也。"他本来深于诂言之学，又治唯识；所以很重名学。作"原名"，用唯识来解释荀子正名与墨经；又用因明与墨经及西洋名学相比较，说："大秦与墨子者，其量皆先喻体，后宗。先喻体者，无所容喻依，斯其短于因明。"章氏的哲学，以唯识为基础，以齐物论为作用，所以他不赞成单面乐观的进化论，唱"俱分进化论"。说："进化之所以为进化者，非由一方直进，而必由双方并进，专举一方，惟言智识进化可耳。若以道德言，则善亦进化，恶亦进化。若以生计言，则乐亦进化，苦亦进化。"

章氏说："仁为恻隐，我爱所推；义为羞恶，我慢所变。"（《菿汉微言》）又说："有我爱，故贪无厌；有我慢，故求必胜于人。"（《国故论衡·辨性上》）承认我爱我慢，都有美恶两面。但因为我慢是西洋学者所不注意的，所以特别提出，说："希腊学者括人心之所好，而立真善美三，斯实至陋之论。人皆著我，则皆以为我胜于他，而好胜之念见之为争。"（《文录》五《五无论》）所以他的辨性篇，虽然说："孟荀二家，皆以意根为性；意根，一实也，爱慢悉备，然其用之异形，一以为善，一以为恶，皆韪也。"但《五无论》又说："性善之说，不可坚信。人心好争，根于我见。"他所以取荀卿、韩非。

他说："圆成实自性之当立"，"偏计所执自性之当遣"，"有智者所忍可"。"惟此依他起自性者，介乎有与非有之间，则识之殊非易易。自来哲学宗教诸师其果于建立本体者……于非有中起增益执。……其果于遮遣空名者……于幻有中起损减执。……此二种边执之所以起者，何也？由不识依他起自性而然也。"他用这个标准，来提倡第一义，所以说："欲建立宗教者，不得于万有之中，而计其一为神；亦不得于万有之上，而虚拟其一为神。"又说："今之立教，惟以自识为宗。识者云何？真如即是。惟识实性，所谓圆成实也。而此圆成实者，太冲无象，欲求趋人，不得不赖依他。逮其证得圆成，则依他亦自除遣。"（《建立宗教论》）所以他又有人无我论，五无论（无政府，无聚落，无人类，无众生，无世界）（以上均见《文录》第四）。

但是他以齐物论为作用，又时取"随顺有边"之法。看国内基督教会的流布，在日本时，见彼方学者稗贩欧化的无聊，所以发矫枉的议论。如无神论，国家论，四惑论（一、公理，二、进

191

化，三、惟物，四、自然）等。他说："佛家既言惟识，而又力言无我；是故惟物之说有时亦为佛家所采。……其以物为方便，而不以神为方便者，何也？惟物之说，犹近平等，惟神之说，则与平等绝远也。"所以他作《无神论》。（《文录》四）他又以执名的比执相为劣。所以说："世之恒言，知相知名者谓智；独知相者谓之愚。蠕生之人，五识于五尘，犹是也；以不具名故，意识鲜通于法。然诸有文教者，则执名以起愚，彼蠕生者犹舍是。一曰征神教；……二曰征学术；……三曰征法论；……四曰征位号；……五曰征礼俗；……六曰征书契；……"（《国故论衡·辨性下》）他又说："天下无纯粹自由，亦无纯粹不自由。""自利性与社会性，殊而一"（《读佛典杂记》），都是破执著的。

他又作订孔，道本，道微，原墨，通程，议王，正颜等（均见《检论》），都可当哲学史的材料。他说王守仁是"剀切"，不是"玄远"。说颜元所学"务得皮肤，而总揽之用微"。都是卓见。他那《菿汉微言》的上半卷，用"唯识"证明《易》《论语》《孟子》《庄子》的玄言，也都很有理致，不是随意附会的。

凡一时期的哲学，常是前一时期的反动，或是再前一时期的复活，或是前几个时期的综合，所以哲学史是哲学界重要的工具。这五十年中，没有人翻译过一部西洋哲学史，也没有人用新的眼光来著一部中国哲学史，这就是这时期中哲学还没有发展的征候。直到距今四年前，绩溪胡适把他在北京大学所讲的《中国哲学史大纲》上卷，刊布出来，算是第一部新的哲学史。胡氏用他实验哲学的眼光，来叙述批评秦以前的哲学家，最注重的是各家的辩证法，这正是从前读先秦哲学书者所最不注意的。而且他那全卷有系统的叙述，也是从前所没有的。

胡氏又著有《墨子哲学》与《墨子小取篇新诂》，全是证明墨子的辩证法的。同时新会梁启超著《墨子学案》一部，也是墨家论理学占重要部分。

照上文所叙的看起来，我们介绍西洋哲学，整理固有哲学，都是最近三十年间的事业。成绩也不过是这一点。要做到与古人翻译佛典，发挥理学的一样灿烂，应当什么样努力？不想到当这个时代，对于我们整理固有哲学的要求，不但国内，就是西洋学者，也有这种表示。杜威在民国九年北京大学开学式的演说，提出媒合东西文化问题。又在北京大学哲学研究会说："西方哲学偏于自然的研究；东方哲学，偏于人事的研究；希望调剂和合。"（《东西文化及其哲学》二三〇页）中国学者到欧美去游历，总有人向他表示愿意知道中国文化的诚意。因为西洋人对于他们自己的文化，渐渐儿有点不足的感想，所以想研究东方文化，做个参考品。最近……梁漱溟发布了一部《东西文化及其哲学》，是他深研这个问题以后的报告。他对东西文化之差别，下个结论道："西方文化，是以意欲向前要求为其根本精神的；中国文化，是以意欲自为调和持中为其根本精神的；印度文化，是以意欲反身向后要求为其根本精神的。"又对于三方面的人生哲学，下个结论道："西洋生活，是直觉运用理智的；中国生活，是理智运用直觉的；印度生活，是理智运用现量的。"他是断定这三种不同的文化，是不能融合的，"最妙是随问题转移而变其态度"。他说："西洋文化的胜利，只在其适应人类目前的问题。而中国文化，印度文化，在今日的失败……就在不合时宜罢了。……第一路走到今日，病痛百出；今世人都想抛弃他，而走这第二路。……中国文化复兴之后，将继之以印度文化。于是古文明之希腊、中国、印度三派，竟于三期间次第重现一遭。"他又决定我们中国人现在应持态度道："第一，要排斥印度的态度，丝毫不能容留。第二，对于西方文化，是全盘承受。……第三，批评的把中国原来态度重新拿出来。"

文化问题，当然不但是哲学问题，但哲学是文化的中坚。梁氏所提出的，确是现今哲学界最重大的问题；而且中国人是处在最适宜于解决这个问题的地位。我们要想解决他，是要把三方面的哲学

史细细检察，这三种民族的哲学思想，是否绝对的不能并行？是否绝对的不能融合？梁氏所下的几条结论，当然是他一个人一时的假定，引起我们大家研究的兴趣的。我所以介绍此书，就作为我这篇《五十年来中国之哲学》的末节。

（原载申报馆编《最近之五十年》，申报馆1923年12月出版）

中国现代大学观念及教育趋向

（1925年4月3日）

在古代中国，文明之根一直没有停止过它的生长，尽管关于这方面的历史记载极少。进行高等教育的机构早在两千年前就出现了，那时称之为"太学"。随后，又从这一初步形式，逐步演变为一种称之为"国子监"的教育制度。它包括伦理教育、政治与文学教育。现在看来，这是必然的发展，并且随着这一发展而增设了包括写与算等更多的学科。但增设的这些科目，在钦定的学校课程中，是无足轻重的。数百年来，教育的目的只有一项，即对人们进行实践能力的训练，使他们能承担政府所急需的工作。总之，古代中国只有一种教育形式，因此，其质与量不能估计过高。

晚清时期，东方出现了急剧的变化。为了维护其社会生存，不得不对教育进行变革。当时摆在我们面前的问题，是要仿效欧洲的形式，建立自己的大学。当这些大学建立了起来并有了良好的管理以后，就成为一支具有我们自己传统教学方法的蓬蓬勃勃的令人称誉的力量。初时的大学，也曾设置了与西方大学的神学科相应的独立的经科。这些大学推行的总方针，还是为了要产生一个于政府有用、能尽忠职守的群体。

随着一九一二年民国的成立，它把政府的控制权移到了民众手中——在大学内部也体现了这种新的精神。最早奏效的改革，是废除经科，从而使大学具备了成立文、理、医、农、工、法、商等科的可能性。作为上述这项方针的结果，一批大学建立了起来，几乎所有这些大学都完全或基本上贯彻了政府关于教育方面的指示。迄今为止，在北京（首都）有国立北京大学，在天津有北洋大学，在

太原有山西大学，在南京有国立东南大学，在湖北有武昌大学，以及在首都还有其它一些大学，所有这些大学，皆直属中央政府，经费由中央政府拨给。最近，几所省立大学也相继宣告成立，其它一些则正在筹建之中。直隶的河北大学，沈阳的东北大学，陕西的西北大学，河南的郑州大学，广州的广东大学以及云南的东陆大学，都有了良好的开端。其它各省也都在积极筹建它们本省的大学。一些以办学有方而著称的私立大学，如天津的南开大学和厦门的厦门大学，也是值得一提的。至于那些已获得政府承认的学院，更是不计其数。尽管这些大学所设系、科各不相同，但都有同样的组织形式。它们的目标，不仅在于培养人们的实际工作能力，还在于培养人们在各种知识领域中作进一步深入研究的能力。

下面请允许我以一所具体的大学，即我非常熟悉的国立北京大学的一些情况来对我所谈的加以印证。

众所周知，这所大学由于她的起源及独特的历史而具备较完善的组织系统。根据目前的发展趋势方向，我们很自然地能预见到未来的进展。但是，这种发展趋势和方向的主要特点究竟是什么呢？对此我想说明如下：也许说明整个问题的最简捷的方法，是回顾一下近几年的改革过程，这些改革对北大的发展是有重大意义的。在一九一二年，曾制定了一项扩充北大所有学科的系科计划，但后来鉴于某些系科，例如医科和农科等，宜于归并到其它一些对此已具有良好设备条件的大学中去，因而放弃了这一计划。在考虑了这些情况以后，北大确认对它最必要的，是设置文、理、工、法等科。就这样，北大以这四科发展到一九一六年，成为教育界有影响的组成部分。接着，为了有利于北洋大学和北京工业专门学校，北大又把工科划了出去，以便与上述两校取得协作。随后，不但在国立北京大学，而且在全国范围都发生了一个巨大的变化，那就是：有着众多系科的旧式"大学"（名符其实的"大"学）体制逐渐衰亡，单科（或少数几科）的大学在更具体的规模上兴起。这个变化的最终结果，现在尚无法预测，但就目前而言，其效果是创立了易受中央和地方政府资助的特殊的大学教育形式。由于这个变化，高等教育机构则可能由几个或仅仅一个系（这里所说的"系"与美国大学的"学院"一词同义）组成。

一九二〇年，北大按旧体制建立的文、理、法科被重新改组为以下五个部：

第一部　数学系，物理系，天文系。

第二部　化学系，地质系，生物系。

第三部　心理系，哲学系，教育系。

第四部　中国语言文学系，英国语言文学系，法国语言文学系，德国语言文学系以及行将设置的其他国家的语言文学系。

第五部　经济系，政治系，法律系，史地系。

其它正在考虑开设的系，将按其性质分别归入以上五个部。

当时之所以有这样的改变，其着眼点乃是现行大学制度急需重新厘订，以便适应国家新的需要。此外，还有如下几点原因：

1. 从理论上讲，某些学科很难按文、理的名称加以明确的划分。要精确地限定任何一门学科的范围，不是一件轻而易举的事。例如，地理就与许多学科有关，可以属于几个系：当它涉及地质矿物学时，可归入理科；当它涉及政治地理学时，又可归入法科。再如生物学，当它涉及化石、动植物的形态结构以及人类的心理状态时，可归入理科；而当我们从神学家的观点来探讨进化论时，则又可把它归入文科。至于对那些研究活动中的事物的科学进行知识范围的划分尤为困难。例如，心理学向来被认为是哲学的一个分支，但是，自从科学家通过实验研究，用自然科学的语言表达了人类心理状况以后，他们又认为心理学应属于理科。摆在我们面前的，还有自然哲学（即物理学）这个专门名词，它可以归入理科；而又由于它的玄学理论，可以归入文科。根据这些情况，我们决定不用"科"这个名称，尽管它在中国曾得到广泛的承认，但我们却对这

个名称不满意。

2. 就学生方面来说，如果进入一所各科只开设与其它学科完全分开的、只有本科专业课程的大学，那对他的教育将是不利的。因为这样一来，理科学生势必放弃对哲学与文学的爱好，使他们失去了在这方面的造诣机会。结果他的教育将受到机械论的支配。他最终会产生一种错误的认识，认为客观上的社会存在形式是一回事，而主观上的社会存在形式完全是另一回事，两者截然无关。这将导至〔致〕自私自利的社会或机械社会的发展。而在另一方面，文科学生因为想回避复杂的事物，就变得讨厌学习物理、化学、生物等科学。这样，他们还没有掌握住哲学的一般概念，就失去了基础，抓不住周围事物的本质，只剩下玄而又玄的观念。因此，我们决心打破存在于从事不同知识领域学习的学生之间的障碍。

3. 现在，我们再看看北大的行政组织。当时的组织系统尽管没有什么人对之有异议，但却存在着很大的问题。内部的不协调，主要在于三个科，每一科有一名学长，唯有他有权管理本科教务，并且只对校长负责。这种组织形式形同专制政府；随着民主精神的高涨，它必然要被改革掉。这一改革，首先是组织了一个由各个教授、讲师联合会组成的更大规模的教授会，由它负责管理各系。同时，从各科中各自选出本系的主任；再从这些主任中选出一名负责所有各系工作的教务长。再由教务长召集各系主任一同合作进行教学管理。至于北大的行政事务，校长有权指定某些教师组成诸如图书委员会、仪器委员会、财政委员会和总务委员会等。每个委员会选出一人任主席，同时，跟教授、讲师组成教授会的方法相同，这些主席组成他们的行政会。该会的执行主席则由校长遴选。他们就这样组成了一个双重的行政管理体制，一方面是教授会，另方面是行政会。但是，这种组织形式还是不够完善，因为缺少立法机构。因此又召集所有从事教学的人员选出代表，组成评议会。这就是为许多人称道的北京大学"教授治校"制。

如上所说，北大的进步尽管缓慢，但是从晚清至今，这种进步已经是不可逆转的了。这些穷年累月才完成的早期改革，同大学教育的目的与观念有极大的关系。大学教育的目的与观念是明确的，就是要使索然寡味的学习趣味化，激起人们的求知欲望。我们决不把北大仅仅看成是这样一个场所——对学生进行有效的训练，训练他们日后成为工作称职的人。无疑，北大每年是有不少毕业生要从事各项工作的，但是，也还有一些研究生在极其认真地从事高深的研究工作，而且，他们的研究总是及时地受到前辈的鼓励与认可。这里，请允许我说明，北大最近设置了研究生奖学金和其它设施。我们中国自古以来就以宣扬和实践"朴素的生活，高尚的思想"而著称。因此，按照当代学者的看法，这所大学还负有培育及维护一种高标准的个人品德的责任，而这种品德对于做一个好学生以及今后做一个好国民来说，是不可缺少的。

为了对上面所提到的高深研究工作加以鼓励，北大还采取了以下一些措施：

（甲）强调教授及讲师不仅仅是授课，还要不放过一切有利于自己研究的机会，使自己的知识不断更新，保持活力。

（乙）在每一个系，开始了由师生合作进行科学方面及其它方面的研究。

（丙）研究者进行学术讨论有绝对自由，丝毫不受政治、宗教、历史纠纷或传统观念的干扰。即使产生了对立的观点，也应作出正确的判断和合理的说明，避免混战。

为了培养性格、品德，还采取了如下一些措施：

（甲）制定体育教育计划：（1）每年进行各种运动技能比赛。与外界举行比赛和其他的室外比赛，吸引了所有的北大师生，其水准可与西方相比。足球、网球、赛马、游泳、划船等活动同样令人喜爱。（2）可志愿参加某些军训项目，特别是童子军运动正在兴起。

（乙）为培养学生对美术与自然美的鉴赏能力，成立了雕塑研

究会和音乐研究会。

（丙）学生们利用课余时间在〔为〕学校附近的文盲及劳工社会服务，深受公众的赞赏。其中最突出的是在乡村地区开展平民讲习运动和对普通市民开办平民夜校。学生们通过这些活动，极大地促进了自己的身心发展。

当中国的青年一代在思想上接受了新的因素之后，他们对政府与社会问题的态度就变得纷繁复杂了。他们热情奔放地参加一切政治活动，这已在全国各地不同程度地表现出来。这种学生运动虽然是当代所特有的（如巴黎与哈瓦那所报道的那样），但在中国的汉代及明代历史上已早有先例。它只是在近几年中采取了更为激烈的反抗形式而已。学校当局的看法是，如果学生的行为不超出公民身份的范围，如果学生的行为怀有良好的爱国主义信念，那么，学生是无可指责的。学校当局对此应正确判断，不应干预学生运动，也不应把干预学生运动看成是自己对学生的责任。现代的教育已确实把我们的学生从统治者的束缚中解放了出来。总的来说，这场活跃的运动已经在我们年青一代的思想中灌注了思想、兴趣和为社会服务的真诚愿望，从而赋予他们以创造力和组织力，增强了领导能力，促进了友谊。但是，这也可能使学生本身受害，危及他们已取得的进步。学校当局正是基于这点才以极大的同情与慈爱而保护他们。

上述的概括，可能已足以说明中国大学教育的总的趋向，这是从我在北大任职期间的个人经历中总结出来的。至于中国教育的发展，特别是目前教育的发展，可能还存在其他倾向；即使在北大，这些带有倾向性的改革，不论其是否起了作用，我们认为它还是很不完善的。更确切地说，我们的改革与实验，使我们确信我们的大学目标与观念仍然是很不成熟的。

（据蔡元培论著英文打字副本译出，赵念渝译、许凤岐校）

在伦敦举行的孙中山追悼会致词

（1925年4月12日）

　　我们得到国民党本部的报告，知道我们最所信仰最所敬爱的孙中山先生竟于上月十二日去世了。我们这一年来，从外国报纸上，见到孙先生不幸的消息，已不只一次，后来都知道不确，不过受了虚惊。所以我们最近得了不幸的消息，还希望与前次的虚惊一样。现在是绝望了，我们无可如何，所以有这个追悼会。

　　孙先生的去世，凡是外国人，与我们中国有点关系的，没有一个不注意的，何况我们中国人！中国人里面，就是平日政见与孙先生不同的人，或因为利害关系，曾经反对过孙先生的人，到了此刻，没有一个不表示悼惜的诚意，何况我们平日都是信仰孙先生，敬爱孙先生的呢！

　　但是，我们信仰孙先生，敬爱孙先生，并不是因为孙先生的五官四肢有特别惊人的形式，无非因孙先生有卓越的识见、强毅的魄力、豁达的度量，可以使我们信仰与敬爱。所以核实讲起来，我们所信仰所敬爱的，不是孙先生的体魄，而是孙先生的精神。

　　固然体魄是精神所寄托，若是孙先生的体魄，能延长多少年，一定要添出多少发扬精神的成效。所以我们从前也常常从他的体魄上，抱一种益寿延年的希望。现在这一方面已经绝望了，我们不能不专从精神一方面着想。

　　孙先生的精神，我上头说过，从识见、魄力、度量三方面观察，先看识见方面，就可用三民主义来证明。

　　民族主义上排满的号召，自明末以来，没有断过。不过从前一部分是学者的理论，一部分是会党的实力，没有结合在一处。洪

秀全的失败，就是因为全靠会党的分子；而学者如曾国藩、胡林翼等，反为对方所利用。孙先生看破这一层，所以他的革命运动，虽也先从会党着手，而后来却把留日、留美、留欧的学生，与国内留日受教育的青年，都收容起来，组织同盟会，各方面都有人才，所以能成就革命的事业。从前讲民族主义的人，多以为只要把满洲政府推倒，换一个汉人做皇帝就够了。孙先生看到世界各国帝王，将来都要淘汰，与其把排斥异族政府与排斥帝王分作两次经营，要多流许多血，决不如一气呵成的简易。而且，帝王的名义没有废掉，革命的时候，不知道有"几人称帝，几人称王"，与元末一样，要混战多少年数。所以毅然决然于标举民族主义时，就同时提出民权主义；而且于同盟会主义中，特指明"建立民国"，使不致为以君主立宪制充民权主义的所朦混。

我们一说到"建立民国"的民权主义，自然联想到美、法两先进国。在美国建立的时候，在抵御独裁制；在法国建立的时候，在抵御贵族制；都以为从此贵族、平民的阶级铲除，全国的人权将来永远平等了。不意自由竞争的结果，又演出资本家与劳动者两阶级，为近几十年来最难解决的问题。各国政治家都不过提出小补的方法，名为社会政策，没有从根本解决上设想的。根本解决的悬想，仅有几个理论家。孙先生看到这种理论必要实行，所以于标举民族、民权两主义时，就提出民生主义；而且民生主义的实现，先从平均地权入手。这真是孙先〈生〉卓越的识见。

孙先生抱了这种主义，若是不过宣告、宣传就算了，那就无怪乎人人说他是理想家了。其实，孙先生不但是理想家，而又是实行家。他从甲午到辛亥十几年间，并没有正式军队可以利用，然而他率了多少同志在"青天白日"的革命旗下，攻惠州，攻河内，攻广州，不知冒多少次危险，然而终没有退缩。民国元年，孙先生既预定卸职，曾告诉我，卸职以后，将率一部分同志，游历国内各地，传播主义，并调查各地社会状况，备本党研究。我尔时深表赞成，曾于南京公钱孙先生的大会中，特别提出，劝先生决定实行。然而孙先生究竟不是耐作这种迂远政策的人。所以二年间宋案发生，先生自日本回国，即力主讨袁，于是有二次革命的一举。后来如讨伐洪宪，如建设护法政府，如最近的反对贿选总统，都是在极艰难极窘迫的境遇中，筹备北伐，虽经过多少障础〔碍〕，而先生毫不仄〔灰〕心。直到最近，在北京抱病的时候，因为国民会议的主张尚未实现，不让本党加入善后会议。奋斗的精神始终不懈，不因为有点成功就觉满足，尤不因为有点失败就要退缩。记得孙先生曾对我说："我不善处成功，而善处失败；愈失败，我的精神愈焕发。"这种奋斗的精神，真是我们所少见的。

孙先生心目中只有他的主义。无论何人，苟能赞成他的主义，都不妨引为同志。就是从前极端反对他的人，苟一旦肯赞成他的主义，也就引为同志。所以组织同盟会的时候，会党也好，学生也好，军人也好，都收入会里面。南京选举总统的时候，浙江光复会反对他；湖南一部分党要举黄克强先生，也反对他；然而孙先生对于这两方面的领袖，都很加优礼。在南京组织政府的时候，新学究也有，老学究也有，而且有过背党行为的人，也有被任用的。组织国民党的时候，有几个团体是向来不赞成同盟会的，孙先生因为他们这时候既改表赞成，也就容其合组，而且也不固执要留同盟会名目，而从多数的意见，改名国民党。广东人向来有专信本省人的习惯，孙先生所信任的人，并不限于本省，于最近时期，指挥滇军、黔军、湘军讨伐本省背党的军队。安福俱乐部，本来是孙先生所反对的，后来在广州政府中很用安福部的人，而且最近与安福首领合作。这种不念旧恶、而纯以主义为标准的态度，真是豁达极了。

现在，孙先生的体魄，我们就是有法保存，也无法候他活动了。然而，他的精神，还是活现在我们的精神上。我们大家若是都

能本着他卓越的政见，而师法他的毅力，为不断的奋斗；师法他的度量，为无涯的容纳；将来终有一日，把孙先生所提出的三民主义完全实现。那就我们现在的追悼会，也未尝不可算是孙先生复活节了。我们还当于极沉痛的聚会中，提出极严重的责任心，才能不辜负孙先生呵！

（陈剑翛记录，据蔡元培演说词记录稿）

说民族学

（1926年12月）

民族学是一种考察各民族的文化而从事于记录或比较的学问。偏于记录的，名为记录的民族学，西文大多数作Ethnographie，而德文又作Beschreibende Völkerkunde。偏于比较的，西文作Ethnologie，而德文又作Vergleichende Völkerkunde。Ethno源于希腊文的Ethnos，就是民族。Graphie源于希腊文的Graphein，就是记录。Logie源于希腊文的Logos，就是学。德文多数民族作Völker，学作Kunde，记录作beschreiben，比较作vergleichen，所以联合起来成上列的三种名词。但是德文Völkerkunde的少数作Volkskunde，乃从英文的Folklore出来。英文这一个名词，是一八四六年顷学者W. G. Thomas所创作，用以代通用的Popular antiquities的名词，是民俗学的意义。后来渐渐为各国所采用，并无改变；惟有德国人照本国字义改为Völkerkunde，也惟有德国人用他的民族学多数作为考察各民族文化的学问的总名（英文Folklore一字，并无多数字），而又可加以记录、比较等语词。今此篇用民族学为总名，而加以记录的与比较的等词，是依傍德国语法的。

记录的民族学，发端甚早。我国有《山海经》一书，相传为禹益所作，当然不确；然为汉以前的书，是无可疑。这部书固然以地理为主，而且有许多古代神话的材料，但就中很有民族学的记载。例如《山经》，于每章末段，必记自某山以至某山，凡若干里，其神状怎样，其祠礼怎样；那都是记山间居民宗教的状况。他所记神状有龙身人面、人面牛身，与四足一臂、八足二首等语。所记祠礼，用动物，有毛、肥牲、毛牷、百牺、太牢、羊、牝羊、白

狗、黑犬、白鸡、雄鸡、雌鸡、毛采等；用糈，有稌米、稷米等；用酒，有酒百尊；用矿物，有玉、璋、璧、珪、瑜、璆等；用器，有烛、钤、兵、桑封、白菅为席等；仪节有瘗、投、祈、禳、斋百日、献血、干舞、冕舞等。而《北山经》之首，记"其山北人皆生食不火之食"；《北次山经》之首，又记"此皆不火食"；又于宗教以外，记及饮食法。《海外经》是各民族的记载，但神话分子太多，就中较为可信的，如记形体，有"结匈国其为人结匈"，"周侥国其为人短小"，"黑齿国其为人黑齿"，"毛民国其为人身生毛"（案：这是虾夷），"劳民国其为人面目手足尽黑"（案：这是非洲黑种）等。记食物，有"黑齿国人，食稻啖蛇"，"玄股国人衣鱼食鸥"等。记服饰，有"周侥国人冠带"，"丈夫国人、君子国人衣冠带剑"等。记品性，有"君子国人好让不争"等。至于《大荒经》，近人颇疑是刘秀等所述，用以释《海外经》的，就中所含民族学的分子，是姓氏与食物两项：如记"胡不与之国，列姓"，"大人之国，厘姓"等。又记"芀国黍食"；"中容人食兽木实"；"盈民之国于姓，黍食"，"又有人方食木叶"，"不死之国，阿姓，甘木是食"；"蜮民之国，桑姓，射蜮是食"；"北容之国，食鱼"；"先民之国食谷"；"苗民厘姓食肉"等。这可以算是一部最古而材料较富的书。后来如《史记》有"匈奴""西南夷"等列传，此后专史，都有这一类的列传。又如唐樊绰的《蛮书》，宋赵汝适的《诸蕃志》，元周达观的《真腊风土记》，明邝露的《赤雅》等等，也算是这一类的专书。但或为好奇心所驱使，或为政略上的副产品，不能认为科学的记录。在欧洲，自希腊历史家Herodotur记埃及人的风俗，罗马的大将该撒记高卢人不列颠人风俗，也是这种记录的开端。此后类似这一类的书，也是很多，然而真正可以认为记录的民俗学的，大抵为十九世纪后半纪以后出版的。因为那时候比较的民俗学已有点成绩；而苦于材料不足，乃先用记录的工作，为比较的预备。现在的记录与从前的不同，就是事实要从实地考查上得来。有时以私人的结合，深入自然民族的部落，经极苦的旅行，冒极大的危险，缘此而牺牲生命的也常有，幸而达到目的，就有一种详确的报告。有时借政府的经费，组织探险队，行大规模的购置与发掘。大约普通的实物，可以购置或交换；通行的传说或歌谣，可由译人解说；外著的风俗，可用照像器摄取；若含有神秘性质的仪式与意义，就不是习他们的语言，知他们的习尚，与他们狎处，决不能窥得真相了。所以每一学者所考察的总不过一部分。我们只要一翻这一类著述的目录，就看得出来。有以地方为范围的，如Erekert的高加索与其各民族；Brunentritt的斐列滨民族记的一种试验等是。有以一或数民族为范围的，如Haarhoff的南非之Bantu族，Steinen的巴西中部之自然民族等是。有以一器物为范围的，如Ankesmann的非洲人之乐器，Woule的非洲人之箭等是。有以一事件为范围的，如Sarfert的北美土人之家屋与村落，Weddell的西藏之佛教等是。有以一洲的普通文化为范围的，如Ankesmann的非洲之文化范围与现象，Graebner的南洋之文化范围与现实等是。关于合各洲各民族而汇集前人的记录以成书，如Euschan所印的，乃集众编成的，除Euschan自任澳洲与南洋外，欧亚二洲，属于Byhan，美洲属于Kriekerberg，非洲属于Euschan，绪言属于Lasch。可以见得不是容易的事业了。

比较的民族学是举各民族物质上行为上各种形态而比较他们的异同。异的，要考究他们所以不同的缘故：是否由于地产、气候、交通的影响，抑民族特性的差别？是否因进化阶级上所占的时期不同？抑或表面不同而实含有一种共通的原则？同的，又要考究他们是否因地域相近，而一方面乃出于模仿，究竟那一族是先驱者？是否彼此本在同地，后来因被他族的割裂而渐遁渐远？是否甲、丙两民族本由中间乙民族的媒介而输入一种文化，但乙民族不复保存而甲族或丙族尚留存着输入的痕迹？是否彼此均不相干而进化上必经的阶级？这都是比较上应有的问题。吾国古人，也未尝没有见到，

例如《小戴记·王制》篇："凡居民材，必因天地寒暖燥湿，广谷大川异制，民生其间者异俗；刚柔，轻重，迟速异齐；五味异和，器械异制，衣服异宜。修其教，不易其俗；齐其政，不易其宜。中国，戎，夷，五方之民，各有性也，不可推移。东方曰夷，被发文身，有不火食者矣。南方曰蛮，雕题交趾，有不火食者矣。西方曰戎，被发衣皮，有不粒食者矣。北方曰狄，衣羽毛，穴居，有不粒食者矣。中国夷蛮戎狄，皆有安居，和味，宜服，利用，备器。五方之民，言语不通，嗜欲不同。达其志，通其欲，东方曰寄，南方曰象，西方曰狄鞮，北方曰译。"这一段于民族上仅浑举五方，于安居上举穴居，于和味上举不火食，不粒食；于宜服上举衣皮，衣羽毛，又举被发，文身，雕题，交趾等特别装饰，固太简略。所谓性不可移，也与现代实验上不合。但当时已知道用寄、译等作达志、通欲的工具，且于修齐政治教育而外，不主张易其宜俗，也可算很有见地了。《小戴记》又有一条，说禽兽知有母而不知有父，野人曰："父母何算焉？都邑之士，则知尊祢矣。"也知家庭历史，不止父系一制；但不知人类中自有母系一制，所以把知有母而不知有父专属于禽兽。此外各书，类似这两条的判断，当然还有许多；但因为没有根据详确的记录，经过很精细的研究，所以不能认为比较民族学上适合的材料。现今欧洲比较民族学部类，照Woule氏所列举的，是一，人群的起源与最早形式，二，经济的起源与最早形式，又分为：甲、经济的形式，乙、消遣品，丙、工艺与商贾，丁、钱；三，物质的文化，又分为：甲、机械，乙，取火具，丙、武器与工具，丁、装饰与衣服，戊、建筑，己、交通与运输；四，精神的文化，又分为：甲、语言，乙、文字，丙、美术，丁、游戏与玩具，戊、宗教，己、丧仪。关于这一类的著作，说人群形式的，有Bachofen的母系制，Morgan的最初的社会，Starke的最初家庭等等。说经济的有Bucher的民族经济的起源，Schurtz的钱的原理与发明史等等。说物质文化的有Andree的自然民族所用的金类，

Yahn的古代攻击兵器的进化史，Klemm的工具与武器等等。说精神文化的，有Geiger的人类语言与理性起源与进化，Mallery的美洲印度人的象形文，Palfour的装饰术的进化，Grosse的美术的起源，Groos的人类的游戏，Roskoff的自然民族的宗族状况，Schurtz的偶象教，Preuss的美洲东北亚洲的葬法等等。至于统合各部的著作，也有Andree的民族学的平行观与比较观，Froperuins的写示特性的民族学，Schurtz的文化的起源史，Woule的无文化者的文化等等。

民族学与人类学的关系　人类学是以动物学的眼光观察人类全体，求他的生理上、心理上与其他动物的异同，势不能不对于人类各族互有异同的要点，加以注意。似乎人类学有可以包含民族学的倾向，所以从前学者，也或用Anthropology（人类学）作民族学的名。然现今民族学注重于各民族文化的异同，头绪纷繁，决不是人类学所能收容，久已离人类学而独立。但是民族学中对于各民族生理上的特征，如身体的短长，头骨的尺度，肤色的明暗等，仍用人类学的方法，这是民族学包含人类学份子的。

民族学与人种学的关系　人种学是研究人类种族的差别、分布与混杂的情形，德文上有Rassenkunde专名，而他国多用Ethnologie一字，所以词典中往往用人种学来注释这个字。但是人种学虽也要考求各民族的文化，却不过借以证明他们的种系的异同，对于文化本体不是主要目的物，而所详求的还是偏于种系方面。民族学因为要明了文化上互相传演的机会，自然也不能不注意于种系的相关；而对于种系的异同，却不是主要目的物；而所详求的，还是偏于文化方面。这是两方互相交错，而又各有领域的缘故。

民族学与考古学的关系　考古学西文作Archaeology，因为所考的古物，偏于有史以前的时代，所以一名先史学（Prehistoric）。考古学者所得的材料，均为实质的，例如人骨、兽骨及其他器物之类，用民族学所得的材料来证明他，才能知道详细的作用，且因此

而知道现代开化人的祖先，正与现代的野蛮人相等。

各民族占地的态度，迁徙踪迹，经济的来源与文化传布的范围，都与地理有关，所以从前民族学名家如F. Ratzel、G. Gerland等均为地理学者，这可以见民族学与地理学的关系。

民族的文化随时代而进步　研究民族者不能不注意于此点，所以H.Schurtz目民族学为文化的原始史。W.Schmidt谓"民族学是以由各民族生活上求出人类精神的发展与其由精神上所产生的行动为对象，即不外历史学的研究"。Ratzel亦谓"民族学在各种纪念品上认识人类精神的进化与社会的变迁，得视为历史学之一部"。这就可以见民族学与历史学的关系。

民族学中本有关于社会进化的一部，英国斯宾塞所著《社会学原理》，法国涂尔干一派的社会学，所列例证，都出于民族学，这可以见民族学与社会学的关系。

民族学的材料，固然有一部分属于自然科学范围，而大部分是关于各民族的心理，所以德国冯德有"民族心理学的建设"，这可以见民族学与心理学的关系。

其他与言语学、经济学、美术史、文学等均有关系之点，可以类推。

在民族学初发起的时候，欧人所考察的，大半是他们本国属地的民族。一方面固然出于求知的欲望，而又一方面，也总觉得这些民族的文化，与己国相去太远，当然是劣等民族，不妨受高等民族的压制。后来因时相接近，或且通他们的言语，知道他们的历史，往往化去了优劣的差别见，而引起同情。例如初民的手工品，当然不及机制品的精整，然而认手工有表现个性的特长。初民的美术品当然多不合于写实的条件，然而表现主观的姿势，乃为现代表现派所采取。初民的音乐，固多不合于声学的条件，然而现代大音乐家有以善用"不和声"见长的，因而初民的音乐，也受注意。初民的社会，固多诡异的形式，然而有几种是为文化民族的祖先所有的，遂被认为文化史上经过的阶级。初民有魔术与宗教的迷信，固然科学家所鄙薄，然而科学最发达的欧洲，乡愚保存这类迷信的，也还不少，现在幽灵学也为科学家研究的对象了。所以民族学发达以后，对于世道人心的裨益，亦复不小。

至于中国历史上断片的事实，因吾国先史学尚未发展的缘故，一时不易证明的，于民族学得了几种旁证，可以明了一点的，也就不少。姑举几个例：如《易·系辞传》称上古穴居，而别史又有有巢氏的时代。古人穴居的遗迹，法兰西、西班牙等国现已发见多处，在我国必不难觅得。巢居的状况，于Neuguinea土人中尚可以看到。相传吾国有燧人氏时代，方知用火，而周代尚有钻燧取火的习惯，但这类的器具，已经消灭了，而现今未开化民族中如南美洲的Ganchos、北美洲的Eskimo、Troksen、亚洲的Malai、澳州土人等，都还有钻木取火的装置。《易》称"上古结绳而治"，注家但说"大事大结其绳，小事小结其绳"，不知道结的形式与作用；而美洲墨西哥、秘鲁两国的土著人，都曾有过结绳的时代。墨西哥的绳文，虽尚未觅得；而秘鲁的绳文，流传尚多，且有专门研究的。近有一瑞典大学教授，认为结绳皆记数，而且多为配一年中之日数的。《诗》"生民篇"称周朝的始祖是姜嫄，"玄鸟篇"称商朝的始祖是有娀，都是妇人；又古代姓先于氏，而姓字从女，在习惯于父系制家庭的吾人，很不易知道他的缘故。在民族学考得初民族父系制以前，先有一个母系制的时代，就可以知道以妇人为始祖的缘故了。《左氏传》述郯子语古代有以龙名官，以鸟名官的帝王。《说文解字》重闽皆蛇种，故从虫，北狄犬种，故从犬，用民族学的眼光看起来，都是图腾（Totemismus）的遗迹。最可异的，东方的夷，独从人；现今美洲北部的Eskimo民族，虽被人用Algonkin语名为"食生肉"的民族，而自称Tunit乃"人"的意义。此族体格状

貌近于蒙古族，故有人疑为自亚洲渡白零海峡，始到美洲的。或者有一时期，这民族的一部分，适在汉族的东面，所以名他为夷，而夷字特从人。其余可以证明中国史迹的，一定很多，就在乎对于民族学有兴会的人，随时去考求了。

（原载1926年12月《一般》第1卷第12号）

读书与救国

——在杭州之江大学演说词

（1927年3月12日）

今天承贵校校长费博士介绍，得来此参观，引为非常的荣幸！贵校的创设，有数十年的悠久历史，内中一切规模设备，甚是完美。不用说，这个学校是我们浙江唯一的最高学府。青年学子不必远离家乡，负笈千里，即可求得高深学问，这可不是我们浙江青年的幸福吗！

我看贵校的编制，分文、理二科，这正合西洋各大学以文、理为学校基本学科的本旨。我们大家晓得，攻文学的人，不独要在书本子里探讨，还当受大自然的陶熔。是以求学的环境，非常重要。请看英国牛津大学和美国哥伦比亚大学，他们都设在城外风景佳绝之地。因此，这两个学校里产出的文学巨子，亦较别校为多。贵校的校址，负山带河，面江背湖，空气固是新鲜，风景更属美丽。诸位求学于如此山明水秀之处所，自必兴趣丛生，收事半功倍之效。所以我很希望你们当中学文科的人，能多多造成几位东方之文学泰斗。

印度文明，太偏重于理想，不适合于二十世纪的国家。现在是科学竞争时代，物质万能时代，世界上的强国，无不是工业兴隆，对于声光化电的学问，研究得至微至细的。什么电灯啦，电报啦，轮船啦，火车啦，这些有利人类的一切发明，皆外人贡献的。我们中国就是本着古礼"来而不往，非礼也"的公式，也该有点发明，与世界各国相交换才是。这个责任，我希望贵校学理科的诸位，能自告奋勇地去担负起来。

现在国内一般人们，对于收回教育权的声浪，皆呼得非常之

高，而我则以为这个时期还没到。试问国立的几所少数学校，是否能完全容纳中国的学生，而使之无向隅之憾呢？中国目下的情形，是需要人才的时候，不应该拘执于微末之争。至于教会学校的学生，对于爱国运动很少参加，便是无爱国的热忱，这个见解更是错了。学生在求学时期，自应惟学是务，朝朝暮暮，自宜在书本子里用功夫。但大家不用误会，我并不是说学生应完全的不参加爱国运动，总要能爱国不忘读书，读书不忘爱国，如此方谓得其要旨。至若现在有一班学生，借着爱国的美名，今日罢课，明天游行，完全把读书忘记了，像这样的爱国运动，是我所不敢赞同的。

我在外国已有多年，并未多见罢课的事情。只有法国一个高等学堂里，因换一教员，同时有二人欲谋此缺，一新派，一旧派，旧派为保守党，脑筋旧，所以政府主用新人物，因此相争，旧派乃联络全城的高等学校罢课。当时西人认为很惊奇的一回事。而我国则不然，自"五四"以后，学潮澎湃，日胜一日，罢课游行，成为司空见惯，不以为异。不知学人之长，惟知采人之短，以致江河日下，不可收拾，言之实堪痛心啊！

总之，救国问题，谈何容易，决非一朝一夕空言爱国所可生效的。从前勾践雪耻，也曾用"十年生聚，十年教训"的工夫，而后方克遂志。所以我很希望诸位如今在学校里，能努力研究学术，格外穷理。因为能在学校里多用一点工夫，即为国家将来能多办一件事体。外务少管些，应酬以适环境为是，勿虚掷光阴。宜多多组织研究会，常常在试验室里下工夫。他日学成出校，为国效力，胸有成竹，临事自能措置裕如。一校之学生如是，全国各学校之学生亦如是，那末中国的前途，便自然一天光明一天了。

（本文由王裕凯笔记，原载1927年3月12日《知难周刊》第2期）

三民主义的中和性

（1928年9月16日）

中国民族，富有中和性。在政论上，虽偶然有极端主张，如法家的极端专制，道家的极端放任。然他们学说，均不久而转变。实施这种学说的，如商鞅、吴起、李斯等，专行法治；晋、宋名士的崇尚老、庄，也均不久而失败，终不能不转到主张中和的儒家。中和的意义，是"执其两端，用其中"。就是不走任何一极端，而选取两端的长处，使互相调和。

西方各民族中，只有希腊人与中国人相近。所以雅里士多德也倡中和说。他所说的节俭，是奢侈与吝啬的折衷，勇敢是暴乱与怯懦的折衷，正与"执其两端用其中"的界说相合。但是，此外西方各民族的性，都与此不同。所以，雅氏的中和主义，在欧洲竟没有发达。然彼等二千年来，在两极端间往复摆动，不能不时触中点；且以多数民族分别尝试，经验宏多。故近日已渐有倾向中和的理论与事实。

究以与固有的民族性不相投，所以进步不能很快。孙先生所以说："欧美关于管理物的一切道理，已经老早想通了，至于那些根本办法，他们也老早解决了；至于欧美的政法道理，至今还没有想通，一切办法，在根本上还没有解决。"到底那个能想通政治道理，并且能解决根本办法，只有我们孙先生。他的办法，就是三民主义。孙先生固然对于欧美的政治道理，研究得很博很深，然而他所以能想通的缘故，还是因为受了本国中和的民族性与中和的历史事实之大影响。我们现在就三民主义演讲中，时时见到中和性的表现。试举其例如下：

主张保存国粹的，说西洋科学破产；主张输入欧化的，说中国

旧文明没有价值。这是两极端的主张。孙先生讲民族主义的时候，说中国要恢复民族的地位，要把固有的道德、固有的知识、固有的能力恢复起来，是何等的看重国粹！然又说恢复我一切国粹之后，还要去学欧美之所长。又说，我们要学外国，要迎头赶上去，不要在后赶着他。这又何等的看重欧化！

孙先生讲五权宪法的时候，说外国有三权分立的宪法，就是立法、行政、司法三权的划分；但中国亦有三权分立的宪法，就是兼立法、行政、司法三权的君权，与考试权、弹劾权的划分，这两面都有缺点，所以要采取两面所长，用欧洲三权分立的制度，而加以中国特有的考试、监察二权，名为五权宪法。这岂不是国粹与欧化的中和性么？

主张开明专制的，说人民难以图始；主张极端放任的，说政府可以不设。这也是两种各偏于一方的态度。孙先生讲民权主义，把权与能划分得很清楚，政府应当万能，所以把行政、立法、司法、考试、监察五个治权，都交给他，要他负起责任。人民应当有权，所以把选举、罢免、创制、复决的四种政权，都行使起来，就可以驾驭政府。这岂不是人民与政府两方权力的中和性么？

主张自由竞争的，维持私有财产制；主张阶级斗争的，要没收一切资本家所有。这都是两极端的意见。孙先生用平均地权与节制资本两法来解决这个纠纷，不是突然把私有财产没收，而是渐渐的化私为公；不是共现在的产，而是共将来的产，这岂不是经济革命的中和性么？

其余如地价登记时，价由地主自定，而有按价抽税与照价收买两法，可以互相调剂；在训政时期，中央与省之权限，采均权制度，不偏于中央集权或地方分权，无一非中和性的表现。孙先生伟大之精神在此。凡是孙先生的信徒，都应当体会此种精神，才可以尽力于孙先生的主义。（下略）

（原载1928年9月16日《三民半月刊》第1卷第4期）

美术批评的相对性

（1929年4月28日）

我们对于一种被公认的美术品，辄以"有目共赏"等词形容之。然考其实际，决不能有如此的普遍性。孔子对于善恶的批评，尝谓乡人皆好、乡人皆恶均未可，不如乡人之善者好之，其不善者恶之。美丑也是这样，与其要人人说好，还不如内行的说好，外行的说丑，靠得住一点。这是最普通的一点。至于同是内行，还有种种关于个性与环境的牵制，也决不能为绝对性，而限于相对性。请举几条例。

（一）习惯与新奇　我们对于素来不经见的事物，初次接触，觉得格格不相入。在味觉上，甲地人尝到乙地食物时，不能下咽；在听觉上，东方人初听西方音乐时，觉得不入耳。若能勉强几次，渐渐儿不觉讨厌，而且引起兴味。所以一切美术品，若批评者尚未到相习的程度，就容易抹杀他的佳处。反之，我们还有一种习久生厌的心理。常住繁华城市中的人，一到乡村，觉得格外清幽；而过惯单调生活的人，又以偶享繁复的物质文明为快乐。美术批评，或惯于派别不同的，而严于派别相同的，就起于这种心理。

（二）失望与失惊　对于平日间素所闻名的作家，以为必有过人的特色；到目见以后，觉得不过尔尔，有所见不逮所闻的感想，就不免抑之太甚。对于素不相识的，初以为不足注意，而忽然感受点意外的刺激，就不免逾格的倾倒。

（三）阿好与避嫌　同一瑕不掩瑜的作品，作者与自己有交情的，就取善之从者的态度；若是与自己有意见的，就持吹毛求疵的态度，这是普通的偏见。但也有因这种偏见的普通而有意避免的，

他的态度，就完全与上述相反。

（四）雷同与立异　对于享受盛名的人，批评家不知不觉的从崇拜方面说话；就是有不满意处，也因慑于权威而轻轻放过。但也有与此相反的心理，例如王渔洋诗派盛行的时候，赵秋谷等偏攻击他。文西在弗罗绫斯大受欢迎的时候，弥楷朗赛罗偏轻视他。这也是批评家偶有的事实。

（五）陈列品的位置与叙次　美术品的光色，非值适当的光线，不容易看出；观赏者非在适当的距离与方向，也不能捉住全部的优点。巴黎卢佛儿对于文西的《摩那丽赛》，荷兰国之美术馆对于兰勃郎的《夜巡图》，都有特殊的装置，就是这个缘故。在罗列众品的展览会，每一种美术，决不能均占适宜的地位，观赏的感想，就不能望绝对的适应。又因位置的不同，而观赏时有先后，或初见以为可取，而屡见则倾于厌倦；常〔当〕厌倦时而忽发见有一二特殊点，则激刺较易。这也是批评者偶发的情感，不容易避免的。

右列诸点，均足以证明一时的批评，是相对的，而非绝对的。批评者固当注意，而读批评的人，也是不能不注意的。

（原载1929年4月28日《美展》第7期，

全国美术展览会编辑组出版）

中华民族与中庸之道

——在亚洲学会演说词

（1930年11月20日）

我等所生活的世界，是相对的，而我人恒取其平衡点。例如在生理上，循环系动脉与静脉相对而以心脏为中点；消化系吸收与排泄相对而以胃为中点。在心理概念上，就空间言，有左即有右，有前即有后，有上即有下，而我等个人即为其中心。以时间言，有过去即有将来，而我人即以现在为中点。这都是自然而然，谁也不能反对的。在行为上，也应有此原则，而西洋哲学家，除雅里士多德曾提倡中庸之道外（如勇敢为怯懦与卤莽的折中，节制为吝啬与浪费的折中等），鲜有注意及此的；不是托尔斯泰的极端不抵抗主义，便是尼采的极端强权主义；不是卢梭的极端放任论，就是霍布斯的极端干涉论；这完全因为自希腊民族以外，其他民族性，都与中庸之道不投合的缘故。独我中华民族，凡持极端说的，一经试验，辄失败；而为中庸之道，常为多数人所赞同，而且较为持久。这可用两种最有权威的学说来证明他：一是民元十五年以前二千余年传统的儒家；一是近年所实行的孙逸仙博士的三民主义。

儒家所标举以为模范的人物，始于四千年前的尧、舜、禹，而继以三千五百年前的汤，三千年前的文、武。《论语》记尧传位于舜，命以"允执厥中"。舜的执中怎样？《礼记·中庸》篇说道："舜好察迩言，执其两端，用其中于民。"《尚书》说舜以典乐的官司教育，命他教子弟要"直而温，宽而栗，刚而无虐，简而无傲"。直宽与刚简，虽是善德，但是过直就不温，过宽就不栗，过

刚就虐，过简就傲，用温、栗、无虐、无傲作界说，就是中庸的意思。舜晚年传位于禹，也命他允执厥中。禹的执中怎样？孔子说："禹菲饮食而致孝乎鬼神；恶衣服而致美乎黻冕，卑宫室而尽力乎沟洫。"若是因个人衣食住的尚俭而对于祭品礼服与田间工事都从简率，便是不及；又若是因祭品礼服与田间工事的完备，而对于个人的衣食住，也尚奢侈，便是太过。禹没有不及与过，便是中庸。汤的事迹，可考的很少，但孟子说："汤执中"，是与尧、舜、禹一样。文、武虽没有中庸的标榜，但孔子曾说："张而弗弛，文、武弗能也；弛而弗张，文、武弗为也；一张一弛，文武之道也。"是文、武不肯为张而弗弛的太过，也不肯为弛而弗张的不及，一张一弛，就是中庸。至于儒家的开山孔子曾说："道之不行也，贤者过之，不肖者不及也；道之不明也，知者过之，愚者不及也。"又尝说："过犹不及。"何等看重中庸！又说："质胜文则野，文胜质则史，文质彬彬，然后君子。"是求文质的中庸。又说："君子之于天下也，无过也，无莫也。义之与比。"又说："我无可无不可"，是求可否的中庸。又说："君子惠而不费，劳而不怨，欲而不贪，泰而不骄，威而不猛。"他的弟子说："孔子温而厉，威而不猛，恭而安。"这都是中庸的态度。孔子的孙子子思作《中庸》一篇，是传述祖训的。

在儒家成立的时代，与他同时并立的，有极右派的法家，断言性恶，取极端干涉论；又有极左派的道家，崇尚自然，取极端放任论。但法家的政策，试于秦而秦亡；道家的风习，试于晋而晋亡。在汉初，文帝试用道家，及其子景帝，即改用法家；及景帝之子武帝，即罢黜百家，专尊孔子，直沿用至清季。可见极右派与极左派，均与中华民族性不适宜，只有儒家的中庸之道，最为契合，所以沿用至二千年。现在国际交通，科学输入，于是有新学说继儒家而起，是为孙逸仙博士的三民主义。

三民主义虽多有新义，为往昔儒者所未见到，但也是以中庸之道为标准。例如持国家主义的，往往反对大同；持世界主义的，又往往蔑视国界，这是两端的见解。而孙氏的民族主义，既谋本民族的独立，又谋各民族的平等，是为国家主义与世界主义的折中。尊民权的或不愿有强有力的政府，强有力的政府又往往蹂躏民权，这又是两端的见解。而孙氏的民权主义，给人民以四权，专关于用人、制法的大计，谓之政权；给政府以五权，关于行政、立法、司法、监察、考试等庶政，谓之治权。人民有权而政府有能，是为人民与政府权能的折中。持资本主义的，不免压迫劳动；主张劳动阶级专政的，又不免虐待资本家，这又是两端的见解。而孙氏的民生主义，一方面以平均地权、节制资本，防资本家的专横；又一方面行种种社会政策，以解除劳动者的困难。要使社会上大多数的经济利益相调和而不相冲突，这是劳资间的中庸之道。其他保守派反对欧化的输入，进取派又不注意国粹的保存；孙氏一方面主张恢复固有的道德与智能，一方面主张学外国之所长，是为国粹与欧化的折中。又如政制上，或专主中央集权，或专主地方分权，而孙氏则主张中央与地方之权限，采均权制度。凡事务有全国一致之性质的，划归中央；有因地制宜之性质的，划归地方。不偏于中央集权或地方分权，是为集权与分权的折中。其他率皆类此。

由此可见，孙博士创设这种主义，成立中国国民党，实在是适合于中华民族性，而与古代的儒家相当；与其他共产党的太过、国家主义派不及大异。所以当宪政时期尚未达到以前，中国国民党不能不担负训政的责任。

（原载1931年1月10日《东方杂志》第28卷第1号）

以美育代宗教

（1930年12月）

我向来主张以美育代宗教，而引者或改美育为美术，误也。我所以不用美术而用美育者：一因范围不同，欧洲人所设之美术学校，往往止有建筑、雕刻、图画等科，并音乐、文学，亦未列入。而所谓美育，则自上列五种外，美术馆的设置，剧场与影戏院的管理，园林的点缀，公墓的经营，市乡的布置，个人的谈话与容止，社会的组织与演进，凡有美化的程度者，均在所包，而自然之美，尤供利用，都不是美术二字所能包举的。二因作用不同，凡年龄的长幼，习惯的差别，受教育程度的深浅，都令人审美观念互不相同。

我所以不主张保存宗教，而欲以美育来代他，理由如下：

宗教本旧时代教育，各种民族，都有一个时代完全把教育权委托于宗教家，所以宗教中兼含着智育、德育、体育、美育的原素。说明自然现象，记上帝创世次序，讲人类死后世界等等是智育。犹太教的十诫，佛教的五戒，与各教中劝人去恶行善的教训，是德育。各教中礼拜、静坐、巡游的仪式，是体育。宗教家择名胜的地方，建筑教堂，饰以雕刻、图画，并参用音乐、舞蹈，佐以雄辩与文学，使参与的人有超出尘世的感想，是美育。

从科学发达以后，不但自然历史、社会状况，都可用归纳法求出真相，就是潜识、幽灵一类，也要用科学的方法来研究他。而宗教上所有的解说，在现代多不能成立，所以智育与宗教无关。历史学、社会学、民族学等发达以后，知道人类行为是非善恶的标准，随地不同，随时不同，所以现代人的道德，须合于现代的社会，决非数百年或数千年以前之圣贤所能预为规定，而宗教上所悬的戒律，往往出自数千年以前，不特挂漏太多，而且与事实相冲突的，一定很多，所以德育方面，也与宗教无关。自卫生成为专学，运动场、疗养院的设备，因地因人，各有适当的布置，运动的方式，极为复杂。旅行的便利，也日进不已，决非宗教上所有的仪式所能比拟。所以体育方面，也不必倚赖宗教。于是宗教上所被认为尚有价值的，止有美育的原素了。庄严伟大的建筑，优美的雕刻与绘画，奥秘的音乐，雄深或婉挚的文学，无论其属于何教，而异教的或反对一切宗教的人，决不能抹杀其美的价值；是宗教上不朽的一点，止有美。

然则保留宗教，以当美育，可行么？我说不可。

一、美育是自由的，而宗教是强制的；

二、美育是进步的，而宗教是保守的；

三、美育是普及的，而宗教是有界的。

因为宗教中美育的原素虽不朽，而既认为宗教的一部分，则往往引起审美者的联想，使彼受其智育、德育诸部分的影响，而不能为纯粹的美感，故不能以宗教充美育，而止能以美育代宗教。

（原载1930年12月《现代学生》第1卷第3期）

以美育代宗教

——在上海中华基督教青年会的演说

（1930年12月）

我记得十余年前，在丙辰学社讲演，曾提出以美育代宗教的问题。今日承中华基督教青年会同人的请属，再把这个问题提出来，向诸位请教，这在我个人是个很难得的机会。

我要预先说明的是，我们说的宗教，并不是指个人自由的信仰心，而仅是指一种拘泥形式，以有历史的组织干涉个人信仰的教派。

又我所说的美育，并不能易作美术。因从前引我说的，屡有改作以美术代宗教者，故不能不声明。盖欧洲人所谓美术，恒以建筑、雕刻、图画与其他工艺美术为限；而所谓美育，则不仅包括音乐、文学等，而且自然现象、名人言行、都市建设、社会文化，凡合于美学的条件而足以感人的，都包括在内，所以不能改为美术。

我所以主张以美育代宗教，有下列两种原因：（一）宗教的初期，本兼有智育、德育、美育三事，而尤以美育为引人信仰之重要成分。及人智进步，物质科学与社会科学逐渐成立，宗教上智育、德育的教训，显见幼稚，不能不让诸科学家之研究，而宗教之所以尚能维持场面，使信徒尚恋恋不忍去者，实恃其所保留之关系美育的部分而已。（〈现〉象上的美与精神上的美。）

（二）以代宗教上所保留的关系美育部分，在美育上实只为一部分，而并不足以揽其全。且以其关系宗教之故，而时时现出矛盾之迹，例如美育是超越的，而宗教则计较的；美育是平等的，而宗教则差别的；美育是自由的，而宗教则限制的；美育为创造的，而宗教是保守的。所以到现时代，宗教并不足为美育之助而反为其累。

　　因是我等看出美育的初期，虽系赖宗教而发展，然及其养成独立资格以后，则反受宗教之累；而且我等已承认现代宗教，除美育成分以外，别无何等作用，则我等的结论就是以美育代宗教。在家庭间，子女当幼稚时期，不能不受父母之抚养及教训，及其长大，而父母业已衰老，则子女当出而自负责任，俾父母得以休息。其他各种事业上之先进与后进，亦复互相乘除，随时期而更迭。美育之代宗教，亦犹是耳。但是这个问题，甚为复杂。我所说有不明了、不合适之处，还请诸位指教。

（据蔡元培手稿）

大学教育

（1930年）

大学教育者，学生于中学毕业以后，所受更进一级之教育也。其科目为文、理、神学、法、医、药、农、工、商、师范、音乐、美术、陆海军等。前五者自神学以外，为各国大学所公有。惟旧制合文、理为一科，而名为哲学，现今德语诸国，尚仍用之。农、工、商以下各科，多独立而为专门学校，如法国之国立美术专门学校（École Nationale et Speciale des Beaux Arts）之类；亦或谓之高等学校，如德国之理工高等学校（Techniche Hochschnle）之类；或仅称学校，如法国百工学校（École Polytechnique）之类；或单称学院，如法国巴士特学院（L'institut Pasteur）之类。用大学教育之广义，则可以包括之。我国旧仿日本制，于大学以下，有一种专门学校，如农业专门学校、医学专门学校之类。虽程度较低，年限较短，然既为中等学校以上之教育，不妨列诸大学教育之内。惟旧式之高等学校，后改为大学预科，而新制编入高级中学者，则当属于中学之范围，而于大学无关焉。

吾国历史上本有一种大学，通称太学，最早谓之上庠，谓之辟雍，最后谓之国子监。其用意与今之大学相类，有学生，有教官，有学科，有积分之法，有入学资格，有学位，其组织亦颇似今之大学。然最近时期，所谓国子监者，早已有名无实。故吾国今日之大学，乃直取欧洲大学之制而模仿之，并不自古之太学演化而成也。

欧洲大学，在拉丁原名，本为教者与学者之总会（Universitat Magrotrorum et Scholarium），其后演而为知识之总汇（Universitat Litterarum），而此后各国大学即取其总义为名。欧洲最早之大学，为十二、十三世纪间在意大利、法兰西、西班牙诸国所设者；十四世纪以后，盛行于德语诸国，即专设神学、法学、医学、哲学四科者是也。其初注重应用，几以哲学为前三科之预科。及科学与文哲之学各别发展，具有独立资格，遂演化而为文、理两科。然德语诸国，为哲学一科如故也。拿破仑时代，曾以神学、法学、医学为养成教士、法吏、医生之所，因指文理科为养成中学以上教员之所。各国虽不必皆有此种明文，而事实上自然有此趋势。所以各国皆于中学校以外，设师范学校，以养成小学教员；而于大学外，特设高等师范学校，以养成中学教员者，不多见也。法国于革命时，曾解散大学为各种专门学校；但其后又集合之而组为大学，均不设神学科，而另设药科；惟新自德国争回史太师埠之大学，有天主教与耶稣教之神学科各一，为例外耳。法国分全国为十七大学区，大学总长兼该区教育厅长，不特为大学内部之行政长，而一区以内中、小学校及其他一切教育行政，皆受其统辖焉。其保留中古时代教者与学者总会之旧制者，为英国之牛津、剑桥两大学。牛津由二十精舍（College）组成，剑桥由十七精舍组成。每一精舍，均为教员与学生共同生活之所。每一教员为若干学生之导师，示以为学之次第而监督之。学生于求学以外，尤须努力于交际与运动，以为养成绅士资格之训练。

　　大学教员有教授、额外教授与讲师等，以一定时间，在教室讲授学理。其为实地练习者，有研究所、实验室、病院等。研究所（Seminal或作Tuotitut）大抵为文、法等科而设，备有图书及其他必要之参考品。本为高等学生练习课程之机关，故常有一种课程，由教员指定条目，举出参考书，令学生同时研究，而分期报告，以资讨论。亦或指定名著，分段研讨，与讲义相辅而行。而教员与毕业生之有志研究学术者，亦即在研究所用功。如古物学、历史学、美术史等研究所，间亦附有陈列所，与地质学、生物学等陈列所相等；不但供本校师生之考察，且亦定期公开，以便校外人参

观。至于较大之建设，如植物院，动物院，天文台，美术、历史、自然史、民族学等博物院，则恒由国立或市立，而大学师生有特别利用之权。实验室大抵为理科及农、工、医等科而设；然文科之心理学、教育学、美学、言语学等，亦渐渐有实验室之需要。病院为医科而设，一方面为病人施治疗，一方面即为学生实习之所也。此外，则图书馆亦为大学最要之设备。

欧洲各国大学，自牛津、剑桥而外，其中心点皆在智育。对于学生平日之行动，学校不复干涉，亦不为学生设寄宿舍。大学生自经严格的中学教育以后，多能自治，学校不妨放任也。惟中古时代学生组合之遗风，演存于德语诸国者，尚有一种学生会。每一学生会，各有其特别之服装与徽章，遇学校典礼，如开学式、纪念会等，各会之学生，盛装驱车，招摇过市，而集于大学之礼堂，参与仪式焉。平日低年级学生有服役于高级生之义务，时时高会豪饮，又相与练习击剑之术。有时甲会与乙会有睚眦之怨，则相约而斗剑，非劈面流血不止。此等私斗之举，为警章所禁；而政府以其有尚武爱国之寓意，则故放任之，与牛津、剑桥之注意运动者同意也。然大学人数较多者，一部分学生，或以家贫，不能供入会费用；或以思想自由，不愿作无意识举动，则不入中古式之学生会，而有自由学生之号。所组织者，率为研究学术与服务社会之团体。大学生注重体育，为各国通例；美国大学，且有一部分学生，特受军事教育者。不特卫生道德，受其影响，而且为他日捍卫国家之准备。吾国各大学，近年于各种体育设备以外，又有学生军之组织，亦此意也。

大学有给予学位之权。德语诸国，仅有博士一级（Doktor）。学生非研究有得，提出论文，经本科教员认可，而又经过主课一种、副课两种之口试，完全通过者，不能得博士学位，即不能毕业。英语诸国，则有三级：第一学士（Bachelor of Arts）；第二硕士（Master of Arts）；第三博士。法国亦于博士以前有学士（La Licence）一级。大学又得以博士名义赠与世界著名学者，或国际上有特别关系之人物。

大学初设，惟有男生。其后虽间收女生，而入学之资格，学位之授予，均有严格制限。偶有特设女子大学者，程度亦较低。近年男女平权之理论，逐渐推行，女子求入大学者，人数渐多；于是男女同入大学及同得学位之待遇，遂通行于各国。

大学行政自由之程度，各国不同。法国教育权，集中于政府；大学皆国立，校长由政府任命之。英、美各国，大学多私立，经济权操于董事会，校长由董事会延聘之。德国各大学，或国立，或市立，而其行政权集中于大学之评议会。评议会由校长、大学法官、各科学长与一部分教授组成之。校长及学长，由评议会选举，一年一任。凡愿任大学教员者，于毕业大学而得博士学位后，继续研究；提出论文，经专门教授认可后，复在教授会受各有关系学科诸教授之质问，皆通过；又为公开讲演一次，始得为讲师。其后以著作与名誉之增进，值一时机，进而为额外教授，又递进而为教授，纯属大学内部之条件也。

大学以思想自由为原则。在中古时代，大学教科受教会干涉，教员不得以违禁书籍授学生。近代思想自由之公例，既被公认，能完全实现之者，厥惟大学。大学教员所发表之思想，不但不受任何宗教或政党之拘束，亦不受任何著名学者之牵掣。苟其确有所见，而言之成理，则虽在一校中，两相反对之学说，不妨同时并行，而一任学生之比较而选择，此大学之所以为大也。大学自然为教授、学生而设，然演讲既深，已成为教员与学生共同研究之机关。所以一种讲义，听者或数百人以至千余人；而别有一种讲义，听者或仅数人。在学术上之价值，初不以是为轩轾也。如讲座及研究所之设备，既已成立，则虽无一学生，而教员自行研究，以其所得，贡献

于世界，不必以学生之有无为作辍也。

受大学教育者，亦不必以大学生为限。各国大学均有收旁听生之例，不问预备程度，听其选择自由。又有一种公开讲演，或许校外人与学生同听，或专为校外人而设，务与普通服务之时间不相冲突。此所以谋大学教育之普及也。

（原载《教育大辞书》上册，商务印书馆1930年出版）

美　育

（1930年）

美育者，应用美学之理论于教育，以陶养感情为目的者也。人生不外乎意志，人与人互相关系，莫大乎行为，故教育之目的，在使人人有适当之行为，即以德育为中心是也。顾欲求行为之适当，必有两方面之准备：一方面，计较利害，考察因果，以冷静之头脑判定之；凡保身卫国之德，属于此类，赖智育之助者也。又一方面，不顾祸福，不计生死，以热烈之感情奔赴之。凡与人同乐、舍己为群之德，属于此类，赖美育之助者也。所以美育者，与智育相辅而行，以图德育之完成者也。

吾国古代教育，用礼、乐、射、御、书、数之六艺。乐为纯粹美育；书以记述，亦尚美观；射、御在技术之熟练，而亦态度之娴雅；礼之本义在守规则，而其作用又在远鄙俗。盖自数以外，无不含有美育成分者。其后若汉魏之文苑、晋之清谈、南北朝以后之书画与雕刻、唐之诗、五代以后之词、元以后之小说与剧本，以及历代著名之建筑与各种美术工艺品，殆无不于非正式教育中行其美育之作用。

其在西洋，如希腊雅典之教育，以音乐与体操并重，而兼重文艺。音乐、文艺，纯粹美育。体操者，一方以健康为目的，一方实以使身体为美的形式之发展；希腊雕像，所以成空前绝后之美，即由于此。所以雅典之教育，虽谓不出乎美育之范围，可也。罗马人虽以从军为政见长，而亦输入希腊之美术与文学，助其普及。中古时代，基督教徒，虽务以清静矫俗；而峨特式之建筑，与其他音乐、雕塑、绘画之利用，未始不迎合美感。自文艺复兴以后，

文艺、美术盛行。及十八世纪，经包姆加敦（Baumgarten，1717—1762）与康德（Kant，1724—1804）之研究，而美学成立。经席勒尔（Schiller，1759—1805）详论美育之作用，而美育之标识，始彰明较著矣。（席勒尔所著，多诗歌及剧本；而其关于美学之著作，惟*Brisfe über die Ästhetische Erziehung*，吾国"美育"之术语，即由德文之*Ästhetische Erziehung*译出者也。）自是以后，欧洲之美育，为有意识之发展，可以资吾人之借鉴者甚多。

爰参酌彼我情形而述美育之设备如下：美育之设备，可分为学校、家庭、社会三方面。

学校自幼稚园以至大学校，皆是。幼稚园之课程，若编纸、若粘土、若唱歌、若舞蹈、若一切所观察之标本，有一定之形式与色泽者，全为美的对象。进而至小学校，课程中如游戏、音乐、图画、手工等，固为直接的美育；而其他语言与自然、历史之课程，亦多足以引起美感。进而及中学校，智育之课程益扩加；而美育之范围，亦随以俱广。例如，数学中数与数常有巧合之关系。几何学上各种形式，为图案之基础。物理、化学上能力之转移，光色之变化；地质学的矿物学上结晶之匀净，闪光之变幻；植物学上活色生香之花叶；动物学上逐渐进化之形体，极端改饰之毛羽，各别擅长之鸣声；天文学上诸星之轨道与光度；地文学上云霞之色彩与变动；地理学上各方之名胜；历史学上各时代伟大与都雅之人物与事迹；以及其他社会科学上各种大同小异之结构，与左右逢源之理论；无不于智育作用中，含有美育之原素；一经教师之提醒，则学者自感有无穷之兴趣。其他若文学、音乐等之本属于美育者，无待言矣。进而至大学，则美术、音乐、戏剧等皆有专校，而文学亦有专科。即非此类专科、专校之学生，亦常有公开之讲演或演奏等，可以参加。而同学中亦多有关于此等美育之集会，其发展之度，自然较中学为高矣。且各级学校，于课程外，尚当有种种关于美育之设备。例如，学校所在之环境有山水可赏者，校之周围，设清旷之园林。而校舍之建筑，器具之形式，造像摄影之点缀，学生成绩品之陈列，不但此等物品之本身，美的程度不同，而陈列之位置与组织之系统，亦大有关系也。

其次家庭：居室不求高大，以上有一二层楼，而下有地窟者为适宜。必不可少者，环室之园，一部分杂莳花木，而一部分可容小规模之运动，如秋千、网球之类。其他若卧室之床几、膳厅之桌椅与食具、工作室之书案与架柜、会客室之陈列品，不问华贵或质素，总须与建筑之流派及各物品之本式，相互关系上，无格格不相入之状。其最必要而为人人所能行者，清洁与整齐。其他若鄙陋之辞句，如恶谑与谩骂之类，粗暴与猥亵之举动，无论老幼、男女、主仆，皆当屏绝。

其次社会：社会之改良，以市乡为立足点。凡建设市乡，以上水管、下水管为第一义；若居室无自由启闭之水管，而道路上见有秽水之流演、粪桶与粪船之经过，则一切美观之设备，皆为所破坏。次为街道之布置，宜按全市或全乡地面而规定大街若干、小街若干，街与街之交叉点，皆有广场。场中设花坞，随时移置时花；设喷泉，于空气干燥时放射之；如北方各省尘土飞扬之所，尤为必要。陈列美术品，如名人造像，或神话、故事之雕刻等。街之宽度，预为规定，分步行、车行各道，而旁悉植树。两旁建筑，私人有力自营者，必送其图于行政处，审为无碍于观瞻而后认可之；其无力自营而需要住所者，由行政处建筑公共之寄宿舍。或为一家者，或为一人者，以至廉之价赁出之。于小学校及幼稚园外，尚有寄儿所，以备孤儿或父母同时作工之子女可以寄托，不使抢攘于街头。对于商店之陈列货物，悬挂招牌，张贴告白，皆有限制，不使破坏大体之美观，或引起恶劣之心境。载客运货之车，能全用机力，最善。必不得已而利用畜力，或人力，则牛马必用强壮者，装载之量与运行之时，必与其力相称。人力间用以运轻便之物，或负担，或曳车、推车。若为人舁轿挽车，惟对于病人或妇女，为徜祥

游览之助者，或可许之。无论何人，对于老牛、羸马之竭力以曳重载，或人力车夫之袒背浴汗而疾奔，不能不起一种不快之感也。设习艺所，以收录贫苦与残疾之人，使得于能力所及之范围，稍有所贡献，以偿其所享受，而不许有沿途乞食者。设公墓，可分为土葬、火葬两种，由死者遗命或其子孙之意而选定之。墓地上分区、植树、莳花、立碑之属，皆有规则。不许于公墓以外，买地造坟。分设公园若干于距离适当之所，有池沼亭榭、花木鱼鸟，以供人工作以后之休憩。设植物园，以观赏四时植物之代谢。设动物园，以观赏各地动物特殊之形状与生活。设自然历史标本陈列所，以观赏自然界种种悦目之物品。设美术院，以久经鉴定之美术品，如绘画、造像及各种美术工艺，刺绣、雕镂之品，陈列于其中，而有一定之开放时间，以便人观览。设历史博物院，以使人知一民族之美术，随时代而不同。设民族学博物院，以使人知同时代中，各民族之美术，各有其特色。设美术展览会，或以新出之美术品，供人批评；或以私人之所收藏，暂供众览；或由他处陈列所中，抽借一部，使观赏者常有新印象，不为美术院所限也。设音乐院，定期演奏高尚之音乐，并于公园中为临时之演奏。设出版物检查所，凡流行之诗歌、小说、剧本、画谱，以至市肆之挂屏、新年之花纸，尤其儿童所读阅之童话与画本等，凡粗犷、猥亵者禁止之，而择其高尚优美者助为推行。设公立剧院及影戏院，专演文学家所著名剧及有关学术，能引起高等情感之影片，以廉价之入场券引人入览。其他私人营业之剧院及影戏院，所演之剧与所照之片，必经公立检查所之鉴定，凡卑猥陋劣之作，与真正之美感相冲突者，禁之。婚丧仪式，凡陈陈相因之仪仗、繁琐无理之手续，皆废之；定一种简单而可以表示哀乐之公式。每年遇国庆日，或本市本乡之纪念日，则于正式祝典以外，并可有市民极端欢娱之表示；然亦有一种不能越过之制限；盖文明人无论何时，总不容有无意识之举动也。以上所举，似专为新立之市乡而言，其实不然。旧有之市乡，含有多数不合美育之分子者，可于旧市乡左近之空地，逐渐建设，以与之交换，或即于旧址上局部改革。

要之，美育之道，不达到市乡悉为美化，则虽学校、家庭尽力推行，而其所受环境之恶影响，终为阻力，故不可不以美化市乡为最重要之工作也。

（原载《教育大辞书》上册，商务印书馆1930年出版）

三十五年来中国之新文化

（1931年6月15日）

中国是有旧文化的，四千年以前的文化，为经传所称道的，是否确实，在今日尚是问题。三千年以前的殷虚，已发见铜器时代的文化。二千年前，周代文物灿然，是否受异族文化影响，亦尚在研究中。然两汉文化，固已融和南北，整理百家，自成一系。从汉季到隋、唐，与印度文化接触。翻译宣传，与固有文化，几成对峙，但老庄一派，恰相迎合；自宋以后禅学、理学，又同化佛学而成为中国特殊的产物。元、明以来，输入欧风，自天算以外，影响无多；直至近三十五年，始沦浃于各方面，今姑分三节，记叙概略。

一　生活的改良得用食衣住行等事来证明

（一）食　吾国食品的丰富，烹饪的优越，孙中山先生在学说中，曾推为世界各国所不及；然吾国人在食物上有不注意的几点：一、有力者专务适口，无力者专务省钱。对于蛋白质、糖质、脂肪质的分配，与维太命的需要，均未加以考量。二、自舍筵席而用桌椅，去刀而用箸后，共食时匙、箸杂下，有传染疾病的危险。近年欧化输入，西餐之风大盛，悟到中国食品实胜西人，惟食法尚未尽善；于是有以西餐方式食中馔的，有仍中餐旧式而特置公共匙、箸，随意分取的；既可防止传染，而各种成分，也容易分配。又旧时印度输入之持斋法，牛乳、鸡卵，亦在禁例，自西洋蔬食法流行以后，也渐渐改良。

（二）衣　中国古代衣冠，过于宽博，足以表示威仪，而不适于运动。满洲服式，便于骑射，已较古服为简便，但那时礼服，夏季有实地纱、麻纱、葛纱的递换，冬季有珍珠毛、银鼠、灰鼠、大毛貂褂等递换，至为繁缛。民国元年，改用国际通用礼服，又为维持国货起见，留长袍、马褂制，为乙种礼服，沿用至今。清代无檐的帽，不适于障蔽日光，故现多采用西式，然妇女戴帽的尚少。男子剪辫，女子剪发，不但可以省却打辫梳头的时间，而且女子也免掉许多的首饰；旧时的"剃头店"，在大都市中，已为新式的"理发处"所战胜，革履也有战胜布履、缎履的趋势，布履、缎履的流行，也多数改为左右异向的，不似从前的浑同了。

（三）住　吾国住宅，北方用四合式，南方用几进几间式，都有大院落，通光通风，视欧式为胜。然有数缺点：一、结构太散漫（南式尤甚）；二、多用木料，易于引火；三、厕所不洁。所以交通便利的地方，多有采用西式的，尤以旅馆为甚。又冬季取暖，北方多用煤炉，南方或用炭盆，均有吸入炭酸的危险；现都用有烟筒的煤炉代他，也有用热气管的。个人所用的手炉、足炉，现均用热水瓶或热水袋代他了。

（四）行　距今五十年前，已有轮船招商局，但航业推广，至今仍无何等成绩。五十六年前，有吴淞铁道，不久即毁。五十年前，又有唐胥铁道。其他京沪线、沪杭甬线、平汉线、津浦线、北宁线、平绥线等等，大抵是最近三十五年以内所完成的。总计全国铁道，干线长一〇五八二.七四八公里，支线长一八二六.五二八公里。最近经营公路，进步颇速，现在已成的共五一二一〇里。公路亦名汽车路，公路既开，汽车的应用渐广；偶有几处兼行电车，于是北方的骡车，南方的轿子，渐被淘汰。而且航空业也开始试验，将来发展，未可限量。交通既便，旅行的风气渐开；从前止有佞佛的人，假"烧香""朝山"等名，游历山水；现则有旅行社代办各种旅行上必需的条件，游人颇为方便，民众也渐知旅行有益于卫生，所以流行渐广。夏季的海水浴场，如北戴河、青岛等，山中的避暑所，如北平的西山、江西的匡庐、杭州的莫干山等，都是

三十五年来的新设备。

二　社会的改组此三十五年中均有剧烈的改变

（一）家庭　婚姻的关系，旧制以嗣续为立足点，而且认男子为主体，注重于门第的相当；凭"媒妁之言"而用"父母之命"来决定。所以有幼年订婚，甚而至于"指腹为婚"。若结婚而无子，而古代可以出妻，而近代亦许纳妾。自男女平权的理论确定，婚姻的意义，基于两方的爱情，而以一夫一妻为正则。所以男女两方，不论是否经媒妁的绍介，而要待两方相识相爱以后，始征求父母的同意，抑或由父母代为择配，亦必征求子女的同意，而后敢代为决定。有子与否，绝对不足以为离婚的条件；而离婚案乃均起于感情的改变。

夫妇的结合，既以感情为主，于是姑妇的关系，姑嫂的关系，妯娌的关系苟与夫妇的感情有冲突时，均不得不牺牲之；所以大家庭制渐减，而小家庭乃勃兴。

（二）教育　小家庭的组织，势不能用旧日家塾法，各延师课其子弟，于是采用西方学制。自幼稚园而小学，而中学，而大学。并旧日设馆授徒，及学官、书院等制，一概改变。是谓新学制。新学制的组织，托始于民元前十年（清光绪二十八年）的学堂章程，自蒙养院以至大学院，规模粗具。其后名称及年限，虽屡有修改，而大体不甚相远。最后一次，于民国十七年规定的是幼稚园以上，小学六年，分初高二级；中学六年，亦分初高两级；大学六年，其上有研究院。与高级小学及中学同等的，尚有补习学校；与中学同等的别有职业学校及师范学校；与大学同等而年限稍减的尚有专修科。

（三）印刷业及书业　教育制度既革新，第一需要的，为各学校的教科书。旧式刻版法，旷日持久，不能应急；于是新式的印刷业，应运而兴。最初由欧洲输入的是石印术，大规模的石印业，如同文书局、图书集成公司等，均为三十五年以前的陈迹。三十五年来最发达的印刷业，为排印法。商务印书馆，即发起于是时，于馆中分设编译、印刷、发行等所，于上海总发行所外，又设分发行所于各地，规模很大。民国元年，中华书局继之而起。最近又有世界书局、大东书局等。

（四）**工业**　印刷业以外，各种新式工厂，同时并起。其数量以民国八年为最盛。依前北京农商部统计，是年有工厂三百三十五所，资本总额为银一万三千三百十二万七千圆。其中以纺织、面粉、铁工、电气等工业为最发展。工厂既兴，于是劳工保护、劳资仲裁等法，亦应时势之需要而实现。

（五）**商业**　商业上的新建设，有银行。取山西帮汇票号而代他。在财政部注册的，现已有六十余所。推行于各地方的，有农民银行，可以矫正典当与小钱店重利盘剥的弊害。又有百货商店，如永安、先施、新新等公司，于购物者至为利便。其规模较小而且含有改良作用的，是消费合作社，现亦渐渐流行了。

（六）**农业**　农学的教育设立以后，各地方多有农事试验场与造林区的设置。现在成绩已著的，是新农具的试用，与人造肥料的流行。蚕种改良，亦于江苏、浙江、山东等省已著成效。

（七）**度量衡新制**　度量衡的划一，二十四年前（清光绪三十三年），清政府已有划一度量衡计划，责成农工商部与度支部会订。前二十一年，农工商部奏定两制并用；一为营造尺库平制，一为万国制。民国元年，工商部议决用万国通制为权度标准，经国务会议通过。十八年二月，国民政府颁度量衡法，采用万国公制为标准制；并暂设辅制，称曰市用制。市用制，长度以公尺三分之一为市尺；重量以公斤二分之一为市斤；容量即以公升为市升。

（八）**政治**　孙中山先生在五十年前，已开始革命运动，自称于乙酉年（民元前二十七年）始决倾覆清廷创建民国之志。及乙巳（民元前七年）成立同盟会，以"驱除鞑虏，恢复中华，建立民国，平均地权"四语，列在誓词上。那时候保皇的止想满州皇室

维新变法，排满的止想有汉人代满人而为皇帝；决不想有一个民国，可以实现于中华。但辛亥革命以后，竟能实现，虽有袁世凯的筹安，张勋的复辟，均不能摇动他。民国十四年七月，国民政府在广州成立，实行军政；及定都南京后，于十七年十月试行行政、立法、司法、考试、监察五院制；而于十九年确定为训政时期，对于人民为行使选举、罢免、创制、复决四权的训练。这真是历史上空前的纪录了。

三　学术的演进兹分为科学美术两类

（一）科学　科学的研究，除由各大学所设的实验室外，以实业部的地质调查所成立于民国五年，与科学社的生物研究所成立于十一年的为最早。十七年，始有国立中央研究院成立，设研究所凡九所。并设自然历史博物馆。十八年，又有国立北平研究院成立，分设六部。今按科学门类，分别叙述如下：

（子）物理学　各大学有理科的，都有物理学一系，近年中央、中山、北京、清华、浙江、燕京诸大学，均有研究的设备。对于电学、光学方面，注意的颇多，爱克斯光线与无线电的研究，各大学进行的已有数处。中央研究院之物理研究所，兼具国家标准局性质，本应有绝对标准的制定；现为目前需要计，先装置副标准。此种基本装置：一、标准时钟；二、比较电阻及电压装置；三、气压温度空气等装置；四、恒频率发电机的装置；五、无线电台；六、铂电阻温度计的装置等。研究工作，为：一、重力测量；二、低压下摩擦生电的试验；三、晶体颤动及高频率电波的研究；四、测量高频电波的研究。五、发生高频电波的研究等。北平研究院理化部物理研究所的研究工作，为：一、中国北部各地经纬度重力加速率及地磁等的测定；二、光带吸收的研究；三、关于镭矿调查及关于镭质放射研究；四、爱克斯光线及近代物理研究；五、无线电。

（丑）化学 国内化学研究机关，约可分为三种：其一、为大学中的化学系，其中又可分为理学院的化学系及其余专科的化学系（如属于医学、农学、工学等院的）。其二、关于农工机关的化验处，如商品检验所等处。其三、特设的研究机关，如中央研究院的化学研究所等。理学院的化学系，除教课外，兼进行研究的，为数尚不多；但其中有数大学，确已有研究计划。如中央大学化学系研究室，对于研究，颇有具体计划，例如对于有机综合法的改良、格林耶反应、格鲁太密酸的化学、锌与其合金的研究、有机定性分析的研究等，俱在进行中。中山大学化学系，对于有机化学，亦颇有贡献。清华大学化学系，对于有机综合与理论化学，亦有研究的计划。北京大学及东北大学，对于化学设备，俱颇充足，实验室地位亦宽，颇适宜于研究。至私立大学中化学的设备较充足的，为数亦不少，例如燕京大学、东吴大学、沪江大学、福建协和大学等处，均有可以供给简单研究的设备；所研究的问题，大概属于各种农工业原料的分析，间有及于制造的。至于专科大学的化学系，其中颇有设备甚佳、且为专门研究的。例如北平协和医学院的生物化学系与药物化学系，设备俱佳；生物化学系所研究的，为有机化学与生物化学的关系；理论化学与生物化学的关系；新陈代谢及营养。而药物化学系，对于中国药，如延胡索等，颇有发明。又如北平大学之农业化学系，对于农艺化学诸问题，颇多研究，例如豆饼的营养价值、豆饼食品的制造法、菌类生活素研究、油类脱色法、柿中酸类及无机成分研究等。又如中央大学医学院生物化学系，对于营养化学，研究颇多。至于各处特设的化学机关，其研究范围，较为专一。例如上海商品检验所的化验处，所进行的，有植物油类检验、牲畜正副产品类检验，及其他农产农用品的检验。上海市社会局工业物品试验所，所化验物品，不亚十余种。至于专以研究化学为事的，国立的有中央研究院的化学研究所，北平研究院理化部的化学研究所；私立的有中华工业化学研究所。中央的化学研究所，成立

于民国十七年，其工作分四组进行，为：无机理论化学组；有机生物化学组；分析化学组；应用化学组。其研究范围，目前暂限于中国药料、纸料、油脂、陶料诸问题，以图国产原料的应用。同时对于基本化学诸问题，如有机化学综合法，气体平衡，生物发育时的化学及各种分析方法，加以研究。北平的化学研究所所研究的：一、无机化学中复质化学的研究；二、研究分析国产金石药品；三、研究分析国产化学工艺制造品；四、研究分析河北一带水泉；五、研究分析河北一带土壤；六、研究分析国内各种燃料；七、近代纯粹化学研究。中华工业化学研究所所研究的，均为工业化学上切要问题，其研究已告段落的，有维太命防腐浆，退色药水，乳化蓖麻子油等。

（寅）地质学　地质研究机关，以北平地质调查所为最早，开办于民国五年。其研究范围，为地质、古生物、矿产。其历年来所办重要事项：一、测制全国地质图，已测成的，有直隶，山东，山西全省及安徽、江苏、热河、绥远之一部。二、调查全国矿产，对于煤铁，尤为注意，有专书及详图。三、研究与地质学有关的各种科学问题，如岩石，矿物等项，现亦有出版物颇多。此外尚有临时调查诸工作，其出版物有汇报、专报、特刊及中国古生物志等各十余种。中央研究院之地质研究所，成立于十七年一月，分四组：一、地层古生物组；二、岩石矿物组；三、应用地质组；四、地象组（包括构造地质及地质物理）。其三年来的工作：一、调查湖北矿产；二、与地质调查所分任秦岭山脉地层及地质构造之研究；三、在安徽、江西、江苏、浙江等省研究各地之地层、地质构造与矿产；四、调查中国东海岸岩石现象与海岸的变迁；五、关于地质物理的工作两种：一以扭转天秤研究上海冲积层以下的岩石层；一在室内研究岩石的杨氏弹性常数。两广地质调查所，成立于十六年九月，曾分组至广西、广东各江流域及西沙群岛，并至贵州、四川等处调查地质，成绩甚良。湖南地质调查所，成立不过三年，对于湖南煤田及各种经济矿苗，颇多调查。浙江矿产调查所，成立于十七年，调查本省矿产，兼及土壤、肥料与农产物。江西地质调查所，成立于十七年，在逐渐进展中。至于各大学有地质学系的，为数颇多；较为著名的，如北京大学的地质学系，与北京地质调查所有密切关系。中央、中山两大学的地质学系，均有相当设备，于授课外，调查该校附近的地质。

（卯）生物学　生物学研究机关，以科学社生物研究所为最早，成立于十一年，分两组。一为植物组，研究植物分类与植物生态。对于各省植物调查，尤为注意，例如与浙江大学农学院合作，研究浙省植物；与静生生物调查所合作，调查四川植物。至于浙江天目山、南京紫金山及其他各处之植物生长状况，多在研究中，所采集的各种植物，已经整理鉴别的，有一万种。尚未完全整理的，有二万余。又一组为动物组，其研究范围颇广。一部分为动物神经的研究；一部分为中国各种新种动物的说明，一部分为中国长江及沿海动物有系统的调查，又一部分为动物形态及生理的研究。历年所采集标本极多：十八年在山东沿海，采得动物标本一万五千余。同年，长江一带，采得标本万余。其中相同者千余种；其他各处采集，成绩亦略相等；研究报告，已出版的二十余种。中央研究院自然历史博物馆，成立于十八年。搜罗中国西南部动植物标本，最为丰富。第一次广西科学调查团，采得植物五万份，脊椎及无脊椎动物约九千余份。十八年，复有四川鸟类采集，长江鱼类采集；十九年，组织贵州自然历史调查团，成绩皆极满意。其研究工作，除关于分类研究外，尤注意于中国动植物的分区。印行专著、图谱、丛刊等，约十余种。静生生物调查所，为纪念范静生先生而设，成立于十八年。亦分动植物两部，调查及研究中国动植物分类，旁及经济动植物学与动植物生态学，木材解剖学等，已有出版品四五种。北平研究院植物学研究所，成立于十八年，调查及研究中国北部植物，有出版品二种。中山大学农林学院，有农林植物研究所，成立

于十七年；其研究目的，在于求农植物改良，旁及于分类、分布、生理、生态诸学；其研究材料，大概为中国南部植物，尤注意的是广东植物；出版品有图谱与植物志诸书。至于各大学的生物研究，其性质较为广泛。如清华大学生物学系及生物研究所，除采集外，作生理遗传及生态的研究；对于金鱼研究，颇加注意。厦门大学植物系，除普通研究外，注意福建植物及下等隐花植物与海藻植物。河南大学理学院生物系，为遗传（研究果蝇、豚鼠、兔子）、植物生理、鱼类分类、动物解剖诸研究。又如各省昆虫局，对于各省虫类颇多研究，历史较久的，是江苏省昆虫局，成立于九年。

（辰）天文学　天文学研究机关，以佘山天文台为最早，成立于民元前十二年，其工作：一、测时；二、行星与恒星的摄影研究；三、小行星受木星影响研究。出年报，已至第十七卷。其次，齐鲁大学天文台，成立于民国六年，其工作：一、授时；二、观日月斑点形象。出版品有天文书籍四种。其次青岛观象台天文磁力科，成立于民国十三年，其工作：一、授时；二、天体摄影观测；三、天体位置推算等。出版品有报告书及观象日报。其次为中央研究院天文研究所，成立于民国十六年，其工作：一、首都授时；二、全国授时；三、测量经纬度；四、研究太阳、行星、恒星等。出版品有国历、国民历、天文年历、集刊、别刊等九种。其次为中山大学天文台，成立于民国十八年，其工作：一、授时；二、观测变星；三、观测太阳斑点。出版品有两月刊。

（巳）气象学　国内各处天文台，俱附设有气象测候所。专研气象的机关，为中央研究院气象研究所及其附属之各气象测候所。其本所研究事业，除普通测候及天文预报外，特别注意于高空研究，历次举放气球，成绩颇佳。现方联络及接收国内各处气象测候所，远至内蒙、新疆等处。今年在首都举行气象会议，到的有三十余团体，议决联络及统一国内测候通讯办法。又开班训练测候人才。其次为上海徐家汇天文台。虽以天文名，而进行工作，大概俱属气候及地震测候，所出报告，种类颇多。其次如南通军山气象台，测候设备亦多。至于青岛观象台、北平观象台及中山大学天文台等，亦皆有气象研究普通设备及各种自记仪器云。

（午）医学　医学研究，以同济大学医学院为最早，其生理学研究馆，成立于民元前十二年，所研究的是心理的生理学，尤注意于中国人与欧洲人的比较，已有出版品数种。其次成立的为解剖学研究馆，成立于民元前四年，所研究的，为东方民族比较解剖学，已有出版品一种。尚有病理学研究馆，专研究中国方面的民族比较病理学；药物学研究馆，研究中国的药物，均附设于宝隆医院。北平协和医学院，隶属于美国罗氏驻华医社，成立于民国十年，经费较充，设备较为完全。该院设十二系：解剖学系，研究解剖、组织、细胞、胚胎、人类诸学；生理学系，研究人类生理；生理化学系，研究有机生物化学新陈代谢、食物化学及营养学；药物学系，研究植物学、有机化学、生理与药物作用的关系；细菌学系，研究细菌学、免疫学、霉菌学；病理学系；卫生学系；内科学系；外科学系；妇产科学系；眼科学系；爱克斯光学系等。分别用科学方法，研究各种病理，其研究报告，发表于欧美及中国之杂志中，已有百余篇。其他如杭州医院，为热带病及寄生虫的研究。中央大学医学院，与红十字总医院合作，各系教授均有研究，论文散见于各杂志的，已有二十余篇，均为后起而极有希望的。

（未）工程学　工程研究，在中央研究院工程研究所中已设立的，尚只有陶瓷及钢铁两试验场。陶瓷试验场所研究的：一、坯泥的研究；二、瓷泥的分析；三、国内各地瓷泥性质的研究；四、瓷釉的研究。钢铁试验场所研究的：一、采集国内各厂矿所产之生铁与焦炭，试制铸钢与器具钢；二、研究制模手术；三、研究关于冶炼方面各问题；四、研究繁难铸铁机件。

（申）心理学　北京大学、中山大学、浙江大学均有实验心理学的设备；专设的研究机关，为中央研究院的心理研究所，设在北

平。所研究的：一、修订皮纳智力测验；二、研究食品对于神经系发展及学习能力的影响；三、研究大声惊吓对于习得能力的影响；四、研究输精管隔断的各种影响；五、编辑心理学名词。

（酉）历史语言学　中央研究院历史语言研究所设在北平，分三组：第一组，关于史学各方面及文艺考订等；第二组，关于语言学各方面及民间文艺等；第三组，关于考古学、人类学、民族学等。第一组研究标准：一、以商周遗物，甲骨、金石、陶瓦等，为研究上古史的对象；二、以敦煌材料及其他中亚近年出现的材料为研究中古史的对象；三、以内阁大库档案，为研究近代史的对象。其属于个人研究的：一、中国经典时代语言的及历史的研究；二、以流传的及最近发现的梵文手抄本与番经汉藏对勘；三、由蒙文源流及清文译本，作蒙古源流研究；四、以金石文字校勘先秦的典籍及研究经典上各项问题；五、以古代遗物文字花纹等研究古代文化及民族迁移中所受外来文化的影响；六、编定北平图书馆所藏敦煌卷子目录；七、编定金石书目；八、辑校宋元逸词；九、搜访南明弘光、隆武、永历三朝史料，编纂南明史及南明史的专题研究。第二组所研究的：一、全国各省方言的调查，求知各地方言的分配变迁来源等；二、音档的设置，为保存各地方言材料永久的记录起见，依照德、法各国音档方法，灌收方言话片；三、古代音韵研究；四、西夏研究；五、语言实验室工作，尤注重我国声调的实验。该组已完成的工作，较为重要的：一、慧琳一切经音义反切考；二、瑶歌记音；三、厦门音系研究；四、藏歌记音；五、耶稣会士在音韵学上贡献的研究；六、闽音研究。第三组的工作，以发掘与考订为中心。发掘事项，计河南安阳殷墟三次，山东历城龙山城子崖一次，黑龙江齐齐哈尔石器时代墓葬一次。殷墟与城子崖发掘的效果：一、大宗刻字甲骨的发现；二、大宗陶器、陶片的发现；三、大宗兽骨的发现；四、地层的认识；五、与甲骨文同时的石器、铜器的发现。

（戊）社会科学　社会科学研究的机关，有中央研究院的社会科学研究所，分设四组：一、法制学组；二、经济学组；三、社会学组；四、民族学组。法制学组所研究的：一、陪审制度，已有报告；二、犯罪问题，先从监犯调查入手；三、上海租界问题，就法理与事实两方面详加研究；四、华侨在中外条约上及列国法律上所受的待遇；五、中国近代外交史研究；六、国际法典编纂会议议题研究。经济学组已完成的，有六十五年来中国国际贸易统计。现在所研究的：一、中国国际贸易统计的改进问题；二、中国国际贸易研究；三、杨树浦工人住宅调查；四、统计学名词汇；五、所得税问题。社会学组的工作，现方集中于农村问题：一、计划全国农村调查，先就无锡、保定两处实地调查；二、研究中国农村的封建社会性；三、研究资本主义在中国农村中的发展。出版品：《亩的差异》《黑龙江的农民与地主》等等，已有六种。民族学组所研究的：一、广西凌云瑶人的调查及研究；二、台湾番族的调查及研究；三、松花江下游赫哲人的调查及研究；四、世界各民族结绳记事与原始文字的研究；五、外国民族名称汉译；六、西南民族研究资料的搜集。与该所社会学组同年成立，而且有分工互助的契约的，是中华教育文化基金董事会所设立的社会调查所，从事于社会问题的各项研究与调查。调查工人生活，尤多贡献。出有《第一次中国劳动年鉴》《指数公式总论》《社会科学杂志》等刊物十余种。其他各大学所研究的，大抵趋重于中外社会现状与其趋势，所有出版物，亦以通论及偏于理论者为多。各种学会，方面较多。如辽宁东北法学研究会，志在发扬本国法律优点，并普及法律知识于民众，所出《法学新报》及《法律常识》等杂志，即本此立论。北平朝阳大学法律评论社所出周刊，亦与同调。又如上海东吴大学法律学院注重于中西法律比较的研究。中国社会科学会注重于书报的译述，谋增进民众社会常识，中国经济学社及社会经济研究会，致力于本国经济现状与现代经济问题等，均有特殊的贡献云。

（二）**美术** 吾国古代乐与礼并重。科举时代，以文学与书法试士，间设画院，宫殿寺观的建筑与富人的园亭，到处可以看出中国人是富于美感的民族。但最近三十五年，于美术上也深受欧洲的影响，分述于下：

（子）**美术学校** 吾国美术学校，以私立上海美术专门学校为最早，成立于民国元年，初名上海图画美术院，设绘画科两班，学生十二人。是年七月，于正科外设选科。三年，改绘画科为西洋画科。四年一月，增设艺术师范科。九年四月，更名上海美术学校；十年八月，更名上海美术专门学校。现有中国画、西洋画、艺术教育及音乐四系，学生五百人。继此而起的，有国立美术学校两所。一在北平，一在杭州。北平一校，成立于民国七年，初名北京美术学校，设绘画、图案两科。九年，设专门部的图画手工师范科。十一年改称北京美术专门学校，设国画、西画、图案三系及图画手工师范系。十五年二月又改名国立艺术专门学校，增设音乐、戏剧两系。十七年编入北平大学，名为艺术学院，增设建筑系，改图案系为实用美术系，合之音乐、戏剧、国画、西画各系，共成立六系，学生三百五十名。杭州一校，成立于民国十七年三月，初名艺术院，设中国画、西洋画、雕塑、图案四系，而外国语用法文；秋，合并中国画及西洋画为绘画系。十八年十月，改名美术专科学校，学生二百二十六人。其非专设的学校而附设于大学的，有国立中央大学教育学院的艺术教育科与艺术专修科。艺术教育科，分国画、西洋画、手工、音乐四组，均四年毕业。艺术专修科，分图画、工艺、音乐三组，为培养中等学校师资而设，三年毕业。

（丑）**博物院与展览会** 收藏古物与美术品，本属于私人的嗜好。近始有公开的机关，如各地方所设古物保存所就是。其内容较为丰富的，是北平的古物陈列所与故宫博物院。古物陈列所成立于民国初年，设于乾清门外太和、中和、保和及文华、武英等殿，所陈列的都是奉天、热河两行宫的物品；书画占最多数，更番展览；

其他瓷、漆、金、玉的器物，亦为外间所寡有的。故宫博物院，成立于十四年十月，设于乾清门内各宫殿。故宫的建筑与园林，本有美术的价值。昔为清皇室所占有，自十四年后，次第开放，公诸民众。至于宫中物品，除书籍及档册外，美术品甚多，书画八千余件，陶瓷六千余件，其他铜器、玉器及各种宝石、象牙的器物，以刻镂见长的，为数尤多。除这种永久的陈列所以外，又有一种短期的陈列所，就是展览会。自国内美术学校成立，在国外留学的美术家渐渐回国以后，在大都会中，时时有学校或个人的展览会。其规模较大的，是十六年的北京艺术大会，为北京艺术专门学校所发起，自五月十一日至六月三日，绘画的出品在三千件以上，并有音乐戏剧。其后有十八年的全国美术展览会，为教育部所主持，会场设上海普育堂，四月十日开会，一个月始毕。所陈列的，第一部，书画，千二百三十一件；第二部，金石，七十五件；第三部，西画，三百五十四件；第四部，雕刻，五十七件；第五部，建筑，三十四件；第六部，工艺美术，二百八十八件；第七部，美术摄影，二百二十七件。又有日本美术家出品，八十件。每日并有收藏家分别借陈的古书画。

（寅）建筑术　在欧洲美术学校中有建筑一科，我国各校为经费所限，尚不能设此科，但新式建筑，已经为我国人所采用了。起初用纯粹西式，或美或丑，毫无标准。后来有美国建筑家，窥破纯粹欧式与环境不相调和的弱点，乃创一种内用欧式而外形仍用华式的新格，初试用于南京的金陵大学与金陵女子大学，继又试用于北平的协和医院与燕京大学，被公认为美观。于是北平的国立北平图书馆、南京的铁道部、励志社等皆采此式。将来一切建筑，固将有复杂的变化，但是调和环境的原则，必不能抹杀了。

（卯）摄影术　摄影术本一种应用的工艺，而一入美术家的手，选拔风景，调剂光影，与图画相等；欧洲此风渐盛，我国现亦有光社、华社等团体，为美术摄影家所组织的。光社设在北平，成

立于十二年，初名艺术写真研究会，十三年改名光社。每年在中央公园董事会开展览会，观众在万人以上，十六年以来，已出年鉴两册。华社设在上海，成立于十六年，曾开展览会数次，印刷品有社员《郎静山摄影集》。上海又有天鹏艺术会，印有《天鹏摄影杂志》。

（辰）书画摹印　摹印古代书画，始于神洲国光社，继起的有文明书局及有正书局等。其后商务印书馆及中华书局，也有这种印本，并于碑帖画册以外，兼及屏联堂幅，而故宫博物院所出《故宫》月刊，亦以故宫藏品的摄影，次第公布。其专印新印图画及雕刻的，有《美育》杂志等。

（巳）音乐　自新学制制定以后，学校课程中，就有音乐、唱歌等课，于是师范学校中，亦有此等科目。这是采用西欧乐器与音乐教授法的开始。在艺术学校，亦有设音乐系的。八年，北京大学设音乐研究会，九年，北京女子高等师范学校设音乐科，同时有一种管弦乐的演奏会。十六年十月，始有国立音乐院，成立于上海，十八年改名音乐专科学校；校中设预科、本科，并附设师范科。本科分理论作曲、钢琴、提琴及声乐四组；初学各生，入学后第一年不分组。又有选科，专为对于音乐曾有研究、欲继续专攻一门者而设。该校成立以后，举行教员演奏大会及学生演奏会多次，又有由一部分教员所组织的弦乐演奏会，每月举行一次。九年一月，北京大学的音乐研究会，曾编印《音乐杂志》，十一年停办。十九年，音乐专科学校又编印《乐艺》季刊。

（午）文学　文学的革新，起于戊戌（民元前十四年）；一方面梁启超、夏曾佑、谭嗣同等用浅显恣肆的文章，畅论时务，打破旧日古文家拘守义法，模仿史、汉、韩、苏的习惯；一方面林獬、陈敬第等发行白话报，输灌常识于民众；但皆不过以此为智育的工具，并没有文学革命的目标。至民国七年，胡适、陈独秀、钱玄同、周作人等，始排斥文言的文学，而以白话文为正宗的文学。其中尤以胡适为最猛进，作《白话文学史》以证明白话的声价；于是白话散文逐有凌驾古文的趋势。至于白话诗与剧本，虽亦有创作与翻译的尝试，但未到成熟时期，于社会上尚无何等显著的影响。最热闹的是小说：第一、是旧小说的表彰，如《水浒》《红楼梦》《儒林外史》等，都有人加以新式标点，或考定版本异同。唐以后的短篇，宋以后的平话，或辑成汇编，或重印孤本，均有销行的价值。第二、是外国小说的翻译，林纾与魏易合译英文小说数十种，为兹事发端。最近几年，译本的数量激增，其中如《少年维特之烦恼》《工人绥惠略夫》《沙宁》等，影响于青年的心理颇大。第三、是文学家的创作，这一时期中，以创作自命的颇多，举其最著的：鲁迅的《阿Q正传》等，以抨击旧社会劣点为目的，而文笔尖刻，足投时好。而茅盾的《动摇》《追求》《幻灭》，亦颇轰动一时。新进作家沈从文著有《蜜柑集》等，也是被人传诵的。至于文学期刊，最近几年，时作时辍的甚多；其中能持久而自成一派的，如《小说月报》的平正，《语丝》的隽永，《新月》的犀利，《真美善》的凝炼，均有可观。

（未）演剧　演剧的改良，发起于留日学生的春柳社，以提倡白话剧为主，译日文剧《不如归》，自编《社会钟》《家庭恩怨》等剧。民国二年公演，四年，即解散。八年，南通设伶工学社，招小学毕业的学生，分戏剧、音乐两班教授，历六年，曾在新式剧场演过。现在广州有戏剧研究所，北平有戏剧专科学校，均偏重旧剧改良。至于白话剧，自春柳社解散以后，仍有人续演，称为文明戏，多浅薄。较为深造的，北平有陈大悲，上海有洪深、田汉，山东有赵太侔，均曾在国外研究戏剧，汉组织南国剧社，太侔组织实验剧院。

（申）影戏　影戏本为教育上最简便的工具，近日各都市盛行的，都以娱乐为最大目的。中国人自编的甚少，且多为迎合浅人的心理而作。输入的西洋影片，亦多偏于富刺激性的。他们的好影响，还不及恶影响的多。

（酉）留声机与无线电播音机　留声机传唱本国与外国的歌唱，流行甚广；间亦用以传播遗训，教授外国语。无线电播音机，可以不出门而选听远地的乐歌，亦渐渐流行。

（戌）公园　我国有力者向来专致力于大门以内的修饰，庭园花石，虽或穷极奢侈；而大门以外，如何秽恶，均所不顾。三十五年来，都市中整理道路，留意美化，业已开端；而公园的布置，各县皆有，实为文化进步的一征。如首都的第一公园、莫愁湖公园、五洲公园，北平的中央公园、北海公园等，均于市民有良好的影响，其他可以类推。

综观所述新文化的萌芽，在这三十五年中，业已次第发生；而尤以科学研究机关的确立为要点。盖欧化优点即在事事以科学为基础；生活的改良，社会的改造，甚而至于艺术的创作，无不随科学的进步而进步。故吾国而不言新文化就罢了，果要发展新文化，尤不可不于科学的发展，特别注意啊！

（原载《最近三十五年之中国教育》，
商务印书馆1931年6月15日出版）